VOCATIONAL EDUCATION EMPOWERING HIGH-QUALITY PRIVATE
ECONOMIC DEVELOPMENT

A THEORETICAL REVIEW WITH TAIZHOU CASE STUDY

阮聪颖　潘玉驹◎主编

# 职业教育赋能民营经济
# 高质量发展的理论审视与台州实践

ZHEJIANG UNIVERSITY PRESS
浙江大学出版社
·杭州·

**图书在版编目（CIP）数据**

职业教育赋能民营经济高质量发展的理论审视与台州
实践 / 阮聪颖，潘玉驹主编 . -- 杭州 ：浙江大学出版
社 , 2025. 3. -- ISBN 978-7-308-25862-3

Ⅰ . G719.2；F127.553

中国国家版本馆 CIP 数据核字第 2025KA8913 号

职业教育赋能民营经济高质量发展的理论审视与台州实践

阮聪颖　潘玉驹　主编

| | | |
|---|---|---|
| **策划编辑** | 陈佩钰 | |
| **责任编辑** | 金　璐 | |
| **责任校对** | 葛　超 | |
| **封面设计** | 雷建军 | |
| **出版发行** | 浙江大学出版社 | |
| | （杭州市天目山路 148 号　邮政编码 310007） | |
| | （网址：http://www.zjupress.com） | |
| **排　版** | 杭州晨特广告有限公司 | |
| **印　刷** | 杭州高腾印务有限公司 | |
| **开　本** | 710mm×1000mm　1/16 | |
| **印　张** | 16 | |
| **字　数** | 238 千 | |
| **版 印 次** | 2025 年 3 月第 1 版　2025 年 3 月第 1 次印刷 | |
| **书　号** | ISBN 978-7-308-25862-3 | |
| **定　价** | 98.00 元 | |

# 编委会

| | |
|---|---|
| **主　编** | 阮聪颖　潘玉驹 |
| **副主编** | 林鉴兵　金斯科　刘　晓　郑　琳 |
| **编　委** | 周卫华　石　雷　林君焕　王亚琴 |
| | 李　建　瞿笑霞　刘苗苗　潘嘉楠 |
| | 钱鉴楠　陈国栋　张袷华　刘晓宁 |
| | 李　胜　乞　佳　童小晨　王烨清 |
| | 康梦云　徐晶晶　乐　琳 |

# 前　言

党的二十届三中全会指出"教育、科技、人才是中国式现代化的基础性、战略性支撑"。浙江省委十五届五次全会确立"三个再""五个更"的现代化省域先行目标，深刻阐明教育、科技、人才的战略地位。高等职业教育是教育、科技、人才的重要结合点，逐步成为区域人才培养的主阵地、推动经济社会发展的主战场，承担着科技引领、技术服务和高技能人才培养的重要使命。

2019 年，国务院印发《国家职业教育改革实施方案》，为全面落实该实施方案，教育部以部省共建的形式，通过国家、省、市三级推动，建设一批国家职业教育改革创新高地。2020 年，教育部与浙江省人民政府在杭州签署了《协同推进温台职业教育高地建设框架协议》。2021年，《教育部 浙江省人民政府关于推进职业教育与民营经济融合发展助力"活力温台"建设的意见》（简称《意见》）正式印发。教育部在中国民营经济发祥地——温州和台州试点职业教育与民营经济融合发展，希望借助两地区域、产业、企业优势，吸引民营资本进入职教领域，激活多元主体合作办学、合作育人、合作就业和合作发展的办学机制，走出省域现代职业教育体系建设的"温台道路"。而"温台职业教育高地"建设中的"台州经验"，不失为审视浙江省域现代职业教育体系建设的一个合宜样板。

在此背景下，本书立足浙江省域实际，聚焦现代化省域先行奋斗目标，坚持以理念创新为先导、以高质量发展为核心、以高水平服务为目标，厘清现代职业教育体系的基本内涵，把准当前职业教育体系建设的成效与不足。通过实践，着力构建促进现代职业教育体系建设的实践理路，加快实现浙江省域职业教育现代化，助推浙江经济社会更充分、更全面、更先进、更高质量、更可持续发展。

本书的编写遵循两条基本思路：一是全面反映三年来台州职业教育高地（简称台州职教高地）建设的实践与成效，讲述台州在三年高地建设过程中围绕《意见》中十大任务的特色举措以及实践经验，概括职业教育与民营经济融合的台州模式与台州道路；二是全书总体上遵循"总—分—总"的逻辑，以主题或专题形式，抓住六个主要方面，融合已构建的立德树人的育人体系、优质共享的发展体系、纵向贯通的培养体系、产教融合的办学体系、育训并举的服务体系、开放包容的支撑体系，对台州职业教育高地的建设发展做出准确概述，避免做成资料汇编或者工作报告。全书共分为十一章，具体内容如下。

第一章聚焦建设职业教育"窗口"城市，分析台州市产业经济特点与职业教育建设现状所奠定的职业教育高地建设基础与现实挑战，依据其民营经济活跃和办学布局合理的产业经济与职业教育特点，从政府、企业和学校三元主体出发，厘清台州职教高地"活力"激发的行动逻辑，优化市域民营经济与职业教育融合生态、激发企业参与职业教育合作办学意愿、多举措提升学校的办学活力。最后，探索台州市职教"窗口"城市打造的办学机制创新、精准服务企业、区域高水平协作等举措。

第二章围绕台州职业教育助力地方产业经济发展的"产城教"融合模式，分析了台州在锚定"建设世界级大湾区""建设国家经略海洋实践先行区"的目标背景下，在提升技能人才自主培养能力、服务现代海洋城市建设战略、推动技能人才队伍提质扩容等方面面临的发展机遇与挑战，在此基础上从职教空间布局、职教专业建设、市域教育资源整合等方面对台州"产城教"融合的优质共享发展体系进行阐述，并展示了部分地方实践案例。

第三章聚焦台州市域技能型社会建设，通过创新实践构建一个以技能为重点，以素养为核心的立德树人育人体系，促进形成竞争与创新发展的市域技能型社会。本章详细阐述了台州市在国家和浙江省政策指导下，针对技能人才培育、技能评价体系创新、技能人才高效匹配以及技能文化深度融合等核心问题所进行的深入实践与探索。台州市的探索不仅为技能人才的成长提供了肥沃的土壤，也为区域经济的高质量发展注入了新的活力。案例展示了技能型社会建设如何推动技能创富，以及在实践中所取得的成效。台州的实践为其他地区提供了宝贵的经验和启示，展现了技能型社会建设的丰硕成果和广阔前景。

第四章围绕职业教育深化区域产教融合，主要研究了台州市布局现代职业教育与区域产业经济融合发展的过程、特色与成效，激发市域民营经济参与职业教育的活力，形成高度契合的产教融合办学体系。本章聚焦全环境育人视域下的国家产教融合试点城市，在"一县一策""重点突破""五项融合""六链聚合"中形成市域试点生态；聚焦以联动性模型打造台州湾科创走廊，在"一核聚能""三片协同""多点支撑""双区联动"中深化产教双融；聚焦实体化导向运作的产教融合试点项目，在"共同体""联合体""产业学院"实践中凝结可推广、可借鉴的优秀经验。

第五章围绕台州针对职业教育混合所有制办学中的企业参与渠道不够宽、双元教学不够深、激励机制不够实等现实问题形成的"政府统筹、多元办学、立体育人"的职业教育混合所有制办学模式，详细阐述台州以"明产权、拓渠道、强激励"创新职业教育混合所有制办学模式的各项举措，对"政府＋企业""企业＋二级学院""企业＋产业学院"三类台州特色混合所有制模式进行了案例介绍。

第六章聚焦职业教育赋能高质量共同富裕，在回顾国家推动台州作为职教高地战略部署的政策及台州职业教育在共同富裕进程中发挥的人才培养、技术创新与传承、社会服务、优质教育资源共享的功能的基础上，通过对职业教育振兴产业转型升级、职业教育促进城乡融合发展、职业教育对接乡村精准扶贫、优化职业教育促共富的布局等方面的研究，总结了富有台州特色的职业教育推动产业造富、乡村共富、区域共富的育训并举服务体系。

第七章聚焦台州市职业教育"职技融通"人才培养探索与实践，首先研究分析了台州"职技融通"改革遵循的三方面逻辑，分别是坚持体系化发展的理论逻辑、聚焦育人核心的价值逻辑、优化办学资源分配的实践逻辑。其次总结呈现了"职技融通"改革的三方面目的，分别是促进技术工人"扩中""提低"、为区域产业输送所需的"双证"人才、打通技术工人成长成才的"天花板"。最后梳理介绍了台州"职技融通"的体制机制设计以及相应的具体案例。

第八章围绕台州"校为核心、政府保驾护航、企业协同发展的多元一体化"纵向贯通的培养体系，分析台州在中高职（企）一体化、中本（企）一体化、学历教育与职业培训一体化等方面的举措，以及对一体化长学制专业教学标准的设置，并对台州一体化长学制人才培养中多元一体化和工学一体化的模式进行地方案例剖析。

第九章围绕"双创"教育的台州实践，深入剖析实践的背景、实践的内容、实践的成果以及实践的意义等多个方面。从背景概述、台州实践、思考展望三方面展开，结合台州当地各中高职院校的具体案例进行全面解读。

第十章围绕台州建设职业教育高地开放包容的支撑体系建设，展示了台州在高地建设中强调其有效的政策托举，彰显有为政府行动力，形成区域协作新格局，加强人才培养、教育质量、职教助富的系列举措。展现系统化设计的政策布局，引领性政策与推动性政策配合并行，凸显政策中的台州特色与台州亮点。关注实际推行的政策落实，构建六大市域共同体，加强温台一体协同。

第十一章在全面回顾三年来台州职业教育高地建设、产教融合发展和职教赋能高水平共富的成果基础上，以推动台州民营经济和教育全方位深度融合为核心，聚焦于形成区域统筹、校企一体、数字变革的职教新生态，探索匠苗培育、中高企一体化、多元办学的职教行动，深化职技融通、技能培训、股权激励的职教改革，集中讨论了台州作为民营经济高地应如何更适切地服务于台州经济建设和职业教育的高质量发展。

台州作为温台职教高地的样板，充分展现了浙江省构建高质量现代职业教育体系的改革理念与实践策略，深刻诠释了浙江省现代职业教育体系的内涵，全面展示了职业教育现代化的水平，为高质量构建省域现代职业教育体系提供了可借鉴方案。

　　在全面建设社会主义现代化国家的新征程中，职业教育前途广阔、大有可为。产教融合是衡量职业教育改革成效的重要标志，是实现教育链、产业链、供应链、人才链与价值链有机衔接的重要举措。深化职业教育教材融合是构建中国特色现代职业教育体系的必由之路，对于促进我国职业教育改革发展、开创新的局面具有重要而深远的影响。本书是台州对三年职业教育高地建设的总结，也是对台州今后深化职业教育与民营经济融合发展的建设蓝图。我们不断学习兄弟省市的先进理念和成果经验，创新体制机制、模式方法，完善市域职业教育体系建设，大力提高职业教育质量，致力于服务经济社会高质量发展对大国工匠、高技能人才的需要，努力办好让人民满意的职业教育。

# 目　录

# 第一章
# 布局高地：建设职业教育"窗口"城市

职业教育与经济社会发展紧密相连。基于台州民营经济活跃、职教基础扎实的特点，在 2021—2023 年的三年建设期里，台州抓住职教高地建设这一发展契机，在教育部、浙江省人民政府的联合支持下，率先开展民营经济融合职业教育综合改革，以打造台州市职业教育"窗口"城市为建设目标，取得了丰厚的市域职业教育改革和创新成果。

## 第一节　　台州职业教育高地建设基础

### 一、台州产业经济特点：活跃的民营经济与科学的产业布局

民营经济作为国民经济的重要组成部分，不仅是经济制度的内在要素，也是推进供给侧结构性改革、推动高质量发展、建设现代化经济体系的重要主体。台州是我国民营经济发祥地、股份合作经济发源地、市场经济先发地，同时也是民营经济最集中和最活跃的地方之一。2002 年，时任浙江省委书记习近平赋予台州"再创民营经济新辉煌"的时代命题。

## （一）市场有活力，民企有力量

台州金融支撑有力有效，市场活力不断增强。2023 年末，全市金融机构本外币存款、贷款余额分别为 15641.61 亿元和 15959.97 亿元，同比分别增长 12.2% 和 16.0%，全年新增存款 1704.2 亿元，同比减少 183.63 亿元；新增贷款 2195.18 亿元，同比增加 100.36 亿元。金融活水助力实体经济有力有效发展。2023 年末，全市制造业贷款余额为 2670.74 亿元，同比增长 13.8%；全年新增民营经济贷款 1323.99 亿元、普惠小微贷款 958.27 亿元，同比分别增加 42.17 亿元和 31.48 亿元。营商环境持续优化，有效激发了市场主体活力和社会创业热情。2023 年末，在册市场主体数量为 91.4 万户，比上年末增长 11.3%，其中新设民营企业和个体工商户分别为 4.0 万家和 11.9 万户，同比分别增长 8.8% 和 11.2%。[1]

民营经济作为台州最大的发展优势和特色，20 余年来沿着"八八战略"指引的方向奋勇前进，厚植先发优势，发掘潜在优势，拉长发展长板，不断提升民营经济的创新动力、发展质量、市场效率和内蕴价值。截至 2023 年 9 月，台州市各类民营经济主体已经超过 80 万户，拥有上市公司 72 家，5 家企业入围中国民企 500 强，市外台州商人创办了 4 万多家企业，民营经济成为台州亮眼的"金名片"。[2]截至 2023 年 2 月末，以 A 股上市公司数前 30 城公布的 2022 年生产总值总量估算，台州以每百亿元生产总值打造 1.13 家上市公司，位居全国第三，仅次于深圳、杭州。[3]

改革开放 40 多年来，我国民营企业快速成长壮大，为稳定增长、促进创新、增加就业、改善民生等做出了突出贡献。2018 年全国工商联将我国民营经济的特点归纳总结为"56789"，即民营经济对国家财政收入的贡献占比超过 50%；对生产总值和固定资产投资、对外直接

---

[1] 台州市统计局. 2023 年台州经济回稳趋好 高质量发展迈出坚实步伐 [EB/OL]. (2024-02-22)[2024-03-14]. http://tjj.zjtz.gov.cn/art/2024/2/22/art_1229568183_58673420.html.

[2] 台州日报. 全市民营经济高质量发展暨台州商人大会举行 [EB/OL]. (2023-09-28)[2024-03-14]. http://news.taizhou.com.cn/qmbb.html?id=3296484.

[3] 李寒阳. 资本市场崛起"台州板块"[N]. 台州日报, 2023-03-19(1).

投资占比均超过 60%；企业技术创新和新产品占比超过 70%；带动城镇就业占比超过 80%，对新增就业的贡献占比超过 90%。[①] 而对于民营经济的发祥地来说，台州市的民营经济更是展现了强劲的势头，主导台州经济发展，民营经济呈现出"889999"的特征，即贡献了台州 86.2% 的税收、80% 的地区生产总值、93.5% 的新增发明专利授权、90% 以上的就业、98.6% 的企业、91.5% 的进出口额，同时，民间投资占全市固定资产投资比重接近 70%，民营企业利润贡献度超过 70%。[②] 在全国 4919 家专精特新"小巨人"企业中，4090 家为民营企业，民营占比 83.1%；台州拥有 32 家，全部为民营企业。在全国 677 家"单项冠军"企业中，439 家为民营企业，民营占比 64.8%；台州拥有 10 家，其中 9 家为民营企业，占比 90%，均呈现出民营数量较多且占比较高的特点。[③]

### （二）三次产业协同发展，经济结构愈益合理

新中国成立初期，台州经济主要依靠农业和极为薄弱的工商业支撑，工业门类极少，基本上是手工作坊式生产，三次产业结构比重为 75.7 ： 6.1 ： 18.2。经过 30 年左右的发展，台州产业结构虽有所改善，但第一产业比重依然很大，占据国民经济"半壁江山"，第二产业发展缓慢，第三产业发展相对不足，二、三产业对全市经济的支撑和带动作用不强。1978 年，全市三次产业结构比重为 46.8 ： 29.9 ： 23.3。改革开放后，在政策的引领和鼓励下，全市经济增长从原先主要依靠第一产业推动逐步向第二产业和第三产业共同推动转变。1987 年，第二产业占比首次超过第一产业，三次产业结构比重调整为 36.4 ： 39.6 ： 24.0，形成"二一三"产业结构。此后，随着产业结构

---

① 石建勋，刘宇. 促进民营经济发展壮大推进中国式现代化建设 [EB/OL]. (2023-03-26) [2024-03-14]. http://theory. people. com. cn/n1/2023/0509/c40531-32681665. html.

② 台州发布. 台州民营经济的"八大标识" [EB/OL]. (2023-03-26)[2024-03-14]. https:// www. thepaper. cn/newsDetail_forward_22453668.

③ 清华大学中国新型城镇化研究院. 解码台州经验——研究院发布台州民营经济高质量发展指数 [EB/OL]. (2021-11-09)[2024-03-14]. http://jrb. zjtz. gov. cn/art/2021/11/9/ art_1229039053_58925710. html.

战略性调整，第三产业比重不断上升，第二产业比重保持稳步发展，第一产业比重逐渐下降。2015 年，第三产业占比首次超过第二产业，三次产业结构比重为 6.2：46.2：47.6，形成"三二一"的产业结构。2020 年，台州三次产业结构比重为 5.6：43.7：50.7，服务业增加值比重超过第二产业 7.0 个百分点，现代化产业格局基本形成。[①] 2023 年台州市实现地区生产总值 6240.68 亿元，同比增长 4.5%。从产业看，第一产业增加值为 334.03 亿元，增长 3.8%，对生产总值的贡献率为 4.7%；第二产业增加值为 2628.43 亿元，增长 1.3%，对生产总值的贡献率为 12.5%；第三产业增加值为 3278.22 亿元，增长 7.2%，对生产总值的贡献率达 82.8%。[②]

### （三）工业经济转型升级，智能制造引导发展

新中国成立初期，台州工业基础十分薄弱。改革开放以后，台州人民解放思想、转变观念，民营经济如雨后春笋般发展，打破长期以来经济类型单一的局面，台州工业经济迅速发展壮大。2020 年，全市实现工业增加值为 1900.5 亿元，自 1949 年以来年均增长 14.3%，占生产总值比重达 36.1%，成为国民经济的支柱产业。其中，规模以上工业企业有 4426 家，增加值为 1206.3 亿元，且随着工业化进程不断推进，工业结构逐步趋向合理，重工业成为工业发展的主导力量。2020 年，规模以上工业中，轻重工业增加值比重为 34.0：66.0，高新技术产业、装备制造业和战略性新兴产业增加值占规模以上工业增加值的比重分别为 62.1%、50.6% 和 24.9%，智造工业成为拉动台州工业经济持续增长的主引擎。[③]

经过数十年的发展，台州工业已经形成了汽车制造业、通用设备制造业、医药制造业、橡胶和塑料制品业、电力热力生产和供应业等

① 浙江省统计局. 中国共产党成立 100 周年台州经济社会发展报告 [EB/OL]. (2021-07-02) [2024-03-14]. https://tjj. zj. gov. cn/art/2021/7/2/art_1229129214_4674526. html.

② 台州市统计局. 2023 年台州经济回稳趋好 高质量发展迈出坚实步伐 [EB/OL]. (2024-02-22)[2024-03-14]. http://tjj. zjtz. gov. cn/art/2024/2/22/art_1229568183_58673420. html.

③ 浙江省统计局. 中国共产党成立 100 周年台州经济社会发展报告 [EB/OL]. (2021-07-02) [2024-03-14]. https://tjj. zj. gov. cn/art/2021/7/2/art_1229129214_4674526. html.

主导产业，涌现出一批全国知名品牌。随着产业不断集聚，产业影响力不断增强，台州逐渐成为全国汽摩配、阀门水暖、缝纫机、塑料模具、工艺品等68个国家级产业基地，先后被国家相关部门授予国家级化学原料药基地、国家级汽车零部件出口基地、中国缝纫设备制造之都、中国塑料日用品之都、中国水泵之乡、中国阀门之都、中国工艺品之都等称号。

目前，台州正全面对标工业4.0制造体系，建设现代产业新体系，重点培育支撑台州长远发展的汽车及零部件、通用航空、模具与塑料、医药医化、智能马桶、缝制设备、泵与电机等七大千亿产业集群。依托其长三角地区重要的先进制造业基地区位优势与多年打下的民营经济基础，台州造就了产业集群"百花齐放"的发展格局。七大主导产业稳步壮大，截至2023年3月，台州增添百亿级产业集群21个、国家级产业基地68个、规上企业5376家。在"456"先进产业集群培育工程引导下，台州力争到2030年，基本形成汽车、医药健康、智能缝制设备、高端模具等四个有国际影响力的产业集群，泵与电机、航空航天、智能家居、电子信息、高端装备等五个国家级先进产业集群，轨道交通、时尚休闲、新型橡塑、水暖阀门、新能源电动车、绿色化工等六个国内有影响力的产业集群。[①]

### （四）企业家精神浓厚，科技创新投入再下功夫

台州民营企业家在创业发展的过程中逐渐形成了"扛得起大旗、经得起大浪、担得起大义、吃得了大苦、成得了大事"的企业家精神，构成了台州民营经济发展的"精神脊梁"。众多头部企业家都具有坚持实业干主业、看准形势敢闯会干、要做就做行业老大的品质能力共性。其中，值得一提的是台州民营企业家具有较强的创新精神，专注细分领域做优、做强。如在市场预期不稳的情况下，虽然民间投资大幅放缓，但民营企业研发投入大幅增加，民营企业从扩大产能等"硬投资"更多转向研发创新等"软投资"，不盲目扩张，更加注重苦练内功，蓄

---

① 李寒阳. 资本市场崛起"台州板块"[N]. 台州日报, 2023-03-19(1).

势待发。

为深入贯彻落实创新驱动发展战略,进一步引导全社会加大研发投入,激发科技创新活力,为新时代民营经济高质量发展强市建设提供科技创新支撑,2020年6月,台州市人民政府办公室印发《台州市加大研发投入激发科技创新活力实施办法》,鼓励规上工业企业、高新技术企业、科技型中小企业、限额以上服务业企业、农业龙头企业、特级一级建筑企业建立研发机构,支持龙头企业牵头协同上下游企业和高校院所组建产业链关键核心技术创新联合体,招引高水平研发机构入驻台州,市政府按规定给予配套资助。截至2022年底,台州共有省级企业研究院174家,省级高新技术企业研发中心566家;新增国家重点扶持的高新技术企业441家,累计1891家;新增省级科技型中小企业1229家,累计6836家。共有市级以上众创空间103家,其中国家级9家,省级36家。全年专利授权36556件,其中发明专利2941件,实现技术交易额223.46亿元。①

## 二、台州职业教育基础:扎实的职教建设基础

台州是民营经济发祥地,制造基础扎实,是长三角重要的先进制造业基地,浙江制造的重要板块,已形成了35个工业行业大类、170多个行业种类的产业体系。台州职业教育办学体系丰富,全市共有职业院校28所(其中高职3所、中职25所),技工院校10所;有国家级重点职校10所,省中职名校4所,省一流技师学院建设单位2所,创成国家、省级中等职业教育改革和发展示范校分别为3所、7所。② 全市中等职业学校分布均衡,结构合理,且各县(市、区)都已建成具有一定办学规模的国家级重点职校,其中国家级、省级中等职业教育改革和发展示范校在全市分布合理。台州职业院校共开设339个专业,专业与支柱产业对接率达90%以上,每年培养3.3万名技能人才,有

---

① 台州市统计局. 台州市 2022 年国民经济和社会发展统计公报 [EB/OL]. (2023-04-12) [2024-03-14]. http://tjj. zjtz. gov. cn/art/2023/4/12/art_1229020471_58671978. html.

② 浙江省职业教育发展研究院. 现代职业教育与民营经济融合发展的台州报告 (2021—2023)[R]. 杭州:浙江省职业教育发展研究院, 2023.

效夯实了民营经济高质量发展的人才根基。[①] 近年来，台州市基于雄厚的民营企业经济基础，建立具有台州特色的现代职业教育和培训体系，助力"技能台州"建设，服务共同富裕先行市建设。台州市统筹教育、人力资源和社会保障等多方资源，主动对接产业发展趋势和市场需求，优化职业院校与技工院校、专业布局，深化办学体制和育人机制改革，共同推进职业院校与技工院校融合发展、协调发展，学分互认、证书互通，逐步形成了管理体制顺畅、布局规划合理、办学理念先进、培养模式科学、服务社会功能显著、职业院校与技工院校"双轨融合"发展的现代职业教育和培训体系（见表1-1、表1-2）。

表 1-1 台州市高等职业学校

| 学校名称 | 等级 | 性质 |
|---|---|---|
| 台州职业技术学院 | 省示范性高等职业院校、浙江省高水平职业院校和专业群建设单位 | 公办 |
| 台州科技职业学院 | 省"双高计划"建设单位和教育部职教所实验校 | 公办 |
| 浙江汽车职业技术学院 | | 民办 |

表 1-2 台州市中等职业学校

| 学校名称 | 等级 | 性质 |
|---|---|---|
| 台州市广播电视中等专业学校 | | 公办 |
| 台州护士学校 | | 公办 |
| 台州市椒江区职业中等专业学校 | 国重、省示范、省现代化、高水平学校 | 公办 |
| 台州市椒江区第二职业技术学校 | 高水平专业 | 公办 |
| 台州市黄岩区第一职业技术学校 | 国重、省示范、高水平专业 | 公办 |
| 台州市黄岩区第二职业技术学校 | 省一级重点、高水平专业 | 公办 |
| 台州市路桥中等职业技术学校 | 国重、省示范、省重点、省现代化、高水平专业 | 公办 |

---

① 浙江省职业教育发展研究院. 现代职业教育与民营经济融合发展的台州报告(2021—2023)[R]. 杭州: 浙江省职业教育发展研究院, 2023.

续表

| 学校名称 | 等级 | 性质 |
| --- | --- | --- |
| 临海市中等职业技术学校 | 国家示范、省中职名校、<br>高水平学校 | 公办 |
| 临海市高级职业中学 | 国重、省示范、高水平专业 | 公办 |
| 临海市豪情汽车工业学校 | 省重点职校 | 民办 |
| 临海市海商职业技术学校 | 省重点职校、高水平专业 | 民办 |
| 临海市华海技术学校 | 省重点职校、高水平专业 | 民办 |
| 临海市长城高级职业中学 | | 民办 |
| 临海市台运技术学校 | | 民办 |
| 临海市现代卫生学校 | | 民办 |
| 临海市东部中等职业技术学校 | | 民办 |
| 温岭市职业技术学校 | 国重、国家示范、省示范、省中职名校、<br>高水平学校 | 公办 |
| 温岭市职业中等专业学校 | 省现代化、高水平专业 | 公办 |
| 玉环市中等职业技术学校 | 国重、省示范、高水平学校 | 公办 |
| 天台县职业中等专业学校 | 国重、省示范、省中职名校、高水平专业 | 公办 |
| 天台文武职业技术学校 | | 民办 |
| 天台天成职业技术学校 | | 民办 |
| 仙居县职业中等专业学校 | 国重、省示范、高水平专业 | 公办 |
| 三门县职业中等专业学校 | 国重、国家示范、省中职名校、<br>高水平学校 | 公办 |
| 三门县瑞杰高级职业中学 | | 民办 |

在"温台高地"项目实施之前,台州市就已察觉到职业教育与民生之间相互承接转换的关系,率先开展职业教育改革,秉承"小步子,大改善"的原则着手布局台州市职业教育改革,提升职业教育与经济贴合度。2011年,台州市开展中职免学费改革,范围由原先的三大类扩大至全部专业,在全省率先实现中职免学费教育,奠定了本土高素

质技术技能人才养成的职业知识、技能、素养、文化基础。同时，基于区域产业发展布局，对中职专业实现统筹调整，在中职学校新增核电设备安装与维护等 11 个新兴专业布点，撤销 35 个传统专业的不合理布点。中职教育的专业设置实行市级统筹管理，医药、化工等 11 个省示范性专业实行全市统筹招生，同时开展市级精品专业、新兴专业、特色专业和实训基地建设评选工作，推动中职专业高质量发展，稳步提升台州市域中职人才培养质量，并取得一系列教育教学成绩。2012年，台州市强调职业教育服务地方发展功能，加强中职学生技能教学，开展企业订单班深化校企合作，出台《关于进一步加强校企合作促进职业教育持续快速发展的通知》推动市域校企合作，创新中职学校专业联盟产学研一体化人才培养模式，职业院校产学研成果转化获明显经济成效。2013年，台州市深入推进中等职业教育现代化，在浙江省职业教育现代化工程考核中获全省绩效挂钩考核 A 等。2015年，台州市逐步构筑职业教育高地，完善现代职业教育体系，推进职业教育同城化，启动建设"台州现代职业教育创业园区"；大力实施"名校名师名专业"工程，加强示范实训基地和产学研共同体建设；扩大和加强社会培训，尤其是家政服务人才的培训；鼓励高职院校加快发展优势特色专业。2016年，台州市职业教育步入全省第一方阵，新增国家级中职学校改革示范校 1 所、省级 3 所，省级改革示范专业 9 个；中职学生在 2016 中餐烹饪世界锦标赛中获冠亚军，在全国职业院校技能大赛中获 4 块金牌，在浙江省中等职业学校创新创业大赛中获奖总数（31 项）居全省第三，其中一等奖数（8 项）居全省第一。2017年，台州市实施现代职业教育质量提升计划，加强名校、名师、名专业和校企合作共同体、现代学徒制改革示范项目建设，开展技能大赛、创业比赛等活动，在浙江省中等职业学校创新创业大赛中学生小发明创业计划书赛项中的获奖总数（33 项）、一等奖数（7 项）均居全省第一，省三级重点职业高中新增 3 所。2020年，台州市职业教育加快发展，成为职业教育高地建设国家试点城市，17 所职业院校入选省"双高计划"建设名单，在全省中职学校职业能力大赛学生职业素养类创新创业比赛中获奖总数居全省第二，24 个项目入选全省产教融合"五个一批"名单，30 个项目入选"全省中职教育质量提升计划"；台州职业技术学院位居"中国专利转让排行榜"全国高职院校首位，台州电大工作经验入选 2020 全国农民教育培训发展典型案例。[①]

### 三、台州职教实践挑战：对企业、产业、教育主体的多方回应

近年来，台州市以高质量发展建设共同富裕先行市，持续推进职业教育与民营经济深度融合发展，通过多元混合办学、创新产教融合和服务民营企业发展，在建设市域职业教育高地方面进行积极探索，并取得了初步成效。与此同时，台州市还需进一步破解校企深度合作的多元协同机制、提升高端产业与高水平专业匹配度、回应高层次升学与高质量就业诉求等。

### （一）校企深度合作的多元协同机制有待破解

校企合作纵深发展涉及一系列深层次的体制机制问题。从主体形式看，校企合作涵盖多元主体投资的职业教育集团、产业学院、产教融合联盟等新型产教联合体，企业全资举办的职业院校、职业技能培训中心等职业教育机构，校企合资举办的混合所有制职业教育机构，等等。根据不同利益主体的差异化诉求，处理方式也呈多样化形式。从协同内涵看，校企既要联合开展人才培养、技术创新和社会服务，又要整合双方资源要素，利用一方资源优势为另一方提供设备、场地、人员、培训等服务，双方互聘师资、互认学习成果、互通技术等级证书，此外还有诸如校企合作协议、目标任务、权利义务、知识产权归属等相关利益的界定，大量协作网络造成利益分配机制错综复杂。虽然《国家职业教育改革实施方案》《中华人民共和国职业教育法》《职业学校校企合作促进办法》等法律、法规允许职业院校对合作办学等所得收益按一定比例作为绩效工资分配，但落实起来有一定难度，校企合作招生、"双主体"育人、协同标准研发机制等还有待进一步深化，市域职业教育落实金融、土地、税收等利益补偿机制尚缺乏制度保障。

---

① 数据来源：由作者基于台州市教育局官网（www. jyj. tz. gov. cn）公开数据整理所得，数据统计的截止时间为 2023 年 3 月 20 日。

## （二）高端产业与高水平专业匹配度有待提升

台州市鼓励职业院校与区域、行业内技术先进、具有较强品牌影响力的实体企业，以及其他具备支持举办高质量职业教育实力和条件的各种社会力量，合作举办职业院校、二级学院、产业学院等办学机构，通过合作办学打通校企技术、人才壁垒，建立政府介入、企业主导、校企资源深度互通的多样化办学长效机制。技术先进、管理规范、实力雄厚的优质企业参与或独立举办职业技术学校（院）无疑起到了引领示范作用，但从技能匹配与技能生态提升的视角看，在专业（群）与产业（链）匹配方面也存在两个主要矛盾。

一是个体性与整体性之间的矛盾。集团型企业利用技术、资本等优势快速迭代升级，形成教育资源的垄断优势，但由于市域职业教育规模有限，大型企业与行业内其他中小微企业存在竞争关系，导致中小微企业很难享受职业教育的发展红利，长此以往容易产生马太效应。

二是单一性与复合性之间的矛盾。浙江汽车职业技术学院、华海技术学校等民办职业院校的"校企院"一体化协同育人模式，在办学主体内部建立了良好的人才流动通道，但这样的"一企一校"模式是否具有可复制性？如何将该模式向"一校千企"拓展，即通过龙头企业参与独立办学，形成行业内通用的技术标准、制造标准、专业标准等，向整个行业推广普及，满足行业内千万家中小微企业的技术和人才需求？如何突破单一办学瓶颈，进一步将全行业育人生态推广到台州市七大千亿产业和数字经济、智能制造等战略性新兴产业，培养各行业核心紧缺技术技能人才，推动办学资源由松散走向集聚、由局部匹配向全局匹配转变？以上问题亟须进一步改革推进。

## （三）高层次升学与高质量就业诉求亟须回应

高考分层录取的筛选机制不打破，职业教育类型教育的目标就很难实现。随着中职从"以就业为导向"向"就业与升学并重"转变，高层次升学成为职业学校学生的首要选择，但市域职业教育升学通道仍受到诸多限制。首先，地方高职院校数量不多，"中高职一体化"和"中本一体化"等升学通道容量有限；其次，升学的目的是高质量就业，台州市民营经济发达，学生家庭条件相对优越，就业首选国企、事业单位、公务员等，就读职业院校与就业民营企业的意愿较低。如何从招生、培养、就业等方面突破现有职业教育生源质量不高、"双师型"教师结构失衡、课程内容落后于产业发展以及学历歧视等瓶颈，提升职业教育认可度和吸引力，区域中高职一体化试点亟须加快实现并扩大作用的范围。

# 第二节 "活力"激发的行动逻辑

如何吸引民营经济积极参与职业教育办学育人全过程，突出民营经济富有活力弹性的特点，使民营经济与职业教育紧密结合，是台州在职教高地建设过程中需解决的关键问题。职业教育"活力"的激发与高地的打造应在市域统筹的顶层设计下，健全市域职业教育体系，通过提升职业教育办学质量，吸引民营中小微企业积极参与职教办学，创新职教办学机制和产教融合实践变体，实现多方主体利益，进而推动城市经济发展向上形成良性循环。

## 一、政府：优化市域民营经济与职业教育融合生态

一是政策激励。健全的民营经济企业参与职业教育办学的激励扶持组合举措是保障企业持续参与职业教育办学，增强产教融合、校企合作吸引力的根本举措。应由当地政府主导，构建产教融合制度保障体系。有关部门需进一步完善产教融合的具体实施条例和细则，包括指引院校和企业的产教融合行为机制。例如，建立和完善财政、税务、人事、土地等政策执行协调机制，制定出台关于企业直接办学、股份制、混合制办学等产教融合创新机制方面的实施细则。此外，需加强有关制度供给，采用差异化的政策保障资源吸引政校行企多元主体共

同参与产教融合，形成政策拉动效应。在全面梳理现有支持职业教育产教融合的政策举措的基础上，针对产教融合发展中存在的问题，研究创新激励扶持举措，形成指导性政策文件，进一步健全"金融＋财政＋土地＋信用"组合式激励机制，支持地方出台符合本地实际的落地政策。如国家发展改革委、教育部、人社部等八部门在2023年6月联合印发的《职业教育产教融合赋能提升行动实施方案（2023—2025年）》中提到：加大向金融机构推荐职业教育产教融合中长期贷款项目的力度；鼓励银行机构按照"风险可控、商业可持续性"原则支持产教融合项目和产教融合型企业发展；引导保险机构开发产教融合相关保险产品；支持符合条件的产教融合型企业上市融资；支持符合条件的企业发行社会领域产业专项债券，重点用于实训基地建设。

台州围绕产教深度融合，制定出台20多项激励政策，破解校企合作中遇到的政策堵点、难点。比如，台州市制定《台州市职业教育校企合作促进条例》（简称《条例》），在法律层面保障企业、院校合法权益，目前浙江省人大常委会已批准《条例》自2024年1月1日起施行。《条例》明确，企业投资或者企业与政府合作建设职业院校的建设用地，按照科研用地管理，符合国家划拨用地目录的，可以通过划拨方式供地；职业院校、教职工和学生的自主知识产权成果可在企业作价出资或者入股，企业人员的教育教学成果可以认定为技术或者科研成果；职业院校开展校企合作所得收入的一定比例可核定为绩效工资增量，教职工在校企合作中合法取得的企业兼职报酬和科技成果转化奖励收入不纳入绩效工资总量。

二是规划先行。职业教育具有较强的地方性特点，服务区域产业经济发展，定向输送高素质技术技能人才。因此，对于职业教育发展规划，必须结合产业发展规划统一布局，重构区域职业教育和产业布局结构，实现职业教育跟着产业走，缩短职业教育人才培养路径。为逐步形成教育和产业统筹融合、良性互动的发展格局，引导民营经济积极参与职业教育产教融合，使产业需求更好融入人才培养全过程，构建产教融合型城市，解决我国职业教育投入主体仍然是各级政府、产教融合融而不合、校企合而不深等问题。职业教育与产业发展同步规划、构建完善的产教融合顶层设计、优化产教城发展布局是当前首要的任务。

台州坚持不断优化产教城发展布局，对标新能源、新材料、新医药健康、未来汽车、精密制造等五大产业城（简称五城）建设要求，把产教融合发展纳入全市经济社会发展总体规划，出台《台州市临港产业带职业教育发展规划》，明确"1个园区、9个中心、N所特色化学校"的总体布局，整合与优化高等院校、中职学校、技工院校等空间布局，推动职业院校专业围绕产业需求办学，大力引导高校特色学院、中职学校到产业集聚区（园区）办学，规划部署台州职业技术学院玉环校区、台州科技职业学院温岭学院等重大项目，建立服务临港五城"30分钟技能学习圈"，组建模具加工与装配、汽车技术等35个职业教育专业群，新增智能制造、新能源等新兴专业。

三是市域统筹。职业教育和产业协同发展是加强职业教育人才培养与市场需求之间耦合性的最优解。产教融合涉及职业教育、产业中的多级主体，政府应发挥其对学校、企业等产教融合多元参与主体的资源分配、调节作用，结合市场调节功能对现有产教融合资源进行优化配置。通过区域统筹，推动教育和产业协调发展，提升行业企业参与产教融合的内生动力和积极性；创新搭建产教融合平台载体，服务中小微企业，促进产业人才教育创新链的延伸融合；接续推进产教融合试点建设，充分发挥突破和引导带动作用，强化经验的提炼、复制和推广。

台州加强产教融合市域统筹力度，明确市、县两级政府履行产教融合纳入规划、保障投入、统筹协调、开展督导等八项职责，建立党、政、部门、共同体、学校产教融合"五位一体"工作机制；印发《关于加强职业教育市域统筹工作的意见》，重点推进招生等五个方面的市域统筹；成立职业教育与产业研究院、产教融合专家指导委员会，组建六个市区职业教育发展共同体；搭建产教融合信息服务平台，建成"匠才荟"数字职教管理云中心，初步实现招生、教学、培训、就业等一体化管理，市域统筹能力进一步提升。台州统筹推进办学特色化，增挂七所市级特色化校名，如临海市华海技术学校增挂台州市制药技术学校、温岭市职业技术学校增挂台州市智能制造技术学校、三门职业中专增挂台州市新能源工程学校。

## 二、企业：激发企业参与职业教育合作办学意愿

一是引导企业参与办学。在全面深化改革的背景下，探索发展混合所有制职业院校，有利于增强办学活力，提高办学效益，健全政府主导、社会参与、办学主体多元、办学形式多样、充满生机活力的办学体制。基于台州市活跃的民营经济特点，由国有资本、集体资本、非公有资本等不同所有制的两个及以上主体共同出资举办的混合所有制办学改革，在台州能够获得支撑的肥沃土壤。混合所有制办学的本质特征是产权结构、治理主体多元化，其实践探索既包括二级学院探索的混合所有制办学模式，又包括学校层面的混合所有制试行。

台州以混合所有制办学改革创新推进社会多元办学，在全国地市级层面率先出台《职业院校混合所有制办学的实施意见》，对职业院校混合所有制办学的设立办法、投入管理、运行机制、支持保障及监督管理等方面进行规范，明确"政府对举办职业教育的民办非营利性机构给予20%生均经费支持，减少对混合所有制办学机构的金融担保费用，优先支持混合所有制的项目用地"，开展了混合所有制办学试点32个，形成"政府＋民营企业""二级学院＋民营企业""学校＋民营企业"等多元办学的"台州样本"。

二是引导企业协同育人。对于企业来说，职业教育技术技能人才的培养继承与应用型技术创新转化是扩大企业市场份额、提升产品销售增长率的企业发展关键指标的内核，关乎企业发展兴衰。职业教育所培养的大量一线产业工人、基层管理人员等人力资源，以及更新迭代的生产新工艺、新流程，是企业提质增效、实现创收的根本动力源泉。但教育的滞后性往往导致职业教育所教授的技术、技艺、技能跟不上市场更新速度，与企业需求脱节。因此，在职业教育的人才培养过程中，不能忽视企业的主体地位，需激发企业参与职业教育人才培养的积极性，通过协同育人提升技术技能人才与市场的适切性。

台州围绕"把专业建在产业链上、把课堂建在生产线上"，推进政

企校多方协同育人，研制产教融合谱系图，发布《台州市产教供需年度报告》，共建共享 20 多个产业学院产学研合作平台，培育长三角汽车、模具产教融合联盟等 85 个省产教融合项目，推进专业设置与产业需求对接、课程内容与职业标准对接、教学过程与生产过程对接，实现了产业与专业共舞、企业与学校双赢。例如，爱仕达电器股份有限公司与温岭市职业技术学校、浙江工业职业技术学院合作，以产教融合模式定向培养工业机器人专业人才，校企共同招生、共建课程、互培师资，截至 2023 年已经有三届共 240 名学生毕业，其中 90% 的毕业生工作于自动化控制技术岗位，70% 以上的毕业生就业于爱仕达集团，工作状态和技术能力得到了企业的一致好评。

三是引导企业以技提薪。当前，我国普遍存在"招工难""用工荒"的问题。究其根本，人们主要是受社会环境、传统思想观念影响，技术工人社会地位不高，收入水平偏低，许多年轻人不愿意当技术工人。薪酬待遇是技术工人最关心、最直接、最现实的利益问题。在此背景下，聚焦技能人才队伍壮大，进一步完善技术工人培养、评价、使用、激励、保障等措施，特别是突出工资激励和技能提升，强化评价使用激励，实现技高者多得、多劳者多得是畅通技能人才上升渠道、提升技能人才就业吸引力、助推技能型社会构建、转变社会风气的关键制度基础。

台州借助全省首个全市域技能型社会建设试点机会，积极倡导"尊重技能、尊重劳动"的社会风尚，强化"技高者多得"导向，制定全省首个技术工人薪酬分配指引，出台《行业性能级工资集体协商操作标准》，积极引导上市公司开展对技术工人的股权激励，让技能等级与薪酬待遇"挂钩"。2022 年，台州开展能级工资集体协商覆盖企业 3913 家，惠及职工 48.15 万人，技术工人年度预期薪酬同比往年提升 6%。例如，上市企业浙江艾迪西流体控制股份有限公司，将 15% 的股份纳入员工红利分配体系，员工年均收入达 9.48 万元，2020—2022 年，年均增长 16% 以上，让更多技术工人从"打工者"变为"合伙人"。

## 三、学校：多举措提升学校办学活力

一是提升学校办学能级。随着我国产业转型升级速度加快，对技术技能人才的要求也逐渐提高，倒逼职业院校不断提升其办学能级，依托各类职业教育项目获取社会层面更好的办学资源以深化产教融合，反哺学生成长成才，提升职业教育吸引力。

台州职业院校始终把提升办学能级作为第一要务，用好部省共建职教高地支持政策，对接台州汽车及零部件、医药医化、模具与塑料、泵与电机、缝制设备、智能马桶、通用航空等七大千亿产业，围绕服务产业、服务企业、服务社会，办强专业、建优专业群、提升办学实力，打造更多标志性办学成果，以产教实践提高校企融合度，以办学能级提升职业教育吸引力。例如，台州17所职业院校入选省"双高计划"建设单位，建成国家和省级中职教育改革和发展示范校10所；职业院校办学质量实现整体提升，台州职业技术学院突破性获得国家级教学成果奖一等奖，在"中国专利转让排行榜"连续三年居全国高职院校前三。

二是提升服务企业能力。职业教育作为社会子系统之一，为社会政治经济发展服务。职业教育以高素质技术技能人才培养和应用型技术创新落地服务社会发展，最终还是应落实于企业对一线技能型人才和"卡脖子"技术创新，推动企业产品迭代升级、效能提升。因此，职业教育应主动对接企业发展需求，围绕企业创收关键，提供人才培养、技术创新、工艺更新等落地服务，同时反哺职业院校发展，实现职业院校与企业育人资源共建共享。

职业院校坚持主动对接企业需求，搭建科技创新团队、产业技术联盟、重点实验室、技术孵化中心等科技服务平台，为企业提供所需服务，每年承接技术服务项目400多项、科技成果转化项目450项以上、科技服务实际到款额6000万元以上。同时，积极开展职业院校参与社会培训、社会人员学历提升行动，建立职业技能培训"两清单一指数"，每年培训人次达10万人以上，每年新增成人初高中学历提升10万人、大专及以上学历教育学员30万人，努力让有学习意愿的社会人员"愿学尽学""想学尽学"。例如，台州科技职业学院与正保远程教育集团、正誉企业管理（广州）集团三方共建正保智慧财税产业学院，其是浙江省首家、全国第二家集"学生真账实训、企业真实生产和社会培训服务"等综合功能于一体的产业学院，目前为 3 万多家中小微企业提供真账业务，累计为台州本地中小微企业输送专业财税人才 600 多人，依托"财务云协同管理平台"规范了企业财务管理流程，降低企业核算成本达 70%。

三是提升人才培养质量。技术技能人才培养质量与人才留在当地工作的数量是职业教育服务区域产业经济发展能力的直观指标。对于台州这类非一线城市、民营经济活跃，但以中小微型企业为主的城市来说，常常面临外地生源留不住、本地生源外流的用工荒与招工难问题。如何创新职业教育人才培养模式，提升毕业生留在当地工作的意愿，是破解区域职业教育人才流失问题的关键。

纵向上，台州积极探索区域中高企一体化人才培养模式，通过"中职＋高职＋企业""中职＋本科＋企业"等方式，拉长了培养链，增强了学生对职业和企业的认同，提高了人才培养质量。目前，台州市域内开展长学制人才培养改革培育项目有 11 个，入选省中高职一体化改革试点学校有 4 所，每年培养学生达 1000 多人。横向上，台州积极探索职技企一体化培养，实施职业院校和技工院校同目标引领、同政策保障、同平台支持、同归口管理、同频率发展的"五同"改革，推动职业院校和技工院校学分互认、一体培养，打破技术工人成长天花板。截至 2023 年，台州已在全市 16 所学校 43 个专业开展试点，职技融通改革做法获国家发改委肯定；借助"学历证书＋技能证书"通道，8063 名学生获得技能等级证书。

# 第三节  打造职教"窗口"城市

为务实抓好台州市"职教高地"试点工作，打造职业教育"窗口"城市，力争形成一套可复制、可推广的经验、做法，台州市教育局出台《关于建设职业教育"窗口"城市工作方案》（简称《工作方案》），以回答当前台州职教高地建设过程中所面临的三大课题。一是国家试点改革创新的课题，发挥台州市民营经济活跃、民间资本充裕优势，探索政府统筹管理、社会多元办学的职教模式，尤其是在职业教育混合所有制办学方面为国家探新路，形成可复制的做法和经验；二是区域协同一体发展的课题，坚持以"温台协同发展"为契机，推进市域统筹发展，以"大市域"理念统筹职业教育招生、优化专业布局，更好地服务台州产业发展；三是进一步增强职业教育吸引力的课题，在教育资源、技术资源、人才资源匹配等现实资源不够充分的条件下，实现市域职业教育提档升级、吸引力提升等。

## 一、建设多元化办学机制创新"窗口"城市

建立政府、行业、企业、学校协同合作的发展机制，完成由政府举办为主向政府统筹管理、社会多元参与办学格局的转变是现代职业教育体系的核心要求之一。职业教育与社会民生紧密相连，其办学涉及多元利益主体。基于职业教育的跨界性和联结多元利益主体的特殊属性，依托职业教育形成利益联结纽带，协调多元主体利益取向，从而推动各主体投入自身资源优势，最大化职业教育办学成效，是今后职业教育办学的必然趋势。在职业教育政校行企协同办学中，政府发挥"主导、主控"作用、职业院校发挥"主体、主动"作用、行业发挥"指导、协调"作用、企业发挥"参与、合作"作用。基于台州职教基础扎实、政府支持有力、民营经济活跃、外贸出口规模大等方面的职业教育与民营经济融合发展基础，政府、职业院校、行业和企业都应积极努力，主动承担相应的责任，有效实现办学资源的优化配置，

构建起互利互赢的政校行企紧密结合的发展共同体与运行机制，促进现代职业教育体系建设，最终实现职业教育的快速、蓬勃发展。

高职院校混合所有制改革是职业教育多元化办学机制创新的突破口，其政府主导、社会参与、办学主体多元、办学形式多样、充满生机活力的办学体制特点能够有效调动企业办学活力，提高职业院校办学效益。除了本土创新，还可根据区域特点有目的地借鉴海外先进的职业教育办学案例，结合本土资源优势，通过国内外院校合作办学、跨境校区等形式，以有关标准输出、技术技能人才输送、优质教育资源引进等途径提升职业教育国际化水平，反哺境内境外的本土民营企业。最后，政府也应积极营造良好的职业教育发展环境，保障多元办学机制不断创新。职业教育改革的开展往往需要多级、多类政府部门协同支持，并确保职业教育改革发展的正确方向。纵向上需建立市县两级职业教育改革发展工作专班，横向上要求发展改革、教育、人力社保、财政、经信、机构编制、外事工作、市场监管、民政、科技、税务、金融、工会等有关部门以及有关行业主管部门参与，形成常态化的工作协调机制，全面落实部门任务和工作清单。从宏观而言，要设立研究院或专家指导委员会对职业教育相关工作进行研究、指导、评估等。从具体落实而言，要深化"放管服"改革，扩大职业院校办学自主权，加大职业教育经费保障力度并完善办学成本分担机制，建立相应项目考核机制以提升督查力度。

## 二、建设精准式民营企业服务"窗口"城市

产教融合是增强职业教育适应性，加快构建现代职业教育体系的重要抓手，是职业教育理论与实践相互结合、教学与产业相互融合、培养与就业相互衔接、科研与生产相互促进，培养更多高素质技术技能人才、能工巧匠、大国工匠的关键。产教融合以人才发展为引领，促进产业转型升级，是产业转型升级的"助推器"，具有提升职业教育服务社会经济发展的能力，是职业教育办学的基本原则，更是新时代职业教育实现高质量发展的必由之路。在职业教育办学中，产教融合是职业学校和企业之间的连接载体，对接学校课程、师资、实训与企

业一线文化、工艺、流程、技艺等资源，重构职业教育产教资源，以最适合企业人才需求的标准重塑职业教育人才培养过程。同时，职业教育产教融合过程中的应用型技术创新与转化也成为企业发展提质增效的新动能，辐射区域民营企业发展。

一是鼓励企业参与职业教育办学，多措并举激发企业合作办学意愿。完善企业参与职业教育办学的顶层设计，敲定合作方式、完善支持政策与相关制度，在此基础上探索多元办学机制。二是以产教融合为纽带，共育企业人才、共研技术创新。对接区域产业共建共享产教融合平台，探索市场化运营，推动职业教育集团实体化运转；联合科研机构、高校、企业、职业学校面向中小微企业开展技术创新服务，推进校企协同成果转化并提升职业学校服务能级。三是开展一体化长学制人才培养试点工作，提高技术技能人才留台就业率。以台州区域行业企业岗位需求为导向，以系统培养人才为主线，选择专业、开发教学标准、组建教师团队、深化教学改革、丰富教学资源、完善评价制度等，形成"校企协同、中高一体、育用贯通"的人才培养模式。

## 三、建设高水平区域协作示范"窗口"城市

习近平总书记指出，创新是第一动力。随着科技创新速度的加快，我国产业转型升级进程也在不断加速，导致职业教育专业（群）更新速度与人才培养速度跟不上产业端变化速度，出现人才培养和产业发展"两张皮"问题。为统筹解决职业教育人才培养和产业发展"两张皮"问题、推动区域职业教育与产业协作高质量发展，台州需完善职业教育专业设置，鼓励引导职业院校优先发展先进制造、新能源、新材料、生物技术、人工智能等产业需要的一批新兴专业，加快建设护理、康养、托育、家政等人才紧缺的专业，改造升级冶金、医药、建材、轻纺等领域的传统专业，撤并淘汰供给过剩、就业率低、职业岗位消失的专业，鼓励学校开设更多紧缺的、符合市场需求的专业，形成紧密对接产业链、创新链的专业体系。换言之，台州当前亟须建立职业教育专业动态调整机制，重构区域职业院校专业布局结构。以市域为单位，统筹市域产业布局和职业院校专业布局，同步进行产业规划和专

业规划。依据区域产业布局调整区域内职业院校专业（群）结构，提升人才培养与产业发展之间的适配性，对于职业教育办学资源较为匮乏的区域，可采用区域内职业院校跨校组建专业群的形式进行。如台州产业布局具有明显的地域性分布，临港产业带五城各自分布特色产业，根据这一规划特点，区域内职业院校应及时调整专业结构，做好人才培养与产业支撑之间的衔接，打造技能型社会的台州样板，赋能共同富裕。

# 第二章
# 融入区域：台州职业教育助力地方产业经济发展的"产城教"融合模式

　　浙江省第十五次党代会提出，要建设世界级大湾区、国家经略海洋实践先行区，建设温台沿海现代产业带。濒海而立的台州，拥有丰富的海洋资源，曾先后提出打造"科工贸发达的现代化港口城市"，从开发大港口，建设海上台州，再到主攻沿海，构建"湾区型现代都市区"，台州发展海洋经济的思路不断深化，基础不断夯实。在助力台州市临港产业带打造世界知名现代海洋城市、全球一流临港产业带的背景下，为了强化人才要素保障，台州需提升职业教育的适应力和支撑力。经过三高地的建设，台州形成了地方职业教育匹配区域产业经济发展战略的"产城教"融合模式。

## 第一节 "人才强市、海洋城市、职教窗口"
## 引领台州市域职业教育发展

　　近年来，台州锚定"建设世界级大湾区""建设国家经略海洋实践先行区"的目标，以"经略海洋、向海图强"的信心和决心，全市上下奋力建设一流临港产业带，为浙江推进"两个先行"注入蓝色能量。

## 一、提升技能人才自主培养能力

技术技能人才短缺是未来我国劳动力市场面临的核心问题，这一缺口还会随着劳动力供求质量的结构性失衡呈现出明显的极化趋势，并随着产业集聚、区域发展不均衡和劳动力流动呈现出明显的空间分布不均现象。[①] 从技术技能人才的区域分布看，地区分布与地区经济发展水平密切相关，技术技能人才主要集中在经济发达地区，在数量上呈现东部居多、中部增长迅猛、西部偏少的总体特征。这说明区域经济实力决定了该地区对人才的吸引力，从而影响该地区的人才水平；反过来，人才的"软实力"是一个地区经济发展的"新动力"。[②] 这是由于市场环境下劳动力总是流入人力资本水平更高的城市，尤其对高技能劳动力而言，而短期政策冲击无法改变历史上的城市人力资本空间分布。[③] 作为股份合作经济发源地的台州，民营经济发达，制造业基础扎实。然而，城市之间的竞争，从长远来看是高校的竞争和人才的竞争。台州地处长三角相对边缘的位置，区位优势并不明显，对外部人才的吸引力不强。根据 2022 年对台州 57 家上市公司调研的结果，本地高校毕业生入职台州上市公司的仅 500 多人，且占比呈下降趋势，而 2020—2022 年台州上市公司大学生需求量从 3956 人快速增长至 5490 人，大量人才缺口需要外地高校毕业生来补充，上市公司不得不加入全国各大城市的抢人大战，人才的招聘难度和综合成本大大提高。此外，2020—2022 年台州上市公司实际的入职量从 3669 人增长至 4828 人，对比人才需求量，入职缺口逐渐拉大，进一步加大了上市公司今后的人才招引压力。同时，台州本地的产业工人队伍整体层次结构难以有效支撑未来台州临港产业带的发展。根据 2020 年第七次全国人口

---

[①] 何文章, 张学英, 凌光, 等. 经济发展对高技能人才需求规律及趋势研究 [J]. 中国高教研究, 2012(7): 96-98.

[②] 谭永生. 促进我国技术技能人才发展 [J]. 宏观经济管理, 2020(2): 35-41.

[③] 夏怡然, 陆铭. 跨越世纪的城市人力资本足迹——历史遗产、政策冲击和劳动力流动 [J]. 经济研究, 2019, 54(1): 132-149.

普查数据，台州全市常住人口中，拥有大学文化程度的人口仅占常住人口总量的 11.6%，60% 以上的人口为初中和小学文化程度。[①] 此外，台州拥有 200 多万外来务工人员，是当地各行各业生产的主力军。然而这些群体流动性高，稳定性不强。

面对外来高层次人才引进难和一线工人流动率高两难困境，加强本土化人才的供给成为台州临港产业带职业教育发展的首要方向。主要包括三个方面：一是加强职业教育的聚人作用。地方职业院校一方面发挥着技术技能人才供给的作用，另一方面发挥着技术技能集聚的作用。这种集聚作用是企业在地方布局的过程中，除了考虑自然、地理、交通等区位优势，还要考虑到用工情况。职业院校的存在可以向企业释放一个稳定人才供给的信号，企业可以从职业院校招聘到一部分人才。同时，企业可以从劳动力市场再招聘一部分人才，由此形成人才的集聚。二是加强职业教育的留人作用。让学生学有所用、学有所得是提高职业院校毕业生留台就业率的重点。将职业院校人才培养定位与未来地方产业发展所需要的岗位相对应，实现学生毕业即就业。三是加强职业教育的育人作用。临港产业带的建设要通过引进一批符合产业集聚方向、科技含量高的重特大制造业项目和关键配套项目，也需要对"椒江缝纫机""黄岩模具""温岭水泵""玉环汽摩配"等传统制造业品牌形象进行重塑，推动传统优势产业做大做优做强。对此，职业教育要针对临港产业双线发展路线，进一步优化人才培养过程中的师资队伍、教学资源、培养模式等，提高人才培养对产业发展的适应性。

## 二、服务现代海洋城市建设战略

台州依海而生，港通千年，临港产业带的海洋经济优势显著。台州地理位置优越，港口、岸线、海岛、海湾、滩涂等海洋资源丰富，发展海洋经济具有得天独厚的优势，其中万吨级以上泊位岸线 34.6 公

---

① 台州市人民政府. 台州市 2020 年度第七次全国人口普查主要数据公报 [EB/OL]. (2021-05-26)[2024-01-14]. https://www.zjtz.gov.cn/art/2021/5/26/art_1229200619_3712534.html.

里，已开发 3.36 公里，具有潜力开发的滩涂面积约 9.1 万亩。长期以来，台州历届党委政府坚持经略海洋不动摇，从撤地设市之初提出打造"科工贸发达的现代化港口城市"，到"开发大港口"，建设"海上台州"，再到"主攻沿海"，构建"湾区型现代都市区"，台州发展海洋经济的思路不断深化，基础不断夯实。到了今天，台州沿海重大平台空间广阔，港口集疏运体系加快成型，海洋经济保持年均 10% 以上的增长速度，"港口 + 腹地 + 平台 + 制造"优势日益凸显，这样的优势条件在全国都是少有的，完全具备打造世界级临港产业带的基础。

近代以来，世界主要工业城市多数分布在沿海，美国休斯敦、日本东京、德国汉堡等知名产业城市都是依托沿海优越的港口集疏运和产业链配套条件，实现世界级先进制造业的规模集聚和换挡升级。台州作为长三角重要的制造业基地，当前正处于发展动能转换、产业蝶变跃升的关键期，应进一步抢抓新经济、新技术融合突破的重大战略机遇，特别是抓住工业 4.0 发展快速突破期，加快推进 5G 通信、人工智能、大数据、云计算等新一代信息技术与制造业深度融合，在工业 4.0 前沿领域形成先行优势，抢占发展主动权、制高点；主动顺应国际经贸新趋势新变化，进一步高水平扩大开放合作，全面提升临港产业核心竞争力，打造全球一流临港产业带。

2022 年 6 月 2 日，台州市人民政府在《台州市临港产业带发展规划》中提出，聚力新能源、新材料、新医药健康、未来汽车、精密制造等五城建设，以建设世界知名现代海洋城市、全球一流临港产业带为总体目标；整体形态是以全市域九个县（市、区）、台州湾新区一体化为总领，以五城为主体，以集聚创新为核心理念，以工业 4.0 为标准架构，以台州一号公路为纽带串联，依托"港口 + 腹地 + 平台 + 制造"优势，打造"空间成片、交通成网、产业成链、创新成核、生态成圈"临港发展新格局。

2023 年，台州更是推出极具台州特色和优势的"10+X"标志性产业链，持续开展"链长 + 链主 + 专精特新 + 产业生态"的集群培育 2.0 版改革，实施六大行动 85 项任务，重点围绕新能源、新材料、未来汽车等"10+X"标志性产业链深化攻坚，不断提高台州产业集群显示度。

通过打造"链长＋链主"双链融合的链群发展模式，以链式效应带动产业大集聚、集群大发展，作为链群发展的重要一环，通过"链长制"统筹指导产业链建设工作。对于台州而言，引入"链长制"有利于聚焦重点产业，统筹调度要素资源，高位推动纾难解困，实现"延链、补链、强链"，对于防范化解产业链重大风险、稳定经济运行具有重要意义。

## 三、推动技能人才队伍提质扩容

### （一）人才发展定位不够高，优质高等职业教育资源匮乏

一是经验足、学历低。企业中 41 岁以上的员工占比 26.82%，拥有丰富的生产经验。一线操作员工占比为 50%—60%，其中 90% 的员工的学历层次在高中、初中及以下。技术岗中研究生、本科、专科学历占比分别为 1%、16% 和 28%，专科以下学历占比高达 55%；管理岗对应的学历占比分别为 2%、42%、30% 及 26%。二是总量大、持证率低。制造业中有较大比例的一线员工为外来务工人员、农民工。66.67% 的企业，其持有职业资格证书的员工人数占总职工人数的比重在 20% 以下。全市制造业企业中无职业技能等级的员工占比达 57.29%；有高级技师证书的人数占比达 12.19%，这与发达国家高技能人才占比 40% 相比，显然还有很大提升空间。[①]

### （二）企业自主培训积极性不高，职业技能供给资源亟待丰富

根据浙江省各产业人均产值数据，到 2026 年，新能源产业产值新增 500 亿元，技能人才缺口约 0.5 万人。新材料产业产值新增 1000 亿元，需相应新增技能人才约 1 万人。医药健康产业产值新增 550 亿元，需新增技能人才 3.6 万人。汽车产业产值新增 800 亿元，需新增技能人才 4 万人。精密制造产业产值新增 750 亿元，需新增技能人才 3.75 万人。五城新增产业的技术技能人才缺口约 12.8 万人。由于历史原因，

---

① 　数据来源：由台州市教育局提供。

与浙江省内其他地市相比，台州仅有 1 所本科院校，3 所高职院校，总在校生约 4 万人，每年仅有 1.2 万名左右的毕业生，总量供给偏低。同时，企业对技能人才培训动力不足。大部分企业对一线员工的培训以师带徒、班组长内训为主，对于中高层管理者，则与第三方培训机构合作，外派培训，投入时间和财力较多。大部分企业只注重员工生产效率，忽视了员工自身具备的技术技能水平。

### （三）院校配合力度较弱，职业技能供给质量亟待提高

无论是本地的台州学院还是台州的 3 所高职院校，由于区位劣势，生源质量和综合师资水平在省内处在中等水平，这就决定了办学水平和培养质量必然落后于同层次办学的温州、绍兴、金华和嘉兴等高校，更遑论杭州和宁波高校。部分区域中职学校布局小而散，中职学校办学条件处于全省平均水平以下，亟须以区（市）为单位整合中职学校资源。学校专业设置与五城的产业匹配度不够高，台州高职院校专业布局目前没有能源相关专业，医药健康类专业有 50% 以上为药品管理和销售方向，相关人才培养与医药健康产业链对接度不高，机械制造专业对口就业学生比重较低。院校设备投入跟不上企业转型。随着新技术、新工艺出现，企业转型升级，引进自动化、智能化、现代化的机械设备，需要大量技能人才去适应、去操作。作为培训基地的职业技工院校，由于现有的设施设备比较传统，投入不足，更新慢，培训出来的技能人才虽具备基础知识和技能，但对新设备、新机器所需技能操作实践能力跟不上。

# 第二节　"重整空间、优化布局、整合资源" 实现职业教育融入市域发展

台州职业教育立足全市打造现代海洋城市这一顶层发展蓝图，以产业布局重整职业教育空间布局，以重点产业为核心优化全市职业教育专业设置，以大职业教育观整合市域职业教育资源。

## 一、重整"五城一城芯一院校"职教空间布局

近年来，台州新生人口数量急剧下降。2022 年，台州市常住人口出生率为 6.1‰，自然增长率为 −0.9‰。与 2021 年相比，出生率下降 0.8 个千分点，自然增长率下降 1 个千分点。[①]新生人口和大学毕业生数量相当，在很难再新增大学的背景下，集中力量支持本地高校发展，提升人才培养能级是最优的做法。

一是要加强区域中等职业教育资源集聚。台州民办中等职业教育经过近 30 年的实践与探索，初步形成了既具有地方特色，又体现出新时代中国民办中等职业学校普遍特征的发展态势。目前，台州拥有民办中职学校 10 所，占中等职业学校的 40%。但是民办中职学校存在办学投入少、办学规模小、软硬件条件薄弱等问题，部分学校办学条件比较有限。以临海市为例，临海市是民办教育大市，全台州 10 所民办中职学校，有 7 所位于该市，空、小、散、弱亦是这些学校的特点。对此，台州一方面加强县域职业教育中心建设，把地方小而散的中等职业教育资源逐渐合并；另一方面逐渐淘汰薄弱中等职业学校，整合一批弱、小、散的中职学校，逐步停止普通高中举办职教班。

二是要推动区域高等教育高质量发展。教育经济学的经典结论指

---

① 台州市人民政府. 台州市 2022 年度人口主要数据公报 [EB/OL]. (2023-02-27)[2024-01-14]. https://www.zjtz.gov.cn/art/2023/2/27/art_1229200619_3855814. html.

出，高等教育能够对区域经济发展带来正向的促进作用，关键的机制在于高等教育所提供的智识支持促进了创新。[①]这种支持机制需要区域高等教育组织本身具有一定的技术技能创新水平。台州的高等教育资源相较于浙江省其他市处于较薄弱的位置，因此推动区域高等教育发展的首要任务便是夯实市内已有高等教育组织。一方面提高市内高等职业学校的办学条件和办学层次，推进地方职业本科教育和工程师教育的开展；另一方面，下沉高等教育资源至县域，将市内优质的高等教育以分校、产业学院等形式落到市内高等教育资源匮乏区域进行办学，整体提升区域人才培养水平。例如，台州职业技术学院玉环校区是台州职业技术学院与玉环市人民政府共商共建共管的校区，是学校探索中高职人才培养一体化和现代学徒制的重要载体，开设了机电一体化、数控技术、电气自动化和工商企业管理等专业，即将开设的航海专业也将填补台州市在涉海涉航专业领域的空白。

## 二、优化"产业—岗位—专业"职教专业建设

职业教育专业布局是产业需求与职业教育教学紧密结合的纽带，反映了我国职业教育产业高质量人才输出的类型与空间分布。[②]由于长期以来的实践，各个职业学校内部已经形成了较为成熟的专业布局。在面向城市新的产业布局过程中，职业学校常习惯于以自身专业为基础寻找向外对接产业的逻辑，而不是从产业端出发调整学校内部专业布局。这一过程忽视了不同产业间存在相同岗位类型的人才需求，无法对产业需求量做出准确的判断，容易造成不同学校的人才培养"撞车"，导致区域内不同类型人才的布局不均衡。对此，台州聚焦"核心产业＋基础产业"，以"产业链—工种需求—岗位方向—专业设置—专业群—承担院校"的逻辑高位布局全市职业教育专业。首先，明确台州市各个产业链发展的布局。在此基础上，提取链上各个环节的工种

---

① 邹炀.高等教育的多中心布局能提高城市创新水平吗 [J].重庆高教研究，2024, 12(1): 46-62.

② 刘晓，钱鉴楠.职业教育专业建设与产业发展：匹配逻辑与理论框架 [J].高等工程教育研究, 2020(2): 142-147.

需求，并对应到劳动力市场的就业岗位。基于就业岗位明确市域所需要的专业类型，根据学校已有专业类型，进一步明确承担院校，帮助院校明确专业对接区域产业发展的方向。基于此，台州一是布局建设五城产业专业群，聚焦临港产业带新能源、新材料、新医药健康、汽车制造、精密制造五城产业，重点建设核电能源专业群、高端化工材料制造专业群、特色中药专业群、新能源汽车整车制造专业群、机床装备专业群等 16 个专业群。二是布局建设服务五城专业群，聚焦支持港航产业，建设海航技术专业群、智慧港航物流专业群和现代海捕渔业专业群。对接五城基础设施和民生保障产业，酌情开设水上运输类、渔业类、轮机类、自动化类相关专业，增强环境保护类、文化艺术类等相关专业建设，助力五城公共服务体系建设。三是进一步健全专业动态调整机制，成立台州市职业教育专家指导委员会，指导职业院校根据临港产业带产业发展需求，紧盯行业变革、对标产业变量，健全专业随产业发展动态调整机制，通过增设、升级、改造、淘汰一批专业，建好市级高水平专业群。

## 三、整合"职教—技教—继教"市域教育资源

数字经济正在不断缩短知识更新的周期，由此带来的是生产技术、设备、工艺的快速更新。在这种情况下，过去仅提供一次性教育和培训的职业教育模式已经不再适用。[①] 近年来，台州以大职业教育系统布局市域职业教育资源。一方面，台州职业教育高质量发展，深入实施职业院校办学条件达标工程，抓规范与促发展并行；另一方面，技工教育取得明显进展，全市技工院校实现县域全覆盖，温台技工院校（产业）联盟顺利成立。在此基础上，台州以建立服务临港五城发展的 30 分钟技能学习圈为目标，系统布局职业教育、技工教育、继续教育资源。一是推进产教深度融合。坚持服务民营经济、面向产城融合、精于台州制造的办学理念，紧密对接五城产业集群，坚持把专业建在产

---

① 刘晓. 实践哲学观照下的职业教育发展：维度考量与现实思考 [J]. 职教论坛, 2018(2): 13-20.

业链上、把学校办在产业园里，组织实施产教融合"五个一批"工程建设，培育190个产教融合项目，促进产教深度融合，不断提高职业院校对经济发展和产业升级的贡献度。推动出台《台州市职业教育校企合作促进条例》，为校企合作提供法律保障。二是推进职技融合发展。全面推进《台州市职技融通改革实施方案》，充分发挥职技融通改革领导小组统筹协调作用，定期协商破解"职技融通"改革难题，推进职业院校和技工院校同目标引领、同政策保障、同平台支持、同归口管理、同频率发展等"五同"改革，构建职技融通"双培养"育人体系，重点培育台州职业技术学院、台州技师学院、椒江区职业中专等11所学校32个专业"双证融通"人才培养改革试点，共同解决高技能人才的供给问题。三是推进中高一体育人。贯彻落实《台州市中高职人才一体化培养实施方案》，创新实施"中高企""校校企"等培养模式，开展"校企协同、中高一体、育用贯通"的高技能人才培养。推进中高职一体资源建设，联合制定一体化人才培养方案，组建教科研训团队，分批研制一体化专业教学标准和课程标准，编写一体化课程新形态教材，建设中高职一体化专业教学资源库、精品在线开放课程。加快建设市区职业院校学校、专业、教师、学生、产教融合、"双创"教育等"六大共同体"，进一步完善台州中高职一体化人才培养机制，畅通高素质技术技能人才成长渠道，提升一体化培养质量。四是大力发展社区教育。加快推进台州开放大学二期工程建设，以台州开放大学为引领，在每个县（市、区）建设一个开放学院，在每个乡镇街道建设一个社区教育中心，可依托农村文化礼堂在每个中心村建设一个乡村技能服务站，构建"1+3"社区教育体系。重点开展农村劳动力转移培训、农民实用技术培训、下岗失业人员培训、城乡新增劳动力培训、外来务工人员培训等普惠性技能培训项目。

# 第三节　"嵌入城市、长入经济、落入实践" 职业教育融入市域发展的台州实践

## 一、黄岩区："专业群＋企业群"微学徒制校企合作新模式

黄岩区是国内有名的模具产业集聚地，素有"模具之乡"的美誉，区域内有大量个体、民营模具加工企业群。近年来，模具产业向"数字化、集群化"转型升级，职业学校对人才的培养也要适应智能时代"个性化、小批量"岗位变迁及多元需求的变化。黄岩区主动求变、积极引导，推进黄岩区第一职校的模具专业集群、黄岩区第二职校的汽修专业集群等，主动适应当地产业发展需求，以"因需设计、分类定制"为理念，将承担现代学徒制专业培养的企业从"单个"转变为"多个"，初步形成了"专业群＋企业群"微学徒制校企合作人才培养新模式，解决技术技能人才供需的结构性矛盾，破解中小微企业人才需求难题，真正实现学生、学校和企业群利益最大化，助力区域经济可持续发展，为建设共同富裕示范区提供人力支撑。

### （一）搭建"专业群"对接"企业群"的合作平台

黄岩区第一职校以为中小微模具企业培养人才为目标，与企业签订协议，成立校企合作委员会。由凯华模具公司牵头，联合德艺模具等多家中小微企业成立企业群，采用"专业群"对接"企业群"的形式，建立"双群联动"产教融合机制，搭建"双群"合作平台。该平台推动中小微企业"抱团"合作，实现"校企合作"向集群式合作的转型升级，聚集企业群的个性化优势资源，有效解决单个中小微企业"势单力薄"、独立开展校企合作难等问题，实现模具产业与技能人才培养的无缝衔接，向中小微企业集群批量输送优秀的技术技能人才。"专业群"对接"企业群"的合作平台如图2-1所示。

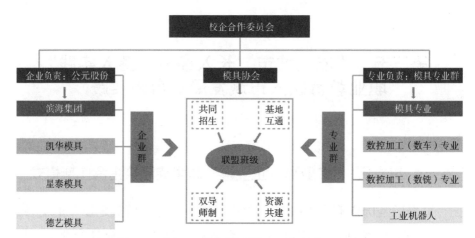

图 2-1　"专业群"对接"企业群"的合作平台

## （二）创新"一班级"对接"多企业"的培训模式

校企合作方面，校内复制企业车间场景建设实体化的实训工坊，校外借助企业设备资源共建实训基地，作为"微学徒制"的实施平台。学生在高一学期结束后，由合作企业"下单"，学校"接单"，企业学生"双向选择"，最后学校将各企业订单分类并"拼单"，组建多企业"联盟班"，精准对接企业对技能人才的需求和标准，精准配置教学资源，企业师傅直接参与教学，形成"一班级"对"多企业"的培训模式。在教学过程中，针对群内不同企业的岗位任务，由企业师傅主导不同项目内容，在相应"工位"开展实践体验，培养学生精准的岗位能力。在校期间，学生可以参与企业项目，并获得相应实习报酬。这种培训模式切实解决了中小微企业自身无法培养人才的难题，为群内企业输送定制人才，实现人才资源的精准供给。"联盟班"的组建方法如图 2-2 所示。

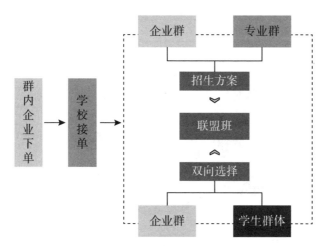

图 2-2 "联盟班"的组建方法

## （三）探索"一岗位"对接"三站点"的教学形态

根据学生职业成长规律以及岗位能力要求，校企共同制定人才培养方案，重构课程体系，开发相应学时的弹性专项训练模块。学生在学校班级、"联盟班"和企业车间三个学习站点进行"三站互动、分段轮换"的理论学习和课程实践。针对"联盟班"的教学特点，校企联合开发新形态教材，优化课程模块，将企业技术引入课堂，培育学生的实践技能，并融入职业、岗位、实践等元素，丰富课堂教学形态。"三站点"教学形态如图 2-3 所示。

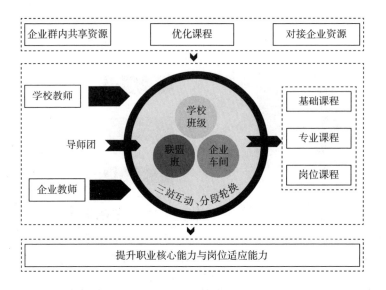

图 2-3　"三站点"教学形态

## （四）构建"一标准"对接"多元评价"的评价体系

对接国家职业技能标准、模具专业课程标准，规范双群"微学徒制"毕业资格的刚性要求，将学生的"企业项目"成果、技能操作能力及职业素养进行量化，制定积分考核标准，最终综合评价学生的学习效果。同时，根据标准建立多元化的评价系统，如学业鉴定、岗位考核、成果认定、素养积分等。针对群内企业岗位共性要求和不同企业的个性业务、规范和文化等，进行形成性考核。"双群"评价如图2-4所示。

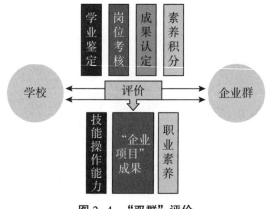

图 2-4　"双群"评价

实践过程中，黄岩区形成了特色鲜明的双群微学徒制人才培养模式，通过打造企业群"联盟班"，建成校企导师团和企业资源库，变革课程内容、课堂形态，提升职业教育的适应性，为区域中小微企业提供精准人才供给，每年受益学生近200名，受益企业达50多家。学生在"联盟班"零距离体验企业真实的工作环境，技能水平显著提升。合作期间，参加模具设计学习的学生平均工资为5000元，优秀学生工资甚至达10000元以上，实现技能提薪；合作企业获得了稳岗率较高的技能人才，降低了人力资源成本，提升了产品开发效率和企业产值，实现技能造福。

该模式紧密围绕黄岩模具产业和新能源汽修产业发展趋势，融合人才培养供给侧和产业需求侧，培养了符合产业需求的高技能人才，实现了"以产业聚技能、以技能兴产业"。通过推动教育资源与产业需求的深度融合，提升了黄岩经济发展水平，促进了区域共同富裕，打造"模具之都"的金名片。黄岩区构建"专业群"对"企业群"的合作平台，实施面向中小企业集群的微学徒制人才培养，有效集聚和放大各种教育资源，使校企的人才培养力量优势互补。该模式契合学生多元化的发展需求和企业多类型的用工要求，突破了校企联合培养的资源瓶颈与机制障碍，不断释放"1+1>2"的叠加效应，开辟了区域共富型人才培养的新路径。

## 二、三门县职业中等专业学校：核电产业集群技能型人才培育

核电装备的发展本就是我国高端装备制造业转型升级的战略需要，近几年来，政府主管部门的密集动作以及由此释放出的种种信号，对于核电装备而言，无疑是再度提速的"助推器"和"加速器"。在当前中国核电产业稳步推进的形势下，核电国产化装备匹配国内乃至国际市场的核电规模，不仅追求"量的生产"，也注重"质的保证"，从"做展品"变成"做产品"，从"单个制造"走向批量生产，由此对接核电产业集群技能型人才的高标准高要求。核电产业集群技能型人才涉及上游设备的设计和装备，中游和下游设备制造，以及检修服务企业的安装、维护、运营、调试、检修等高素质技能需求技术岗位。在核电

设备国产化率逐步提升和"一带一路"中国核电走出去的背景下，构建以核电企业及关联产业需求为牵引、政府推进职业教育改革、校企合作协同育人的办学模式，以核电技能型人才供给侧结构性改革为导向，为区域核电产业健康全面发展突破专业技术人才紧缺的瓶颈，核电产业集群技能型人才培育急需新的理论指导与对策支持。

为此，三门县职业中等专业学校搭建以学校、核电企业、核电检维修行业协会、行政主管部门为主体的多元合作平台，以"四链"（专业链、人才链、产业链、创新链）融合为抓手，形成产教融合、虚实融通、研训融创"三融一体"核电产业集群技能型人才培育实施方案，为核电企业及关联产业健康全面发展提供大量有力的技术技能人才。

## （一）校企协同产教融合，形成"闭环式"人才供给

### 1.打造校企命运共同体，实现"四链"协同联动

全面构建由"产业学院""专业技术企业联盟""全要素产教融合综合平台"等为载体的校企命运共同体。通过"方案共享、资源共享、标准共享"，引领与协同区域内核电技能人才培养，促进核电产业链整合优化，服务区域产业发展。

### 2.创新"123P+X"人才培养模式，推动"四链"紧密衔接

创新"123P+X"人才培养模式，其中"1"代表以培养学生的职业能力和创新创业能力为核心；"2"指的是校企双方共同主导的育人方式，结合工作与学习；"3"强调教学过程应具有实践性、开放性和职业性；"P"意味着评价的主体、目标和内容应多元化；"X"则代表了"1+X"证书制度。学校实施校企双导师制，围绕核电设备安装与维护典型岗位，实践教学对接企业生产实际，按照"机械维护—电气装调—仪表运维—系统集成"划分技能模块，重构课程体系，依层次培养学生的"通用能力—专业能力—岗位能力"和创新创业的"双创意识—双创技能—双创实践"。

3. 铸就高精双元师资，促进"四链"同步发展

畅通产教融合校企共建的双师培养渠道，引聘"产业教授"和"工匠之师"，组建"工程师＋大师"校企融创工作站，通过完善项目研发、技术革新、成果转化、传艺带徒等机制，培养具有浙江特色的新型"核电师傅"。

## （二）线上线下虚实融通，打造"立体式"智慧学习

1. 搭建智能化导学平台，引导学生个性化学习

依托智慧校园 2.0，搭建智能化导学平台，建立核电检维修知识图谱，提供学情能力分析、个性路径规划、学习资源推送等针对性功能，提升学习者的积极性，实现普适化教育与个性化学习的有机结合。

2. 深化课程供给侧结构性改革，形成智慧型供给模式

搭建"基础共享＋专业方向＋拓展互选"的三级课程体系，将核电企业的新技术、新工艺、新规范分解到课程体系和职业技能等级标准中，使专业课程与企业认证互嵌共生、互动共长。

3. 探索"四位一体"新路径，建设核电混合式"金课"

探索"智慧教室、MR 技术、网络教学、校外实践"四位一体教学模式，开展线上线下混合式教学，促进差异化、个性化的泛在学习。让学生参与核电技术服务，体验和感悟核电企业文化，笃践力行工匠精神。

## （三）双元多级研训融创，构建"交互式"工作体系

1. 双元多级育人新模式，对接分层分类教学

探索智慧化"校企双轨"教学法，结合企业典型工作任务，完成课程的整体教学设计。设计按教学难度层层推进的若干实训项目，每个项目由若干任务组成，形成教师团组分工和学生团组合作的新型学习模式，推动"以学生为中心"的课堂革命。

2. 搭建"学徒制 + 技术服务"创新平台，对接企业岗位需求

培育校企一体的技术服务体系，实行"专业带头人 + 核电专家"双负责人制度，承接核电及关联企业服务外包。教师在项目实施中教学，学生在完成项目中自主学习探究、掌握相关技能，在解决问题中提高能力，从而有序地实现教学目标。

3. 多维度、多层次、综合性，对接质量评价体系

以发展性评价体现"人人有才，人无全才，扬长避短，人人成才"的教育理念，校企双方以学分制平台为载体，以教学诊断与改进为抓手，注重过程考核，突出评价主体的多元化、评价形式的多样化、评价方式的规范化，构建具有核电特色，学校、家庭、行业、企业、社会等多方参与的职业教育评价模式。

## 三、玉环市中等职业技术学校：以"专创融合 + 产教融合"双螺旋模式培育智能制造创新型人才

玉环市当地工业企业 12000 多家，其中 90% 为中小型企业，为降低人力成本，企业往往要求技能人才具备全面技术能力，能够胜任多个岗位的工作职责。然而，职业院校育人实际情况与就业市场需求的匹配度却较低，目前许多学生在接受专业教育时，往往只注重学习某些特定领域的知识和技能，而忽略了其他方面的能力提升，数控技术应用类专业学生经常出现"会操作的不懂设计，会设计的不懂工艺"的情况，这使得学生毕业后难以适应企业的多岗位需求。与此同时，由于区域产业结构的调整和优化，企业需要更具有创新精神和能力的员工推动企业的发展，但许多学生在学习过程中并未充分锻炼自己的创新能力，缺乏挑战和探索的精神，这使得他们难以成为企业所需要的优秀员工。

为此，玉环市中等职业技术学校在产教融合的基础上，积极开展专创融合工作，培养既具备实践经验又拥有创新思维和能力的新时代复合型技能人才。"专创融合 + 产教融合"双螺旋模式立足于产业与教育的紧密联结，实现教育教学与创新创业相融合，通过让学生在学习过程中参与实际项目，将专业知识和创新思维有机地结合起来，变"知

行分离"的传统模式为"知行合一"，提高学生对职业技能的掌握和应用能力，同时也培养了学生的创新意识和创业思维，使其在未来的职场中更具竞争力。

### （一）夯实根基：搭建"双创"育人平台

将产教融合、专创融合的教育思想融为一体，优先考虑产业发展情况，创设符合市场要求的实训条件，保证创新创业教育扎根企业生产实际，根据资金和场地条件分阶段推进"双创"平台建设，逐渐增强校企双方共建"双创"平台的力度，为实现"点燃创新激情、激发学习兴趣、提高实践能力、服务小微企业"的目标做好场地支持服务。2014年起步阶段，面对校内实训场地紧张的情况，玉环市中等职业技术学校专门腾出30平方米的办公区建成创新工作室，建立日常管理制度，简易配备电脑和钳工台，布置创新创业精神相关的上墙内容，并划出创新区、设计区、制作区和荣誉展示区，较好地满足了项目前期设计的需求；2015年升级阶段，由于创新工作室难以支撑项目的后期制作，玉环市中等职业技术学校借学校示范校建设的契机，参照企业的标准和实际需要，建成一个非标件制作区，采购2台线切割、1台磨床、2台普铣等10多台加工设备，较为规范地布置出项目制作专区，并按照"共享、补缺"的原则联动校内其他10多个相关实训车间，基本满足了支撑项目开展规范化流程的场地需求；2017年发展阶段，玉环市中等职业技术学校采购桌面3D打印机、激光切割创新平台、激光快速成型机等新型设备建成创客实训区，梳理前期成果和经验上墙；2021年整合阶段，玉环市中等职业技术学校整合3个创新核心区域，建成"青智"科技创新实践中心，支持创新课程教学、"双创"比赛、职教大讲坛、校企协同研发改造等活动；2022年延展阶段，玉环市中等职业技术学校依据德育线提升学生素养的要求，建成创意街，将其作为全校学生社会实践（第三课堂）的拓展阵地，开展社团工作，推动双螺旋模式走出数控技术应用类专业，辐射全校学生，聚焦学生职业生涯认知和能力发展，以创新创业精神培养为主线，推进和完善"双创"教育与专业教育、职业生涯规划、"双创"文化建设的融合。

## （二）锤炼技能：打造进阶课程体系

瞄准创新型技能人才培养目标，整合校企资源，围绕职业岗位需求，实现专业与企业合作、教学与生产结合，遵循"以模块化为手段、能力递进为目的"的工学结合理路，按照"专业基础—专业核心—专业拓展"三个阶段逐级提升对学生技能水平及创新能力的要求，设置创新课程入门型选修课、创新课程应用型选修课与服务企业的毕业设计三级进阶式课程体系，达成能力分层递进的教学效果。数控技术应用类专业知识技能学习过程也划分为三个阶段，分别为：文化课为主、专业课为辅的基础阶段，专业课为主、文化课为辅的核心阶段，以及进行毕业设计的拓展阶段，这三个阶段与针对学生创新能力培育的三级进阶式课程体系巧妙融合、相辅相成，让专创融合的落地成为可能。知识技能学习过程与三级进阶式课程体系的具体融合路径如下：第一学年，组织学生前往校外实训基地进行见习或参与各类展会，并开设创新入门课程，如"创新""我爱发明"等，学生需完成基础模块和简单的专业课程学习；第二学年，学习针对较复杂工作过程的专业模块，学生需在校内完成加工专项技能和典型零件加工训练，并结合创新项目达到某一工种中级操作工水平；第三学年第二学期的 2—3 个月，组织学生前往海德曼、艾迪西等企业基地以顶岗实习的形式进行综合技能强化，学生需参与实际生产应用，学习生产现场管理、积累工作经验、了解企业文化、养成良好的职业素养，培养支撑职业生涯可持续发展的创新能力。

为保证课程体系的有效落地，并匹配"专创融合＋产教融合"的教法改革，根据实际需求不断优化教材。近年来，教师团队以产业需求为基础，专业教师和企业技术人员共同分析职业岗位的知识和技能点，梳理职业岗位的典型工作任务，形成职业综合能力分析表，以实现典型工作任务或工作项目为目标，尤其注重选取具有地方典型特色的工业产品，把企业生产中的新知识、新技术、新工艺、新方法融入校本教材，开发《钳工技术》《UG 三维造型》《UGNX8.0 三维造型——汽配、阀门》等系列配套教材，以此增强教法改革的深度与力度，服务"专创融合＋产教融合"下教学质量的提升。

### （三）输出成果：承接真实生产项目

为直面企业一线生产中存在的问题、紧跟产业发展动向、实现创新作品与专业特点的紧密结合，按照"三阶段四步骤"的规范流程科学实施创作。三阶段分别是调研选题、培训创作和试用完善，每个环节按照培训、实施、检查、评估四个步骤进行，确保创新项目的顺利推进与高质量完成。

第一阶段调研选题，利用学生每个学期 1—2 周进入企业实习的契机，安排学生对企业的生产现场状况和问题做好记录工作，指导教师对记录的问题进行分析和筛选。经过教师团队的探讨，确定具有技术创新价值的企业生产问题，指导教师联系意向企业，带领学生深入了解企业情况，汇总企业项目需求明细，再根据项目实施的可行性确立该阶段的技改项目。

第二阶段培训创作，根据项目开展需求，采用兴趣小组的形式招收合适的学生人选，对吸收的学生进行查新方法、创新方法和技巧等培训，同时以老生带新生的方式，以项目小组为单位，融合企业资源，开展课题的设计制作。基于充分的信息查询和知识储备，师生对各个项目的结构进行构思和讨论，并通过软件进行建模，从功能角度进行初步设计，对形成的方案进行再讨论与改进，保证项目应用的效率和使用便捷性。

第三阶段制作并改进，学生在教师的指导下完成项目二维图、三维图的整理和材料原件的采购。为发挥学生的主体性，采用指导教师监督、学生自行操作、小组成员轮流更换操作内容的形式，利用数控、线切割、钳工等设备制作出装置，难度较大的复杂配件装置采用外协的方式进行。鉴于大部分项目涉及配件较多的情况，小组成员按照分工协作的原则模拟企业生产工作实际社交场景，互帮互助完成配件的制作和组装。项目成果交付企业后，基于产教融合背景下的深度校企合作关系，指导教师邀请企业专家给予跟踪反馈，以帮助学生发现自己的不足之处并辅助学生进一步改进，在充分考虑到企业利益的情况下，所形成的项目成果也会被用于各类"双创"比赛。

玉环市中等职业技术学校的双螺旋模式有效对接了临港产业带中

精密制造城的建设，促成专业知识、实践能力、创新创业能力三方面培育的相互贯通，遵循学习规律打造进阶式课程体系，形成"通用技能＋专项技能＋综合能力＋创新能力"的现代学徒制培养新路径，有效加强了创新型人才培育模式的科学性和系统性。

# 第三章
# 技能社会：台州市域技能型社会建设的
# 创新实践与成效

在探索技能型社会建设的征途上，台州以国家政策为导向，紧密结合地方实际，聚焦技能人才培育、技能评价体系创新、技能人才高效匹配以及技能文化深度融合等核心问题，进行了深入的实践与探索。本章详细阐述了台州在国家和浙江省政策指导下，如何通过一系列创新举措，打造出具有地方特色的技能型社会建设模式，形成了可供其他地区推广和借鉴的优秀经验。台州的实践不仅为技能人才的成长提供了肥沃的土壤，也为区域经济的高质量发展注入了新的活力，展现了技能型社会建设的丰硕成果和广阔前景。

## 第一节　台州市域技能型社会模式的探索与形成

台州市在推进技能型社会建设中，采取了一系列创新举措，旨在促进经济竞争与创新发展，强化浙江制造业的新动力，并打造成技能创富的新标杆。台州市在技能型社会战略方面，通过职业教育改革与创新，培养了大量技术技能人才，支持了民营企业发展。创新教学模式和深化校企合作提升了教育质量，促进了学生就业创业。职技融通改革构建了行业产教融合共同体，打造了科教融汇新平台，优化了技能人才培养体系，为技能人才提供了更广阔的发展空间。台州实践为浙江制造业注入新活力，确保技能人才培养与市场需求同步。技能与薪酬挂钩的创新激励机制激发了技术工人的积极性和创造性，提高了其专业水平和社会地位。技能生态体系建设提升了技能人才的社会认可度，增强了职业吸引力。市域技能型社会建设为地方经济高质量发展提供人才支撑，实现了社会共富目标，打造台州技能新标杆。

## 一、技能型社会战略：促进竞争与创新发展

习近平总书记深刻分析了当前国际形势和国内发展的新要求，提出了一系列新理念新战略新举措，为提升劳动者的技能和素质提供了根本遵循。2020 年 12 月 10 日，习近平总书记致首届全国职业技能大赛的贺信强调，要进一步完善技能人才培训培养体系，积极营造有利于技能人才脱颖而出的良好环境，深入开展大众创业万众创新，引导推动更多青年热爱钻研技能、追求提高技能，打造高素质技能人才队伍，培养更多大国工匠，让更多有志者人生出彩，为促进就业创业创新、推动经济高质量发展提供强有力支撑。[1]

2021 年 5 月 28 日，习近平总书记在中国科学院第二十次院士大会、中国工程院第十五次院士大会和中国科学技术协会第十次全国代表大会中指出，当今世界的竞争说到底是人才竞争、教育竞争，要更加重视人才自主培养，努力造就一批具有世界影响力的顶尖科技人才，培养更多高素质技术技能人才、能工巧匠、大国工匠。[2]

2021 年 4 月，全国职业教育大会提出建设技能型社会的战略。技能型社会是国家重视技能、社会崇尚技能、人人学习技能、人人拥有

① 习近平. 习近平致首届全国职业技能大赛的贺信 [EB/OL]. (2020-12-10)[2024-03-14]. http://www. xinhuanet. com/politics/2020-12/10/c-1126844383. htm.

② 习近平. 习近平: 在中国科学院第二十次院士大会、中国工程院第十五次院士大会、中国科协第十次全国代表大会上的讲话 [EB/OL]. (2021-05-28)[2024-03-14]. http://www. gov. cn/xinwen/2021-05/28/content-5613746. htm.

技能的社会，是促进发展和提高竞争力的要求。技能型社会是以技能为核心的社会形态，它有三个特征：一是尊重、认可和鼓励技术技能和技能人才，形成技能导向的价值观；二是按技能水平和专业特长，分类和配置人才，建立以技能为基础的分工体系，实现人才的合理利用；三是依靠技术技能，推动产业升级和创新发展，建立以技能为动力的发展模式，提高社会发展效率和质量。

建设技能型社会，需要构建面向全民、全生命周期、全产业链的职业教育体系，培养高素质技术技能人才，为发展提供人力资本支撑。台州重点建设的技能型小镇、乡村、社区、学校和体验中心，就是为了推进技能型社会建设，打造技能人才的培养基地和展示平台，形成具有鲜明技能特色、高度聚合效应、较强辐射带动的示范单元。

## 二、技能型社会引领：强化浙江制造新动力

浙江省是全国制造业大省，拥有众多的民营企业和创新型企业，是中国经济的重要引擎，浙江制造业的高质量发展离不开技能人才的支撑。但就目前而言，浙江省技术工人数量不足、质量不高、地区分配不合理，超五成城镇职工受教育水平为初中及以下，高技能人才占比仅35%，低于德日等发达国家的50%，这影响了浙江制造业的转型升级和高质量发展，也降低了技术工人的劳动收入和社会地位。为此，浙江提出建设省域技能型社会，培养规模适度、结构合理、素质优良、创新活跃的技能人才，为先进制造业发展提供人才支撑。这是浙江发展先进制造业的内在要求，也是顺应新时代的必然选择。浙江将通过多种措施，激发技能人才的创新创造活力，推动技能人才成为制造业的主力军和中坚力量，助力浙江打造世界级先进制造业集群。

浙江发达的制造业集群和活跃的民营经济为技能型社会建设提供了坚实的产业基础。浙江省出台了一系列的政策和措施，推动了技能人才的培养、激励、服务和保障，打造了一批技能型乡村、技能型社区、技能型小镇等技能型社会基本单元，营造了崇尚技能、学习技能的良好氛围，为经济社会发展提供了人才红利。应时而动，应势而为。台州等地区在技能人才培养和技术应用上做出积极探索，通过改革职

业（技工）教育和加强职业培训，提升了技术工人的素质，大力推进市域技能型社会建设，以适应日益增长的产业需求。

## 三、技能型社会创富：打造台州技能新标杆

台州作为浙江省的重要沿海城市，拥有深厚的制造业基础和活跃的民营经济，是全国知名的"制造之都"。近年来，台州在技能人才队伍建设方面取得了显著成效，技能人才总量和高技能人才比重持续增长，为地方经济发展提供了强有力的支撑。截至 2023 年底，台州拥有技能人才 134 万人，其中高技能人才 40.45 万人，技能人才占就业人员比重接近 34.8%，居全省前列。[①] 这一增长趋势不仅反映了台州在技能人才培养方面的投入和努力，也预示着技能人才在推动地方经济发展中的重要作用。

技能教育方面，台州成功列入国家职业教育创新高地建设试点，形成了政府统筹管理、社会多元办学的总体格局。全市 17 所职业院校入选浙江省职业院校"双高"建设单位，技工院校总量达 11 所，居全省第三。台州技师学院成功入选第一批省一流技师学院创建名单，社会资本助力技能教育成效良好，混合所有制办学项目试点数量达 32 个，教育实体不断涌现，技能教育基础进一步夯实。

技能政策体系方面，台州聚焦人才培育、职业成长、增收创富等领域，出台了一系列政策文件，如《"台州技工"星级评价激励办法（试行）》《台州职技融通改革实施方案》《台州技术工人薪酬分配指引》《台州技能创富型企业激励办法（试行）》《台州技术工人职业发展通道设置指引》等，持续加大政策支持力度，为技能型社会建设提供了有利的政策环境。[②] 技能人才自主评价工作成效显著，新增职业技能等级自主认定备案企业 439 家，累计完成认定 14 万人次、发证 12 万人次，

---

① 台州市财政局. 台州财政构建"三体系"全力支持打造高技能人才队伍 [EB/OL]. (2024-09-04)[2024-10-02]. https://czj. zjtz. gov. cn/art/2024/9/4/art_1229047285_58934379. html.

② 台州市人力资源和社会保障局. 台州市人力资源和社会保障局等 8 部门关于印发《台州市技能创富型企业激励办法（试行）》的通知 [EB/OL]. (2022-05-23)[2024-01-12]. https://rsj. zjtz. gov. cn/art/2022/5/23/art_1229057455_1674837. html.

三项指标均居全省前列。

技能生态塑造方面，台州加大了技能人才的引育留力度，将高技能人才纳入 500 精英计划和特支计划，成功招引新老员工来台返台就业 2 万余人，组织 5155 名大学生来台就业见习。技能人才自主评价工作成效显著，重视技能、尊重人才的良好生态逐渐形成。全省首创"台州技工"星级评价，累计评价星级"台州技工"9762 人，技能人才的社会地位和认同感得到提升。[①]

尽管取得了显著成绩，台州在技能型社会建设方面仍面临挑战。技能人才结构亟待优化，产业技能型人才缺口约为 25%，高技能人才、复合型技能人才更为缺乏。技能制度供给仍需健全，市级层面虽然出台了一系列扶持技能发展的有关政策，但政策碎片化，缺乏系统性。技能固有观念亟须转变，"重学历、轻技能"现象依然存在，技能人才社会地位整体偏低、认同感不强。技能参与程度还需增强，民营中小微企业占比较大，多数企业现代化管理水平不高，"家族式"管理理念浓厚，企业家对技能人才的重视程度和培养力度相对较弱。[②]

面对这些挑战，台州需要进一步深化技能型社会建设，优化技能人才结构，完善技能制度供给，转变技能固有观念，提高技能参与程度，以实现技能型社会的全面发展。台州正处于转型升级的关键时期，技能型社会建设对于推动经济高质量发展、实现共同富裕具有重要意义。

## （一）台州市域技能型社会建设总体要求

台州在习近平新时代中国特色社会主义思想的指导下，全面贯彻党中央、国务院关于技能型社会建设的要求，忠实践行"八八战略"，奋力打造"重要窗口"，紧扣"两个先行"战略目标。各政府部门主动

① 台州市人民政府办公室. 台州市人民政府办公室关于印发台州市职业技能提升行动实施方案（2019—2021 年）的通知 [EB/OL]. (2019-12-03)[2024-01-12]. https://www.zjtz. gov. cn/art/2019/12/3/art_1229564401_1107189. html.

② 浙江在线. 聚焦"增技增效增收"，台州打造技能型社会建设"样板"[EB/OL]. (2023-12-10)[2024-01-14]. https://tz. zjol. com. cn/tzxw/202312/t20231210_26504090. shtml.

对接台州五城十链产业带，以技能人才引育、评价、使用、激励、保障为主线，营造尊重劳动、崇尚技能、鼓励创造的良好氛围，打造"高水平技能培育标杆区""高质量技能就业示范区""可持续技能创富引领区""最优技能生态展示区"。

在指导思想上，台州将坚持顶层设计和协同推进相结合，立足于全市域推进技能型社会建设，加强系统谋划，统筹教育链、产业链、人才链的管理与衔接，实现技能型社会建设与区域发展同向发力、同频共振。同时，坚持政府主导和多方参与相结合，发挥政府主导作用，建立健全有利于引导全社会共同参与的技能型社会建设的制度支撑体系，激发民营经济的"灵性活力"，探索全社会共同参与的技能型社会建设路径和模式。

在基本原则上，台州将坚持问题导向和提质增效相结合，聚焦技能型社会建设面临的制度性、实体性、理念性等领域问题，综合施策、精准发力、强化保障，进一步提升技能培育、技能就业、技能创富、技能生态等发展质量和建设效果。同时，坚持以人为本和实践创新相结合，以技能人才"扩中"改革为主线，提升人才就业质量和收入水平，保障技能人才的经济、政治和文化权益，打破常规思维，积极主动探索，持续推进理念创新、制度创新和路径创新。

在建设目标上，台州计划到2025年，建成具有长三角重要影响力的高素质技能人才高地，技能型社会体系基本成型。技能人才供给与经济社会发展需求的匹配度显著提升，技能培育质量、技能就业环境、技能创富成效、技能生态氛围均处于全省和长三角地区一流水平，技能人才队伍活力竞相迸发，有力支撑台州制造业高质量发展，助力台州再创民营经济新辉煌。展望2035年，台州将高水平建成具有全国影响力、有力支撑台州民营经济示范城市建设的技能型社会，为实现全体人民共同富裕的现代化贡献力量。

## （二）台州市域技能型社会建设重点任务

台州市域技能型社会建设的重点任务涵盖了技能培育、技能就业、技能创富和技能生态四个方面，旨在通过一系列具体措施，实现技能人才的全面发展和技能型社会的全面进步。

在技能培育方面，台州持续推进产教深度融合，建成国家职教高地，优化职业院校空间布局，提高办学层次，推进高水平专业群建设，实施高技能人才培育工程，推进办学主体多元化。同时，实施提质增量行动，打造一流技工教育，统筹规划技工院校布局，扩大招生规模，加强学科专业建设，强化师资队伍建设，推动高能级公共实训基地建设。此外，大力健全终身培育体系，扩大技能培训供给，推动精准技能培训，深化技能评价改革，做强职业技能竞赛，全方位全生命周期优化技能人才成长链。

在技能就业方面，聚焦就业优先战略，促进技能就业良性循环，支持技能人才创新创业，完善重点群体技能就业支持体系，健全高质量就业创业服务体系。具体措施包括聚焦产业转型升级、促进就业结构优化，支持技能人才创新创业，实施技能就业精准帮扶，聚焦技能就业保障，提升就业服务质量，构建良好就业用工环境。探索适应新时代新生代需求的工作模式，鼓励企业丰富、拓展技能型岗位，增设技能专家、技术技能总监等高技能、复合型岗位，提升技能岗位职业含金量，增强技能型岗位对新生代技能人才的吸引力。

在技能创富方面，围绕技能人才技能创富、企业技能造富、农民技能致富和山区技能共富，拓宽技能人才职业发展空间，打通技能增收渠道，优化收入分配格局，统筹城乡和山区均衡发展。具体措施包括拓宽职业发展空间，深化薪酬分配改革，探索股权激励改革，实施技能强企行动，统筹城乡均衡发展，支持山区三县发展。建立健全技能创富型企业激励机制，全面推广台州技能创富型企业激励办法，以企业在技能人才引育等方面的投入与成效为依据，实施技改、用地、能耗等资源差异化供给。

在技能生态方面，打造引才聚才生态，优化技能城市生态，提升社会地位，健全技能激励生态，弘扬工匠精神，塑造技能文化生态，坚持数字赋能。具体措施包括对标国际一流临港产业带建设，聚焦五城发展需求，优化技能人才结构，完善城市功能，提升城市能级，提高对技能人才的综合吸引力。提升技能人才经济地位，完善体现技能价值的收入分配制度，持续开展"台州技工"星级评价激励工作，建设工匠文化公园和工匠大道，打造技能台州数字平台，形成从人才培养，到人才就业，再到产业服务的技能人才数字化服务生态闭环。

## （三）台州市域技能型社会建设规划保障

建设落地，保障先行。为确保市域技能型社会建设有效推进，台州市谋划出台了一系列保障措施。

在组织领导方面，建立由市委、市政府主要领导任组长的技能型社会建设工作领导小组，加强对技能型社会建设工作的统筹规划、宏观管理、组织实施、督促落实。同时，成立工作专班，具体负责日常工作部署，统筹推进各项工作落实，各县（市、区）建立相应的领导协调机构。领导小组将定期召开会议，研究解决技能型社会建设中的重大问题，确保各项任务顺利推进。

在工作机制方面，建立健全市县联动工作机制，市级相关部门制定技能型社会建设的重点任务，明确任务书、路线图、时间表，分年度滚动实施、项目化推进、清单式管理。各县（市、区）制定本地实施方案和年度工作重点，精心谋划一批技能型社会建设标志性项目，形成"谋划一批、生成一批、实施一批、储备一批"的基本单元工作梯度推动机制。此外，建立技能型社会建设规划迭代机制，及时充实工作任务、指标和相关责任部门（单位），确保规划的连续性和动态性。

在政策支撑方面，完善和优化技能型社会建设的政策条件和机制保障，构建具有台州特色、国内领先、内容完备的技能型社会政策体系，包括加强与省有关部门的沟通和衔接，积极争取政策支持，用好地方立法权，创建有利于技能培育、就业、创富和优化技能生态的法规政策环境。定期进行政策梳理和制度汇编，营造政策制度持续优化的工作环境。同时，不断完善支持技能型社会建设的财政、土地、税收政策，加大对技能型社会建设的人力、财力和物力保障力度。统筹使用职业技能提升行动专账资金、就业补助资金以及相关人才培训培养经费，落实各项补贴政策，确保技能型社会建设有足够的资源支持。

在创新总结方面，鼓励地方探索创新，允许各县（市、区）、各技能型社会建设基本单元具体问题具体分析，结合地情、发挥优势、突破常规、敢于创新。建立健全容错纠错机制，激励各建设主体敢于负责、勇于担当、善于作为。构建争先创优机制，对创新有实效的县（市、区）和基本单元给予创新奖励。强化创新成果和工作经验总结，打造技能型社会建设创新样板，发挥示范引领作用，形成全社会共同参与、勇于创新、注重实效的技能型社会建设氛围。

在督查评估方面，建立工作督查制度，定期对相关部门、各县（市、区）负责的工作进行跟踪评估和督促检查，对落实不力、工作推进迟缓的单位及时通报，督促改进。市级相关部门要加强对县（市、区）的工作指导，将建设成效列入对县（市、区）年度工作目标责任制考核，建立年度总结报送制度。完善技能型社会建设统计监测机制，逐步建立科学完善的评估指标体系及建设效能的测度标准和方法，确保评价结果的科学性和客观性。探索建立各参与主体对技能型社会建设的满意度测评和跟踪评估机制，加强满意度反馈和工作动态调整。

在宣传引导方面，坚持正确舆论导向，充分运用各类新闻媒体，大力宣传技能型社会建设的重大意义、目标任务、主要举措等，营造全社会关心技能人才、支持技能型社会建设的良好环境。大力弘扬"劳动光荣、技能宝贵、创造伟大"的时代风尚，营造尊重技能、崇尚技能、学习技能的浓厚氛围，激励广大劳动者走技能成才、技能报国之路。强化典型示范，广泛展示建设工作中的成功经验、典型事例，依托主流媒体和新兴媒体，全方位、多渠道、创造性地开展宣传阐释，形成全社会支持推进建设、共享建设成果的生动局面。

通过这些优化扩展的措施，确保技能型社会建设顺利推进，为实现市域技能型社会的全面发展提供坚实的保障。

# 第二节　台州模式下的产教融合与技能人才培养体系构建

台州市在技能型社会建设方面实施了一系列生态创新措施，以促进地方经济高质量发展和人才培养。通过政府、企业、学校三方合作，台州推动了混合所有制办学模式，提供实际工作场景的实训机会，并通过"双会协同"机制确保教育决策的科学性和执行的有效性。此外，台州建立了科学的技能等级认定与评价体系，通过技能大赛等活动选拔优秀技能人才，提升其社会认可度，并推动教育内容与产业需求紧密结合。台州还绘制了技能人才供需热力图，精准对接产业发展需求，实施"金蓝领"职业技能提升行动，开展针对性职业技能培训，建立终身职业技能培训制度，促进技能人才高效就业。同时，通过建设技能型小镇、乡村、社区等示范单元，为地区经济发展提供人才支持和经验积累，推动技能型社会建设，为其他地区提供借鉴。这些综合性措施显著提升了台州市在技能型社会建设上的成效，为区域社会与经济发展提供了有力支撑。

## 一、多元办学新模式：推动职业教育改革创新发展

台州混合所有制办学，创新职教与产业融合。混合所有制办学模式是台州在职业教育领域的一项创新探索，旨在通过政府、企业和学校三方的合作，实现教育资源的优化配置和教育质量的提升。这种模式通过引入企业资本和管理经验，激发了职业教育的活力，促进了教育内容与市场需求的紧密结合。在台州职业技术学院的实践中，混合所有制办学不仅为学生提供了更加贴近实际工作场景的实训机会，还通过"双会协同"机制确保了教育决策的科学性和执行的有效性。这种模式的实施，有助于打破传统教育体制的局限，推动教育多元化发展，为学生提供更加丰富多样的教育选择，同时也为企业输送了更加符合实际需求的技能型人才，对于促进地方经济发展和产业升级具有重要意义。通过混合所有制办学，台州职业技术学院等教育机构能够更好地服务区域经济，实现教育与产业的双赢。

实践产教融合模式，提升教育质量与就业率。实践产教融合模式是台州在职业教育改革中的核心策略，它强调将产业需求与教育内容紧密结合，通过校企合作、工学交替等方式，实现教育与产业的无缝衔接。这种模式通过在企业中设置实训基地，让学生在真实的工作环

境中学习和实践，从而有效提升教育的针对性和实用性。产教融合不仅提高了学生的职业技能和职业素养，还增强了他们的就业竞争力。台州职业技术学院通过与珠海市欧亚汽车技术有限公司、浙江台州金桥集团有限公司紧密合作，成功实践了产教融合模式。通过这种模式，学院能够根据企业的实际需求调整教学计划和课程设置，确保教育内容与岗位需求相匹配。结果显示，学生的就业对口率和留企率显著提高，毕业生的就业质量得到保障，同时也为企业输送了大量高素质的技能型人才，形成了教育与产业的良性互动，推动了地方经济的发展。

构建全面的技能培训体系，促进技能传承与创新。构建全面的技能培训体系是台州技能型社会建设的关键举措，旨在通过多元化的培训路径和创新机制，促进技能的传承与创新。这一体系涵盖了从初级工到高级技师的全技能等级，通过校企合作、工学结合、现代学徒制等模式，实现了教育与产业的深度融合。台州职业技术学院等教育机构通过与行业企业的紧密合作，不仅为学生提供了实践操作的平台，还通过"双会协同"机制确保了教育内容与企业需求的同步更新。此外，技能大师工作室、技能竞赛等平台的建立，为技能人才提供了展示和提升技能的舞台，激发了创新精神。这些措施共同推动了技能人才队伍的建设，提高了技能人才的社会地位，为台州的高质量发展提供了坚实的技能人才支撑。

## 二、人才成长新动能：推动人才素质和竞争力全面提升

建立科学的技能等级认定与评价体系，确保技能人才质量。台州通过实施《企业职业技能等级自主评价规范》和《职业技能评价督导员制度》，鼓励企业自主进行技能等级认定，推动校企合作，共建实训基地，实施工学一体化培养，开展"双证融通"试点，通过技能竞赛等平台激发创新精神，构建了一套科学、动态、开放的技能人才评价体系，有效提升人才素质和竞争力。[①]

---

① 台州市人民政府办公室. 台州市人民政府办公室关于印发"台州技工"星级评价激励办法（试行）的通知 [EB/OL]. (2021-07-28)[2024-01-12]. https://www.zjtz.gov.cn/art/2021/7/28/art_1229564401_1643693.html.

通过技能大赛活动平台与组织策划，选拔优秀的技能人才。以竞赛作为培育引擎，确保选出的人才具备高专业技能，通过竞赛增强技能人才的职业荣誉感，提升公众对技能人才的尊重和认可。结合职业教育，将竞赛标准融入教学，推动教育需求与产业需求紧密结合，为技能人才成长提供支持，有效促进地方经济发展。

推行技能与薪酬挂钩，激发人才创新活力。一是实施技能与薪酬挂钩机制，通过建立技能等级评价体系，将技能水平与岗位要求对应，明确技能与薪酬的关系，鼓励企业设立技能工资单元，实现技能提升与工资增长的正向关联。推动技能工资制和岗位技能工资制，强调技能在薪酬决策中的重要性，考虑岗位差异，确保合理薪酬。通过该机制，台州旨在营造尊重技能的社会氛围，激励技能提升，支持制造业高质量发展。二是推行技能人才股权激励改革，鼓励企业实施员工股权激励，特别是上市公司，以增强技能人才积极性和忠诚度。改革包括首次公开幕股（Initial Public Offerings，简称IPO）战略配售共富工程，让技能人才有成为股东的机会，共享发展成果。同时，支持探索多样激励模式，如技术入股、业绩股票等，建立收益共享机制，将技能人才从"打工者"转变为"合伙人"，增强归属感，激发创新活力，促进企业持续健康发展。

## 三、人才—产业精准匹配：促进就业服务与创业升级

优化技能人才供需匹配机制，提升就业服务效率。台州为优化技能人才供需匹配机制，提升就业服务效率，采取了一系列综合性措施。首先，台州通过绘制技能人才供需热力图，精准对接产业发展需求，实现技能人才结构的优化。其次，实施"金蓝领"职业技能提升行动，大规模开展针对性职业技能培训，建立终身职业技能培训制度，确保技能人才与市场需求同步发展。再次，推动职业技能培训与企业实际需求相结合，鼓励企业参与职业院校建设，增强职业院校的社会化培训供给能力。台州还建立了技能人才全职业周期数字化服务体系，利用数字平台整合资源，实现人才培养、就业、产业服务的数字化闭环，提高服务效率。最后，强化基层就业服务网络建设，构建城乡全覆盖

的公共就业服务体系，打造"15分钟就业服务圈"，提升服务的便捷性和可及性。通过这些措施，台州旨在构建一个高效、精准、便捷的技能人才供需匹配体系，促进技能人才的高效就业。

完善技能人才就业服务体系，为技能人才提供全面支持。台州为完善技能人才就业服务体系，采取了多维度的策略。首先，通过建立健全覆盖城乡全体劳动者的终身职业技能培训制度，提供普惠性技能培训项目，增强技能人才的就业竞争力。其次，实施技能人才职业发展通道设置指引，引导企业建立纵向贯通、横向融通的技能人才职业发展路径，拓宽职业发展空间。再次，推广技能人才薪酬分配指引，强化技能价值激励导向，确保技能人才获得与其技能水平相匹配的薪酬待遇。台州还加强了企业用工保障，通过重点企业用工监测机制和精准用工服务，确保企业用工需求得到满足；构建和谐劳动关系，提高技能人才社保参保率，保障其劳动权益。最后，通过数字化手段，如"台州人才码"，提升公共服务的可及性和便捷度，实现技能人才就业服务的智能化和个性化。这些措施共同构成了一个全面支持技能人才就业的服务体系，旨在促进技能人才的稳定就业和职业发展。

支持技能人才创业，鼓励技术创新与企业发展。台州支持技能人才创业的策略包括实施技能人才创新创业培训，为符合条件的高技能人才提供创业担保贷款及贴息政策，支持其入驻创业孵化基地创办企业。同时，建立创新型高技能人才信息库，支持技能人才参与国家基础研究、重点科研、企业工艺改造和产品研发中心等项目。鼓励技能人才进行专利创新，并定期举办全国技工院校学生创新创业大赛，培育学生的创新创业能力。此外，台州还推行中国特色企业新型学徒制，通过校企合作、工学交替等方式，组织企业技能岗位新招用和转岗人员参加学徒制培训，助推企业技能人才培养，发展壮大产业工人队伍。通过这些激励机制，台州旨在激发技能人才的创新精神，促进技术创新，推动企业发展，实现技能人才与企业共同成长。

推广技能培训与终身学习体系，应对快速变化的职业要求。台州推广技能培训与终身学习体系，构建全民终身职业技能培训体系，覆盖全生命周期，应对职业市场需求变化。为"一老一小"群体开发特定培训项目，如老年智能技术应用和青少年职业启蒙，提升不同年龄人群的技能。通过建立职业培训基地、师资和课程库，完善新机制，提高培训质量效率，增强劳动者适应性与竞争力，支撑经济社会发展。

## 四、基本单元建设：实现以点带面全层次覆盖

一是积极推进技能型社会基本单元建设。台州在推进技能型社会建设方面采取了多元化的策略，通过建设技能型小镇、乡村、社区、学校和体验中心等一系列示范单元，为地区经济发展和社会进步提供了强有力的人才支持和经验积累。这些示范单元以技能人才培养为核心，不仅强调产业发展和特色文化的融合，还注重教育平台和社区服务的优化，旨在构建一个具有鲜明技能特色、高度聚合效应、较强辐射带动力的综合体系。

具体来说，技能型小镇依托特色产业发展，培育和吸引技能人才，神仙氧吧小镇、横溪小镇等九个省级技能型小镇已成为地区发展的亮点。技能型乡村和技能型社区则以乡村振兴和社区治理为目标，通过特色培训和服务提升地方吸引力，如石塘乡村、横溪社区等。技能型学校和技能体验中心通过提供特色教育和实践体验，如台州椒江区技能型学校、技能体验中心，促进学生和社会成员的技能提升，满足了社会对高素质技能人才的需求。这些措施共同推动了技能型社会的建设，为台州的经济发展和社会进步做出了积极贡献，同时也为其他地区提供了可供借鉴的经验和模式。

二是打造中小学技能体验中心。临海技能体验中心融合了技能、科技、产业、文化等多种元素，打造了一个集展示、教育、体验于一体的平台。中心的设计突出了临海的产业特色，运用 AI（人工智能）互动和虚拟现实等科技手段，提高了体验的现代感和互动性。这种创新的展示方式，既吸引了技能教育的参与者，又为技能型社会的基本单元建设开辟了新的途径。中心还通过免费体验活动和技能大师的教学，有效地传播了技能文化，激励了更多人投入技能学习和创新。

天台和合工匠技能体验中心以其地理和文化优势，成为传承和合文化和工匠精神的重要平台。中心通过一个平台、一支队伍和一套模

式的"三个一"机制，实现了技能体验的常态化和系统化。中心结合线上和线下的方式，让技能体验更加便捷和广泛，同时邀请技能大师参与，保证了体验的专业性和深度。这些活动不仅让公众感受到传统技艺的魅力，还通过互动和多媒体，扩大了技能文化的影响力，为技能型社会的基本单元建设增添了活力。

三是创建劳模工匠工作室。台州劳模工匠工作室通过政策支持和专业设计，推动技能文化建设。该工作室以劳模和工匠精神为核心，旨在培养高技能人才，通过技术创新、服务创新和管理创新，提升技能人才的社会地位和职业荣誉。台州出台了《劳模和工匠人才创新工作室管理办法》，明确了工作室的运作框架，并设立专项经费支持其活动，激发创新活力。同时，工作室通过技能培训、业务交流和师徒制，如"台州学院黄国波劳模工匠创新工作室"，与企业合作，培养高技能人才，开发新技术，提供技术服务，显著提升了技能人才的能力。

台州通过组织技能竞赛，如全国职业技能大赛，为技能人才提供了展示平台，增强了其社会认可度。工作室成员在竞赛中取得优异成绩后，进一步激发了技能人才的学习热情。同时，台州注重技能传承和文化弘扬，通过"技能之光"系列活动，宣传技能人才的故事，塑造文化品牌，激励更多人投身技能事业，共同推动台州经济社会的高质量发展。

# 第三节　技能型社会建设推动技能创富的台州实践

在经济全球化和技术进步的大背景下，台州市凭借其民营经济的坚实基础，通过职业教育的改革与创新，走出了一条技能创富的技能人才特色发展之路。依托产业需求，台州不仅培养了大量技术技能人才，支持民营企业发展，还通过创新教学模式和深化校企合作，提升了教育质量，促进了学生就业创业。利欧集团和公元股份等一大批民营上市企业在技能人才职业成长通道上不断实践，以技酬匹配机制实现技能人才高质量就业，通过培育与激励推动技能人才终身成长。同时，台州各县（市、区）也积极推进县域技能型社会建设，如天台县以技能创富场景为抓手，探索建立技能体验中心，推行"技能创富带贷"等金融产品。台州的技能型社会建设为其他地区提供了宝贵的经验和启示。

## 一、利欧集团：以技酬匹配机制实现技能人才高质量就业

利欧集团浙江泵业有限公司专业研发、生产、销售、服务各类泵与系统，是高新技术企业。产品包括家用泵、商用泵、工业泵和公用水泵，服务领域涉及空调暖通、给排水、水利水务、节能环保、园林机械、能源冶金、石化等。公司积极推行"能级工资"集体协商制度，将技能等级、技术职务与薪酬相挂钩，完善技术工人薪酬分配体系，为技术工人提供上升通道和薪酬保障，成为"技酬匹配"能级工资集体协商的典范企业。

立足价值导向，激发内生动力。企业改变以往仅对工作量和成果进行考核的做法，增设了职称、技能和竞赛等专项特殊津贴，通过将技能提升与职级津贴和技能津贴相挂钩，让技术工人尝到"甜头"，才更有"盼头"，形成提技促增收的良性循环。同时，深化利欧"十大工匠"评选和"工匠导师带徒"活动，对获选的工匠给予一次性奖励，并在提拔、福利等方面享受优先，设置带徒津贴，充分发挥典型引路和工匠导师传帮带作用，让技术工人培育迈上新台阶。这些举措既激励了技术工人的积极性和创造性，又提高了其专业水平和社会地位，为企业的发展和创新提供了坚实的人才支撑。

畅通发展通道，破解晋升难题。企业通过完善工资机制和召开能级工资协商会，确保技术工人工资合理增长，提高了最低工资标准。实施晋升"三通道"制度，允许技术工人通过技能、管理或创新途径晋升，增加了晋升的选择和机会。基层职工通过努力和技能提升，可获得高薪酬，体现了企业对技术人才的重视。这些措施激发了技术工

人的积极性，提升了专业水平，为企业创新发展提供了人才和技术支撑。

强化奖励激励，激发创新活力。企业通过提高专利和学历提升奖励，激励技术工人创新和学习。如利欧集团的发明专利奖励增至 15000元，以鼓励技术工人保护知识产权和提升核心竞争力；学历提升奖励一次性 5 万元，以支持技术工人深造。这些奖励均纳入《能级工资集体协商协议》，以保障工人权益。政策调整后的一年内，欧利集团发明专利数量增加 20%，大专及以上学历员工占比达 40.22%，人才结构得到优化，中高级人才比重提升。这些措施增强了企业技术实力和市场地位，提高了技术工人的收入和满意度，实现共赢。

## 二、公元股份：人才培育机制促进技能人才终身成长

公元股份有限公司是一家涵盖塑料管道、家居卫浴、光伏太阳能、开关插座、智能装备、防水涂料、工程服务等多个领域的大型企业。公司致力于培养一支知识化、技能化、职业化的技术技能人才团队，采用"能力、技术、业绩"为导向的管理模式，为技能人才搭建发展平台，提高收入状况，促进薪酬增长，进而推动企业高质量发展。2023年上半年，公元股份实现净利润同比增长 169.66%，一线技术技能人员工资增长 10.2%。作为全市首批优秀技能创富型企业，公司在 2022年获得 25 亩的工业用地优先供地奖励，2023 年技改补助标准从 4% 提高到 5%，多拿到技改补贴 50 万元，还得到工匠培育奖 39.8 万元。

深化人才培育机制，实现技能"传帮带"。公司实施师带徒管理制度，每年开展技术技能传承活动，选拔优秀人员担任导师，通过签订协议书，结对培训学徒 3—12 个月，实现技能传承。建立师徒互助机制，合格师傅可获得津贴和奖励，优先考虑晋升和调薪，激励技术传承和人才培养。

深化技能等级认定，做好技能评优激励。公司主动推进职业技能等级认定工作，依据相关行业标准，结合公司实际，制定职业标准、评价规范和认定流程，实现技术人才和技能人才的有效对接。公司根据自身行业和人才特点，多批次开展装配钳工、机修钳工、塑料成形

制作工等职业技能等级自主认定工作。公司定期开展以质量、安全、技能等为主题内容的劳动技能大赛，以岗位绩效为支撑，形成多个工序不同类型的技能竞赛，打造技能光荣、比学赶超的良好工作氛围，同时开展各项评优工作，奖励优秀，鼓励先进。2022 年评选出优秀员工 32 位，先进生产工作者 42 位。

打通职业发展通道，加强技能模范的示范引领作用。公司制定《专业技术职务与职业资格评聘管理办法》，规范技术技能人才评聘流程，定期开展评聘，完善补贴制度，激励员工提升职业技能。技能等级分为三级，对应不同职称津贴（高级工 150—300 元 / 月，技师 600—800 元 / 月，高级技师 800—1000 元 / 月）。公司倡导劳模和工匠精神，树立技术技能领军人物，包括省级、市级、区级工匠及星级工匠。通过多种宣传方式，如海报、微信公众号等，广泛传播技能人才的先进事迹，推广工匠精神，鼓励职工学习。

## 三、天台县：县域技能型社会建设的探索与实践

山区 26 县是浙江区域协调发展、实现共同富裕的关键。天台作为山区 26 县之一，加大制度创新、政策供给、投入力度，努力构建高水平技能提升体系、高效能技能创富体系、高质量技能生态体系，"技能聚富场景"便是重要举措。天台通过发展技能小镇和社区，结合本地产业优势，如坦头镇的汽车用品产业，促进技能与经济结合。同时，"技能润富场景"依托和合文化，建立职业体验中心，传承与创新非遗文化技能。天台县在建设技能型社会单元中面临部门合作不足、落地难、宣传不足等挑战。为解决这些问题，建议加强顶层设计，多方面促进建设，扩大宣传，以营造尊重和支持技能人才的环境。

一是技能育富场景的打造。天台县在技能育富场景的建设上采取了一系列创新措施。通过建设技能型学校，如天台技师学院等，提升了技能教育的水平，确保教育内容与当地产业发展需求相匹配。这些学校不仅提供了传统的技能培训，还与浙江工业大学等高校合作，共建工程师学院，开发了符合天台产业特色的技能型课程。此外，天台县还通过金融赋能驿站，为技能人才和企业提供金融支持，如推出"共

富工匠贷"，以低利率贷款激励技能创富。这些措施不仅提升了技能人才的培养质量，还通过校企合作、产教融合，促进了技能人才与市场需求的对接，为技能人才提供了更多的发展机会。

二是技能聚富场景的构建。在技能聚富场景的构建中，天台县依托本地产业优势，推动技能与经济的深度融合。通过建设技能小镇，如坦头镇的汽车用品产业，天台县打造了集"线上＋线下"授课、订单班培训、技能大赛等功能于一体的平台，有效提升了技能劳务与企业需求的精准对接。同时，技能型社区的建设，如福溪街道幸福社区，通过开展技能互动、职业体验等活动，促进了技能与社区生活的融合，拓展了产品销售渠道，形成了家门口培训和就业的新局面。此外，技能型乡村的建设，如赤城街道塔后村的"技能下乡"活动，不仅提升了乡村工匠的技能水平，还促进了乡村经济的发展，实现了技能与乡村产业的有机结合。

三是技能润富场景的培育。天台县在技能润富场景的培育上，注重文化传承与技能创新的结合。建立了职业体验中心，如县博物馆的职业体验中心，通过工匠文化长廊、主题展厅等，提供了技能教学、体验、展示和展销的平台，让技能文化"活"起来。同时，天台县致力于非遗文化技能的传承与创新，如红曲酒和饺饼筒的产业化、现代化，推动了技能的创造性转化。这些活动不仅丰富了技能的内涵，也为技能人才提供了展示的舞台，提升了技能的社会价值和经济价值，从而促进技能人才的全面发展和社会地位的提升。

天台县在技能育富方面，与高校合作建立工程师学院，提供定制技能课程，推动教育与产业融合。推出"共富工匠贷"支持技能人才创业，实施"四技""五小"活动，加强校企合作，实现技能提升与企业效益增长。在技能聚富场景中，天台县依托产业优势，创建技能小镇和社区，采用"线上＋线下"的培训模式，增强培训效果，并通过电商直播等新渠道促进技能与社区经济深度融合。技能润富场景强调文化传承，天台县建立职业体验中心，展示工匠文化，产业化非遗技能如红曲酒和饺饼筒，为技能人才开辟新发展路径，提升其社会地位，为经济发展注入活力。

　　自技能型社会战略在台州市实施以来，技能人才培养体系经历了显著的变革，为地方经济发展注入了新的活力。教育与产业的紧密结合，确保了技能人才的培养与市场需求的高度同步。截至2023年底，台州市技能人才总量达128万人，同比增长6.7%，其中高技能人才约45万人，同比增长9.8%。这一增长趋势不仅反映了台州市在技能人才培养方面的持续投入，也预示着技能人才在推动地方经济发展中的重要作用。技能大赛等活动的举办，为技能人才提供了展示技艺的舞台，每年培训超过20万人次，直接推动技术工人薪酬提升6%，惠及48.15万名职工。这些活动不仅提升了技能人才的职业吸引力，也通过技能与薪酬挂钩的激励政策，提高了技能人才的社会地位。台州市在技能文化推广和国际交流合作方面取得了显著成效。例如，通过"技能之光"系列活动，台州市成功塑造了技能文化品牌，这些活动不仅提高了技能人才的社会认可度，还激发了公众对技能学习的兴趣。在国际交流合作方面，台州市与浙江工业大学等高校合作，共建工程师学院，开发了符合天台产业特色的技能型课程，这些课程的实施直接促进了技能教育与地方产业的紧密结合。此外，台州市还通过技能体验中心，如临海技能体验中心，利用现代科技手段，提高了技能教育的吸引力，这些中心的建立使得技能学习变得更加便捷和高效。这些措施共同推动了台州市技能型社会的全面发展，为城市的可持续发展和经济繁荣贡献了巨大力量。展望未来，台州市将继续深化推动技能型社会建设，通过优化技能人才结构、完善技能制度供给、转变技能固有观念等措施，进一步推动技能型社会的全面发展。

# 第四章
# 深擢活力：职业教育深化区域产教融合的特色布局

为深入推动职业教育制度创新和高质量发展，加快建立与职业教育现代化整体契合的区域职业教育发展模式，台州市紧扣现代职业教育与区域经济融合发展这一条主线，积极发挥职业教育国家试点倍增效应，以创建国家产教融合试点城市为契机，以打造台州湾科创走廊为布局，以实施产教融合试点项目为抓手，在一定程度上突破了产教融合浅、窄、散等外部环境与内部质量的问题，现已形成一批聚合式、实体化、全环境产教融合的可推广、可借鉴的优秀经验。

## 第一节　以全环境布局争创产教融合试点城市

为全面落实党的二十大报告提出的职普融通、产教融合、科教融汇的"三融"要求，台州市坚持"产教融合、学城共兴"理念，全面形成以教促产、以产助教的良好格局，助力台州高质量建设布局产教融合试点城市。

## 一、创建产教融合试点城市是市域发展需要

台州市聚焦"技能台州、职教高地",具备较好的国家产教融合试点城市创建基础。近年来,台州市抢抓省部共建职教创新高地和技能型社会建设试点契机,创新产教"五融合"改革,健全区域内合作育人、共建共享、协同治理机制,持续推进职业教育与民营经济深度融合发展,完成职教创新高地和技能型社会建设试点任务并取得初步成效,为创建国家产教融合试点城市奠定了良好基础。

一是学城共兴的顶层架构基本确立。《台州市临港产业带职业教育发展规划》指出,按照"产教融合、学城共兴"理念,以新能源城、新材料城、新医药健康城、未来汽车城、精密制造城等五城建设为依托,推进"1个园区、9个中心、N所特色化学校"的总体布局,构建对接临港产业带发展的职业教育专业群,为临港产业带转型升级保障技术技能人才供给链。

二是政策体系和平台支持相对完善。台州相继制定了《台州市产教融合"五个一批"工作方案》《台州市职技融通改革实施方案》《职业教育"窗口"城市建设"一县一策、一校一案"方案》等一系列配套政策,在全国地市级层面率先出台《关于推进职业院校混合所有制办学的实施意见》《台州市职业教育校企合作促进条例》。集聚高能级平台载体,截至2022年已成功申报浙江省产教融合联盟2家、产教融合基地3家、产教融合型企业23家、产教融合工程项目17个、产学合作协同育人项目40个,数量居全省前列,组建14个职业教育集团、19个市级产教融合联盟,开展混合所有制办学试点32个,为产教融合的纵深发展提供了系统优势。[①]

## 二、协同创建产教融合试点城市的多元举措

台州市坚持"产教融合、学城共兴"理念,创新政校企行四方协同,深化专业产业融合、校企资源融合、招生就业融合、增技增收融

---

① 数据来源:由台州市教育局提供。

合、产学研用融合，"五融"并举，促进教育链、价值链、人才链、产业链、创富链、政策链"六链"聚合，助力台州高质量建设产教融合试点城市样板。

### (一)"一县一策"实行精准规划

为了推进产教融合试点城市建设，台州市在椒江区、黄岩区、路桥区、临海市、温岭市、天台县、仙居县等八个县区分类推进。例如，椒江区产业发达，民营经济活跃，其以高质量为主题，深入推进校企合作、建设产教融合示范园区、构建高品质研究平台。路桥区深化校企协同育人，打造"融合高地"，全面推行中国特色学徒制育人模式，推动校企双元育人、双师育人、双维育人，打造高水平产教融合实训基地。临海市组建产教融合专业委员会，开展产教融合试点项目建设，全面开展现代学徒制，解决一线技术技能人才紧缺问题。温岭市将产教融合纳入全市经济社会发展总体规划，与"金三角"科创带、高新技术产业园区等产业集聚带的建设同谋划、同推进、同落实，推进'温岭职教集团"改革和发展，研究并形成实体化运行模式，建立企业、行业、产业、专业、就业、职业"六业"联动新机制。玉环市推进专业建设与产业发展相适应，对接区域"268"产业新格局的市场供需，引导职业学校推进专业结构调整，做优家具、跨境电商等特色专业，促进专业集群发展，项目资金安排向承担重大战略任务、推行产教融合的专业倾斜。天台县创新技能人才培养模式，政府牵头、改革牵引、机制创新，释放企业参与职业教育政策红利，进一步激发校企协同发展新动能，校企联动培养技能人才，打造"1+1+N"产教融合生态圈，开展"引企入教"改革，探索校企合作协同育人新形态，推进"校企合作共同体"建设。

### (二)"重点突破"深化多元协同[①]

推进产教城一体融合。坚持优化职业教育资源布局和专业设置，

---

[①] 本书部分内容整理自内部资料《台州市建设国家产教融合试点城市工作方案》。

深化建设产教对接谱系图和产业人才数据平台"匠才荟",通过顶层系统架构和数字化手段,逐步破解教育与产业契合度不高的问题,引导职教资源与生产力布局相适应、人才培养与社会需求相匹配。

激发企业主体活力。为了改变"学校热、企业和行业冷"现象,台州市出台并落实市域职业教育校企合作促进条例,进一步完善制度激励约束机制,探索建立"政校企行"四位一体协同发展模式,促进校企实质性深度合作。

创新深化多元主体办学。在这个过程中,放大民营和民资优势,深化混合所有制办学机制和模式创新,重点围绕法人治理结构、产权归属、企业投入收益、师资绩效奖酬等方面提供突破性解决方案,形成职业教育服务民营经济、民营经济促进职业教育的良性发展格局。

打破行业资源流通壁垒。针对量大面广的中小微企业,建立健全行业龙头企业通过合作办学惠及行业内中小微企业的技术人才共享机制,以行业标准、技术标准、产品标准、专业标准、课程标准等标准化体系建设打破"一企一校"的单一生态,推动产教融合从松散型向紧密型转变。

### (三)"五项融合"创新产教改革

专业与产业融合。建立专业与产业联动机制,引导院校主动对接产业,调整专业结构。例如,台州科技职业学院主动对接浙江省"415X"先进集群培育和台州五城建设,持续深化"1+1+1+N"产教融合生态圈建设,实现一个专业群对接一条产业"链"、一个专业群牵头组建一个产教联盟、一个专业群共建一个产业学院、与N家龙头骨干企业协同育人的育人生态。

校企资源融合。产教资源要素主要包括校企双方的资金、技术、人才、设备设施以及管理制度等。例如,台州科技职业学院以现代产业学院建设为抓手,共建台州湾产业学院等九个实体化运行的产业学院,引进社会资本6000余万元,牵头成立长三角模具产教联盟等六个产教联盟,深入推进台州特色学徒制,订单班、工匠班培养学生占职业院校在校生比重达30%以上。

招生就业融合。从招生环节就建立可持续的订单式人才培养制度。浙江汽车职业技术学院与豪情汽车工业学校是招生就业一体化融合的典型。两所学校开展"冠名订单班""现代学徒制"和"企业定向培养"等人才培养模式改革；积极推行"中高职一体化＋企业"的"校校企"育人机制；依托吉利汽车、领克汽车、沃尔沃汽车等订单班，以定岗培养、定向就业、定岗拓展等多种方式开展"校企一体、以岗育人"，实现学生精准培养与精准就业。

增技增收融合。校企协作提升技能，如台州职业技术学院积极推进基于成果导向的教学方法和德国"学习领域"课程方案，构建"知岗、跟岗和顶岗"三岗递进、校企双元交替式的实践体系，并联合28个行业协会、508家企业牵头成立台州湾职业教育集团，强化人才培养培训一体化机制。同时，政企着力破解增收障碍，优化薪酬分配链，如玉环市浙江艾迪西流体控制股份有限公司，以覆盖多种类型岗位、惠及多数员工的普惠性配股方式实施股权激励，将15%股东股份纳入员工红利分配体系，让技术工人共享发展成果。

产学研用融合。帮助中小微民营企业减轻科技研发负担，助力大中型民营企业提升协同研发能力。温岭市职业技术学校与台州职业技术学院、利欧集团浙江泵业有限公司深度合作，中职、高职、企业三方共建面向产业的"泵制造与控制产学研中心"，合作成立"泵制造与控制产业学院"，服务本地泵制造与控制产业的同时，提升了企业的协同创新能力。

## （四）"六链聚合"共促产城贯通

一是优布局，完善一体化教育链。布局与临港五城新生产力产业相匹配的职业院校，引导职业院校到产业集聚区（园区）办学，研制产教融合谱系图。到2025年，力争建成10个区域性职业教育中心，服务临港五城的"30分钟技能学习圈"基本建成。

二是建机制，提升产校企价值链。出台并落实《台州市职业教育校企合作促进条例》，深化混合所有制等办学模式改革；创新"政校企行"四位一体协同发展模式，支持行业协会深度参与校企产教融合平台和专业学科建设。到 2025 年，力争培育 1—2 所省级混合所有制产业学院，打造 1—2 个全国"混改"典型示范项目，规上企业参与职业教育办学的比重达 80% 以上。

三是谋改革，打造贯通式人才链。深化"引企入校"和"引校入企"改革，创新校企名师团队双向流动的机制；深化区域中高职一体化试点改革，构建"中职＋本科""中职＋高职"等长学制技术人才培养体系，嫁接人才培养上升通道。到 2025 年，全市中高职人才培养规模占中等职业教育人才培养规模的 50% 以上，职业院校"双师型"教师占专业课教师比重达 90% 以上。

四是搭平台，服务五城产业链。鼓励临港产业带创新型领军企业以混合所有制形式牵头组织高校院所和相关科研机构共同建设产教融合创新中心；探索出台成果转化收益分配制度实施办法，创新成果转化收益分配机制。到 2025 年，建成 3 个高水平生产型企业实训基地，10 个以上装备水平国内一流、产教深度融合的实习实训基地，力争实现临港产业带五城重点领域产教融合共同体和重点园区产教联合体的全覆盖。

五是抓试点，构建可持续创富链。以技能型社会建设试点和技术工人"扩中"改革为契机，打通技术工人的成长链、薪酬链；全面推广全省首创的台州市技术工人薪酬分配指引，建立企业与技能人才收益共享机制。到 2025 年，全市技能人才人均年收入不低于 9.8 万元，上市公司技能人才激励人数占总激励人数的比重大于 30%。

六是强统筹，健全集成化政策链。出台《台州市职业教育校企合作条例》《台州市扩大技术工人中等收入人群若干规定》等地方条例，为教育和产业联动发展、技术人员"扩中"提质提供法律保障。研究制定《关于深化产教融合推进职业教育高质量发展的意见》《职业教育产教融合赋能提升实施方案》《关于建设产教融合联合体和共同体的实施意见》等文件，强化多层级政策统筹，为产教融合平台建设、机制创新等提供政策保障。

## 三、聚焦民营经济创新产教融合试点城市生态

为进一步深化产教融合，促进教育链、人才链与产业链、创新链有机衔接，服务市域高质量发展，台州市针对产教融合的广度与深度展开了积极探索，在产城、科教、职技等方面都取得了创新性突破。

### （一）"三融一体"的产教融合试点城市样板①

台州是"民营经济发祥地"，制造业基础扎实，是长三角地区重要的先进制造业基地，浙江制造的重要板块。台州职业教育办学基础雄厚，全市共有职业院校30所，开设339个专业，专业与支柱产业对接率达90%以上。截至2023年底，职业院校与1500多家企业签订长期合作协议，入选2019—2022年度浙江省产教融合联盟2个、产教融合示范基地3家、试点企业22家、工程项目17个、协同育人项目25个，数量均居全省前列。台州以争创国家产教融合试点城市为突破性抓手，持续推动职业教育提质增效。

1.抓契机、推"三融"、塑标杆

近年来，台州抢抓部省共建职业教育创新发展高地契机，坚持推进"三融"，通过"产城融合、科教融汇、职技融通"，全面推动产教融合创新发展，进一步深化教育链、人才链与产业链、创新链有机衔接，奋力打造"服务民企发展示范市、技能型社会试点标杆市、职教助力共富先行市"三大市域样板。

（1）推进产城融合，服务区域产业转型升级

以服务五大产城转型为指向，打造"六业联动、市域一体、校企联通"三大机制，服务五大产城、强化区域统筹、深化数字变革，打通技能赋能制造的增值链，加快形成学城共兴的职教新生态。

一是服务五大产城，创新"六业联动"机制。健全企业、行业、产业、专业、就业、职业联动发展机制，推进产教融合与产业集聚发展、园区建设等同谋划、同推进、同落实，与产业转型升级和动能转

---

① 本书的部分案例整理自《台州市建设国家产教融合试点城市经验案例汇编》。

换相适应。二是强化区域统筹，创新"市域一体"机制。积极探索市域产教协同育人机制，建立市长担任组长、分管市领导担任副组长的职教改革发展工作专班，各级党委政府积极联动，编制职业教育"窗口"城市建设"一县一策、一校一案"方案，落实落细试点责任清单。三是深化数字化变革，创新"校企联通"机制。积极探索产教融合助推产业数字化转型新路径，开展职业教育信息化标杆学校建设，遴选一批市级以上精品在线开放课程、搭建一批专业教学资源库等数字化资源建设。建设台州市"匠才荟"数字职教管理云中心，研制产教对接谱系图，健全专业随产业发展动态调整机制，依据产业需求设置专业，促进职业教育和产业人才需求精准对接。构建招生、教学、培训、就业等全过程智慧化多跨场景应用系统，为校企联通提供数字化支撑，打造职教纵向贯通、横向融通的数字化生态体系。

（2）推进科教融汇，搭建技能人才培养体系

以构建技能社会体系为总成，搭建"产教联盟、产业学院、产学合作"三大平台，夯实技能人才蓄水池、加大技能人才应用度、提升技能人才成才率，打通技能工匠培养的成长链，加快形成全员成才的社会新氛围。

一是搭建产教联盟联合发展平台，夯实技能人才蓄水池。成立台州市职业教育与产业研究院、产教融合专家指导委员会，牵头成立长三角汽车、模具、智能制造产教融合联盟，推进优质职教资源共享。深化职业教育供给侧结构性改革，建立多形式衔接、多通道成长、可持续发展的高素质技术技能人才成长体系，助力培育"现代工匠""能工巧匠"。完善"工匠精神"培育体系，实施职业院校匠苗成长行动，全面推进"匠心浸润、匠技锤炼、匠苗扎根、匠星引领、匠师提升"五大工程。二是搭建产业学院协同育人平台，加大技能人才应用力度。全国地级市层面率先开展混合所有制办学探索，深化双元主体的育人机制，"校、企、地"共建一批校企深度合作的产业学院，深入推进台州特色学徒制，开设台州市企业董事长大讲堂，开展混合所有制办学试点等。三是搭建产学合作科创服务平台，提升技能人才成才率。打造科技创新团队、产业技术联盟、重点实验室、技术孵化中心等科技

服务平台。建立产学研合作平台,打造校企合作共同体,推进台州市智能制造协同创新中心建设。

(3)推进职技融通,打响职教助富特色品牌

以深化"扩中""提低"为牵引,率先探索实施"书证融通、技能培训、股权激励"三大改革,变人力为人才、变农民为技师、变职工为股东,打通技能带动共富的增收链,加快形成能者多得的分配新体系。

一是变人力为人才,打破技术工人成长天花板。率先出台《职技融通改革实施方案》,实施职业院校和技工院校同目标引领、同政策保障、同平台支持、同归口管理、同频率发展的"五同"职技融通改革,构建"双培养"育人体系,推动职业院校和技工院校学分互认、一体培养,学历教育与技能教育双轨合并,打破技术工人成长天花板。二是变农民为技师,打造百万技能新农人大军。成立乡村振兴研究院,校企共建现代农业产教联盟,为乡村振兴蓄势赋能。以品牌化、多主体为主要抓手,迭代升级开展劳动力就业技能培训、新型职业农民培养、高素质农民培育。三是变职工为股东,重塑企业共富型劳资关系。重构"全周期贯通、全区域统一、全领域融合"的蓝领人才培养培训生态系统,出台全省首个技术工人薪酬分配指引,制定《行业性能级工资集体协商操作标准》,强化"技高者多得"导向,将技能等级与薪酬待遇"挂钩"。

2. 聚力创新成就"台州经验"

一是瞄准产城融合的关键点,形成服务区域产业"台州经验"。始终坚持把专业建在产业链上。深化市域统筹谋划、市区共同推进、市县两级联动,推进职业教育资源整合与扩展,紧密对接"五大产城"支柱产业。加快上线台州市"匠才荟"数字职教管理云中心,整合共享区域职业教育数字资源,构建"互联网+职业教育"支撑体系。基于产业端发布的数据,研制职业教育产教对接谱系图,实现校企人才供求数据智能匹配,动态调整职业院校专业设置及招生计划,

二是找准科教融汇的立足点,形成技能人才培养"台州经验"。始

终坚持把学校办在产业园区。坚持"政、校、行、企"协同搭建育人平台，积极发挥民营企业、民间资本优势，落实"金融＋财政＋税收＋土地"激励组合拳，让企业成为职业院校混合所有制办学重要主体。鼓励地方政府和社会力量共同举办混合所有制职业院校、二级学院和专业，建立健全行业企业、第三方评价机构等多方参与的监督评价机制，持续提高人才培养质量。

三是找准职技融通的结合点，形成职教助推共富"台州经验"。落实《台州职业教育助推共同富裕行动计划（2022—2025）》，实施专业对接产业行动、技能人才供给行动、职教园区建设行动、就业创业支撑行动、终身教育提升行动、服务乡村振兴行动、公共文化服务提升行动"七大行动"，加快推动职业教育在"创富能力、造富体系、增富机制、奔富品牌、润富文化"等共富体系中的变革作用。

## （二）仙居县打造工学一体化产教融合育人高地

仙居县致力于整合政行企校各方职教资源，以建立纵向贯通和横向融通的现代职业教育体系为重点，推动实现职业教育的自我完善、自我发展、自我革新，更好服务高质量发展、促进高质量就业，在产教融合试点城市方面力争标杆。

一是建立产业人才数据平台，发布产业人才需求报告，研制职业教育产教对接谱系图，指导优化职业学校和专业布局，促进人才培养和产业需求精准对接。

二是县政府牵头组建由发改、财政、经信、经济开发区、教育、人劳、职业学校等部门组成的仙居县职业教育发展委员会，制定出台《仙居县产教融合实施意见》，协调破解职业教育发展过程中的难点。由县职业中专牵头组建仙居县职业教育集团；成立仙居县旅游职业教育集团，将其建设成省级以上示范性职教集团。县财政确保每年投入50万元，作为仙居县职业教育集团和仙居县旅游职业教育集团的运行经费。建立覆盖主要专业领域的教师企业实践流动站和技工教育集团。

三是支持行业组织积极参与产教融合建设试点项目，鼓励开展混合所有制、股份制办学改革试点，推动仙居县建立健全产教融合型企业认证制度。建成产教融合"五个一批"项目市级 2 个，省级 1 个；联合职业学校和旅游集团共同开发完成"云上仙居"旅游专业景区实训协同育人项目并投入使用。完成产教融合大楼（培训楼）建设，建成一个辐射效果显著的产教融合现代服务专业实训基地。联合台州学院共同打造文化旅游与大健康产业学院，助推台州的文化旅游与大健康产业发展。深入推进"校中企""企中校"试点建设，通过三年建设形成若干经典案例，并申报相关成果。

# 第二节　以聚合式联动打造台州湾科创走廊

台州立足全市科创资源禀赋和发展基础，按照"市域统筹、科创内聚、产业东移"的思路，规划建设创新资源集聚、产业发展联动、功能融合错位、要素开放共享的台州湾科创走廊，打造全省创新网络的重要节点和市域科技创新的极核。

## 一、建设台州湾科创走廊是内禀外赋的市域创举

《浙江省科技创新发展"十四五"规划》（浙政发〔2021〕17 号）明确提出"推动绍兴、台州湾科创走廊建设"。台州市委、市政府积极贯彻落实省委、省政府重大决策部署，大力推进国家创新型城市建设，在台州市五届五次党代会上明确提出"高标准规划建设台州湾科创走廊"，将其作为落实创新强市、人才强市首位战略的重大举措。

### （一）融入省域战略载体

建设台州湾科创走廊是浙江省打造区域创新增长极的重要举措。科创走廊已成为全国各地推动区域创新发展的新形态、新平台，浙江省正大力推进杭州城西、宁波甬江、G60 浙江段、温州环大罗山、金

华浙中等科创走廊建设。谋划建设台州湾科创走廊是加速台州创新驱动发展、融入全省创新战略的重要举措，打造台州科创一盘棋，为创新链与产业链精准对接奠定基础。

建设台州湾科创走廊是浙江省推动长三角科技创新共同体沿海创新带建设的重要载体。台州作为长三角沿海创新带南翼的重要城市，具有雄厚的产业基础、活跃的民营力量，积极推进民营经济跨区域发展政策协同试点。谋划建设台州湾科创走廊，能够更好助力台州融入长三角科技创新共同体，探索民营经济创新驱动发展路径，打造长三角科创共同体沿海科创带核心枢纽，打造集"科技、产业、城市、人居"功能于一体的生态型产业园区，促进创新链与产业链的深度融合、精准对接。

### （二）持续集聚市域优势

建设台州湾科创走廊是台州市建设国家创新型城市、创建国家高新技术产业开发区的重要支撑。台州湾科创走廊是区域创新人才和创新要素的集聚地，可加速台州优质创新资源集聚，有力支撑国家级高新区、国家自主创新示范区、国家创新型城市建设，增强台州市在浙东南地区的核心竞争力。

建设台州湾科创走廊是台州市加强市级统筹、提升中心城区首位度和竞争力的重要路径。打造台州湾科创走廊是台州增强市级统筹和调控力度，践行新发展理念，突破传统县域经济单打独斗模式，发挥中心城区科创资源集聚优势，以统筹促要素集聚，以集聚促辐射带动，用最优区块、最大投入打造城市创新增长极，提升城市竞争力。

## 二、以"一核""三片"联动布局台州湾科创走廊

台州湾科创走廊规划构筑"一核聚能、三片协同、多点支撑"的总体空间格局，强化中央创新核聚能作用，推动椒江科创谷、永宁江科创带、环飞龙湖科创生态圈等三大科创片区紧密协同，具体建设一批功能组团。

## （一）"一核聚能"突出集优创特

充分发挥全市政治、经济、文化中心优势和交通枢纽优势，落实台州创建国家级高新区、建设国家创新型城市的战略要求，加强全市高端科创资源布局跨区域统筹，集中优势资源优先向中央创新核集聚，突出创新策源和孵化溢出功能，构筑一流创新环境，打造台州市创新驱动主引擎和科技成果孵化转化承载地，建设成全市最高端的创新策源核心。

一是突出打造城市创新街区。依托高铁新区、中央商务区，叠加高铁交通区位优势和高教园区科创资源集聚优势，聚焦科技研发、人才引育、创新服务等功能，构建以高校院所、龙头企业、创新人才为核心的协同创新中心，为临港产业带建设提供科技创新支撑。依托台州学院、浙江大学台州研究院构建以高校研究院为核心的科技研发、技术研发力量，推进台州学院建设一流应用型大学，谋划建设大学科技园、高层次人才创新创业基地。结合高铁新区"云谷"建设导入楼宇型科创功能空间，打造高品质的创新交流场所和科创走廊会客厅。依托中央商务区谋划建设台州湾企业科创基地，集聚企业研发中心、工程师中心、技术总部及创投基金、服务机构，完善科技金融、高端商务、公共服务等现代城市服务支撑，打造区域科技金融和高端商务服务中心。

二是全力推进中央创新区建设。紧密围绕产业创新发展需求，集中布局科研院所、科技孵化器、加速器、创业园等科创平台及科技型企业，推动清华长三角台州研究院、南科大台州研究院等科研院所加快建设、提质提能，培育产学研协同创新优势。聚焦智能装备、航空航天、光电产业、新能源车及车联网等重点方向，健全技术成果转移转化服务体系，建立高效畅通的科技成果孵化、中试、转化、产业化生态，打造科技型中小微企业孵化成长的重要承载地，争创国家级"双创"示范基地。构建"一核两廊一基地 N 社区"联动发展格局，聚焦梦想园区建设，大力引入全流程孵化平台，重点建设北大台州创新中心、尚科数字社区、台州菜根发展创新中心、启迪之星浙东南创新中心、复旦张江研究院台州创新中心、台州湾科学家创业园、中英台州创新中心等科创载体；加快创智大街建设，推进开发大道沿线开发，加速形成创新规模效应。

## (二)"三片协同"强调功能融通

加速引导椒江、黄岩、路桥科创资源集聚，推进椒江科创谷、永宁江科创带、环飞龙湖科创生态圈三大科创片区建设。立足三大片区特色优势，突出专业化、差异化发展导向，推动椒江两岸、永宁江江口、飞龙湖等重点空间区域资源聚合、功能融通、优势互补。

一是打造椒江科创谷。突出产业研发创新和高新产业培育，聚焦医药健康、光电子信息、缝制设备、智能家居、数字经济、可降解新材料等领域，重点建设东部创新港、浙里光谷、数字经济产业园，打造医药研发创新高地、数字经济产业创新集聚地、产教融合创新基地。

二是建设永宁江科创带。突出制造业创新升级和技术成果转化，聚焦高端模具、新材料、生命健康、工业设计等领域，重点建设三江未来城、永宁智芯、模具产业集聚区，打造永宁江工业 4.0 发展样板地、新兴产业研发生产基地、工业创客创业集聚地。

三是形成环飞龙湖科创生态圈。突出高端人才集聚和创新创业服务共享，突出工业软件、智造服务等方向，重点建设国际科学家创业基地、飞龙湖双创服务社区、路桥科技创新孵化中心，创建路桥高新区，打造融入湖光山色的顶尖人才交流集聚平台、工业软件和智造服务创新基地、科技成果转移转化示范区。

## (三)"多点支撑"形成空间载体

在"一核三片"空间范围内，谋划建设一批空间集中、创新集成、资源集聚的功能组团，构建体系化的创新节点网络，打造台州湾科创走廊建设的具体空间落实载体。

一是聚力建设 14 个功能组团。围绕知识创新、技术创新、创业孵化、产业转化、创新服务等创新链关键环节，结合创新资源分布及未来布局情况，重点选择规模适宜、可成片开发或改造利用的空间，集中力量规划建设 14 个功能组团，形成创新载体、龙头企业、配套企业、创新社区、公共服务相融合的协同创新中心。率先推进功能组团基础设施建设，加速科创平台及项目落地，持续吸引、承载科创资源和创新活动集聚，营造优质创新生态，形成宜创宜居宜业的科产城融合生态。

二是率先打造一批首建区。在功能组团范围内，结合项目建设时序、用地开发条件等因素，重点选择梦想园区、东部创新港、国际科学家创业基地、梦创园四个建设条件较为成熟的科创平台作为首建区，并已成为科创走廊建设的先行样板和展示窗口。

三是专业化建设一批首聚地。聚焦科创走廊近期新引进科创项目及团队的落地空间需求，通过整合提升现有科创平台，优先选择梦想园区、椒江（上海）国际创新港、科创园、路桥科技创新孵化基地四个基础条件较为成熟的科创平台作为首聚地，开展专业化运营，实现新引进科创项目快速落地、梯度发展、早出成效。

### （四）"双区联动"承接创新格局

强化科创走廊对全市产业创新发展的策源支撑与辐射带动，紧密结合台州海洋经济发展和临港产业带建设，协同打造科创走廊产业承载区和联动区。

一是打造重点产业承载区。以台州临港产业带为主阵地，结合高能级产业发展平台建设，发挥台州湾科创走廊科技创新支撑作用，协同打造新能源城、新材料城、新医药健康城、未来汽车城、精密制造城五大临港产业城，实现科创走廊与临港产业带跨江拥湾协同发展。充分发挥台州湾新区及临海、温岭两市制造业基础和空间潜力优势，营造优质产业创新生态，承接区域科技成果转化，共同构筑台州湾科创走廊的产学研用协同创新闭环。

二是协同推进联动区建设。发挥台州湾科创走廊辐射带动作用，推动全市创新发展步伐加速，规划以临海、温岭、玉环、天台、仙居、三门等各县（市）重点创新区块及产业园区作为联动区，集中地方力量推进创新平台载体建设，构建体系化的创新平台矩阵和布局合理、资源集约、功能完善、特色凸显的高新技术产业园区、经济开发区联动发展格局。各县（市）同步推进科创走廊首建区、首聚地建设，根据优势产业特色积极引进高校院所共建科创载体。

## 三、台州湾科创走廊助力产教双融

在打造台州湾科创走廊的过程中，职业教育也大有作为，促进区域尽快形成创新发展极。台州研究制定《台州市职业教育产教融合赋能提升实施方案》，把产教融合发展纳入全市经济社会发展总体规划，推进产教融合布局与区域发展战略相对接。健全企业、行业、产业、专业、就业、职业"六业"联动机制，同步推进产教融合发展政策制定、要素支持和重点项目建设。

### （一）助推教育链与人才链精准对接

第一，推动标杆打造。为了保障区域经济持续高质量发展，平台的建设尤为重要。一是着力建设教育人才高地。举全市之力扶持台州学院，支持"申硕、升格、创一流"，努力将其建设成一流应用型大学，为走廊建设提供更多人才、科技、文化和智力支持。全力支持台州职业技术学院和台州科技职业学院"升本创大"，为科创走廊建设培养更多高素质技术技能人才、能工巧匠、大国工匠。二是充分发挥平台作用。进一步发挥浙江大学台州研究院等科创平台作用，加强对科创平台的宏观引导和协调管理，强化政策和制度建设，健全平台绩效考核体系，强化产业项目孵化、公共服务能力等考核，提升平台对走廊内产业和经济发展的带动支撑能力。

第二，推动人才招引。围绕科创走廊建设，实施科创人才引育领航行动，全链条引育各层次科技人才，加快构建人才团队落地、后续平台建设、产业技术服务、核心技术孵化等全流程跟踪服务的工作体系。重点抓好"塔尖"人才引育，集聚一批"高、精、尖、缺"、具有国际领先水平的科技创新创业人才团队，为重点实验室、技术创新中心等重点科创平台提供人才支撑。夯实全谱系科技人才队伍"塔基"，聚焦"五城十链"重点领域，引进一批专业化、技术型的高技能人才，打造一支在全国有影响力的卓越工程师队伍，实现科技人才层次整体提升。大力探索"台州模式"聚才引智，将"院士之家"建设作为助力创新驱动发展的重要载体。建设国家智能设计与数控技术创新中心浙江分中心落地，结合企业需求，培养支撑现代化产业体系的熟练高技能产业工人队伍，为科创走廊创建发展培养更多高素质技术技能人才、能工巧匠、大国工匠。以工程师之城、技能型社会建设为抓手，增强城市创新能级，健全高素质技术技能人才培育体系，提供更多高素质技术技能人才。

### （二）以高能级创新平台深化产教融合

第一，跨越式提升高等院校支撑能力。建设一流应用型大学，集聚一批学科/专业领军人物和创新团队，如支持台州学院升格为台州大学。推动高校与国内外知名学校开展合作，支持科创走廊引进国外知名高校在科创走廊设立中外合作办学机构。谋划建设椒江北岸高教新区，为高校院所引进及现有院校搬迁提供承载空间。加强校企对接合作，围绕产业创新需求，谋划建设科教融合学院、现代产业学院。积极推动台州职业技术学院、台州科技职业学院建成省"双高"高职院校和试办职业教育本科专业，大力支持台州开放大学建设全省一流开放大学。

第二，聚焦高能级创新平台建设工程。一是引进大院名校合作科创平台。高标准推进浙江大学台州研究院、南方科技大学台州研究院、浙江工业大学台州研究院等建设，引进一批高水平科研机构。二是高水平建设产业技术研究院。重点谋划建设台州市工业研究院、长三角（台州）海洋产业技术研究院，探索"总院＋研究所"运行模式。三是谋划科教、产教融合学院。围绕智能制造、医药健康等产业创新需求，谋划整合新型研发机构、高等院校、企业等优势资源，共建产科教融合学院，实行联合招生，共同培养产业创新人才。四是培育高能级企业研发机构。提升现有龙头企业研发机构能级，鼓励企业和高校院所共建技术创新平台。

# 第三节　以实体化运作建设产教融合试点项目

台州市始终将产教融合作为促进经济社会协调发展的重要举措，融入经济转型升级各环节，贯穿人力资源开发全过程，纳入全市经济社会发展总体规划。推进产教融合与产业集聚发展、园区建设等同谋划、同推进、同落实，与产业转型升级和动能转换相适应，与职业院校建设布局相衔接，助推产教融合"五个一批"建设项目顺利进行。

## 一、实施产教融合试点项目是政策落地的关键

随着台州市被列为国家职业教育创新发展高地，政府和社会各界越来越重视职业教育发展，这为台州市深化产教融合带来了前所未有的政策环境和发展机遇。

### （一）深入推进高地建设

一方面，职教高地是台州的鲜明标识。台州率先在全省试点职业教育与技工教育融合发展，首创"高职＋技师＋企业"人才培养模式；在全国率先开展技能型社会建设试点，出台全省首个技术工人薪酬分配指引。这些都体现了台州产教融合、学城共兴的发展理念，为产教融合试点项目的实施奠定坚实基础。

另一方面，标杆城市是台州的建设目标。随着职教高地建设任务的基本完成，职业教育与民营经济融合标杆城市建设已提上日程，能够助力进一步充分发挥台州市民营经济和民间资本优势，深化完善多元主体参与的办学机制，形成职业教育与民营经济更加深度融合的发展格局，打造职业教育与民营经济融合标杆城市，为全国产教融合改革提供更多可复制、可推广的经验模式。

### （二）持续激发双融活力

推进产教深度融合是高校供给侧结构性改革的迫切要求。产教融

合不仅是促进教育链、人才链与产业链、创新链有机衔接的纽带和桥梁，也是地方高校应用型人才培养的必由之路。近年来，地方产业发展遇到了创新能力不足、人才引进困难、服务平台缺乏、发展后劲乏力等一系列瓶颈问题。同时，在校企合作过程中，行业企业对地方高校信心不足，对合作产生的预期效益不看好，企业参与的积极性与主动性不高，"剃头挑子一头热一头冷"现象普遍存在，导致产教融合的层次较低，人才培养校地之间没有形成合力，高校与行业之间的学用落差现象没有得到有效解决。为了进一步破解"学校热、企业和行业冷"问题，台州积极激发企业主体活力，推进产教融合"五个一批"建设，支持职业院校积极争取国家级和省级试点，对承担试点任务的责任主体在产教融合项目、专项资金安排等方面给予优先支持。同时，开展产教融合发展项目建设，进行校企合作示范院校评选，以促进产教融合得到深化。

## 二、"聚民企，强活力"探索产教融合联盟实践

产教融合联盟隶属浙江省产教融合"五个一批"项目，同时也是台州市产教融合试点项目的重点，在实践过程中激发了民营企业活力，强化了校企融合程度，推进了市域教育链、人才链与产业链、创新链有机衔接。

### （一）凝聚共同体：长三角模具产教联盟凸显平台优势

为破解长三角模具企业转型升级中面临的核心技术突破难、龙头企业作用弱、人才结构失衡等问题，台州科技职业学院以构建模具专业群"1+1+1+N"产教融合生态圈为引擎，凝聚"校政行企"各方力量成立长三角模具产教联盟（简称联盟），并获批2022年浙江省"五个一批"产教联盟和2021年教育部产教融合校企合作典型案例，为全国产教融合、校企合作、协同育人提供了经验和样本。

1. 主要做法：规约组制，融聚四方

在联盟战略引领下，台州科技职业学院积极吸纳优质高校院所和

重点企业，搭建产、学、研平台，发挥教育的社会化功能，促进联盟成员间资源共享、信息互通、师资共建、人才共用、功能互补、互利共赢、协作创新，打造高职教育"台科院模式"。

（1）建章立制：理事会决策，章程为运行依据

联盟实行理事会制，设理事会、秘书处等机构。理事会是联盟的最高权力机构，负责制定联盟的发展规划、发展战略、发展途径和重大事项决策。秘书处设在台州科技职业学院，是联盟日常办事机构，具体负责联盟日常工作。为使联盟顺利运作，各联盟成员单位共同商讨，进行顶层设计，制定相关制度框架。

（2）组织管理：实行理事会领导下的院长负责制

产教融合组织结构主要有决策层、协调层、管理层和执行层。由政校行企组成的理事会为决策层，主要做战略层面的谋划，确保项目沿着正确方向发展；学校、企业等相关职能部门为协调层，是决策层和管理层之间的桥梁，负责合作双方在人才培养、技术开发和社会服务等事务上的有效沟通；二级学院为管理层，属于战略执行者，二级学院的院长要对决策层负责；执行层由院长进行任命，对院长负责。

（3）资源融合：凝聚四方力量，助力联盟高质量发展

一是政府助推运作，高层次人才聚集共建产业学院。联盟获得省、市、区三级政府全力支持和推动，分别获批省级产教联盟和"活力温台"高地建设项目，获财政补助 20 万元 / 年。二是搭建合作平台，推进模具产业技术交流。搭建模具制造信息交流、教育培训、展览展示等平台，举办模具技术国家级专家论坛，促进教育链、人才链和产业链、创新链有机衔接，推进校企合作。三是成立联盟教材编委会，融入"互联网＋""数字化"等信息化元素，共同开发校企课程。以模具专业核心岗位能力需求为导向，引入行业、职业资格标准，结合企业生产情况，校内外资源工、学、训结合的教学方案，构建模具专业"教、学、研、工、训、培"交错融合的"学校通识课程＋企业岗位能力实践课程＋技能大师工作室技能课程"体系。四是加强联盟内多方合作，深度推进产教融合。成员单位积极主办社会比赛，为联盟中的省、市、区工会、模具协会等提供职工技能大赛场地和技术服务，为

行业企业提供员工技能培训、考级考证等。五是实施多元评价，建立"星级"技能考核评价标准。坚持"德技并举"的育人理念，对学生的理论知识和技能水平进行精准评价考核，建立评价规范制度，发放一星、二星、三星等星级技能证书，与当地人社局规定的技能星级互认。

2. 取得成效：搭台攻关，推广输出

建立行业平台。联盟为长三角地区模具产业转型升级及高质量发展搭建互助互赢平台。一是企业为高校提供技术支撑、高端设备和生产经验，使得学生在校内能接触到最前沿的知识、最先进的设备和管理模式。二是校企双方共同研发关键技术，解决"卡脖子"问题，助力企业高质量发展。三是邀请模具行业知名专家举办论坛，探讨行业的发展方向，邀请产业链中的优秀企业分享最新技术。

形成示范引领。一是台科院作为联盟理事长单位，成功为长三角产教融合输出。"四平台、五递进、四精准"模具产业工匠校企协同育人机制在联盟内高校推广应用。二是依托联盟成立的产业学院，创新开展的"百师进百企""百教千导"工程等在业内获得了很高的评价，并被《中国青年报》等多家媒体报道推广。

3. 创新经验：深融细融，多维协同

一是构建台科院模具专业群"1+1+1+N"产教融合生态圈。模具专业群作为浙江省高水平专业群，在联盟支持下，形成多种育人模式和产教融合方式，包括中高企一体化育人模式、现代学徒制、订单班、工匠班、企业教师实践流动站、人才培训基地、协同创新中心、产教融合基地等。

二是创新"四平台、五递进、四精准"模具产业工匠校企协同育人新模式。借助国家级现代模具生产性实训基地、省级高精数字模具产教融合基地、黄岩智能模具小镇和黄岩模塑工业设计基地等四个实践平台，创设从认知实习、跟岗实习、岗位工匠班学习、高技能训练到企业顶岗等五个递进式实践教学环节，实施思想精准定位、岗位精准选择、技能精准训练、人才精准评价，培养精专技、有思想、懂合作、可持续发展的"德技双优"技术技能人才。

三是打造校企合作基地"四有"教师团队。校企共建人才双向流动机制，实施人才互聘。加强"双导师"人才培训，在基地内建立教师企业实践流动站，为学校导师提供企业锻炼的岗位，提升其技术技能水平，同时开设思想道德讲堂活动，为企业导师提供思想道德培训，最终打造一支"四有"教师团队。

## （二）打造联合体：以"府城家宴"名片孵育本土膳匠

台州城市旅游产业兴旺，本土餐饮类技能人才需求旺盛。临海市中等职业技术学校"中餐烹饪与营养膳食"专业是浙江省特色优势专业、国家中等职业教育改革发展示范学校重点建设专业，拥有一批大师型、高水平、专兼结合的教科研团队。学校以"府城家宴"为特色的教学改革成为区域示范，育人质量显著提升，为产教联合体的发展奠定基础。

### 1. 主要做法：一体贯通，优育创牌

一是贯通一体化，厘清"府城家宴"膳匠规格。一体培养，以新荣记餐饮管理集团为企业基点与人才需求基点，开设企业订单班，并与浙江农业商贸职业学院合作设立中高一体化班级，成立"校＋企＋院"的联盟。

二是瞄准地方菜，开设"府城家宴"品牌课程。结合"新荣记"出品元素，编制"府城家宴"特色菜系清单，优化研讨型、任务型、工作型课程结构，同时建立"府城家宴"精品课程，开发基于企业生产标准的"职场化工作手册式"新型教材。

三是依托共同体，组建"府城家宴"名师梯队。以"俞强名技师工作室"为引领，与各餐饮协会、酒店、媒体等组建产学研创共同体，落实校企人才双向流通制度，全力培养以俞强名师为领头、青年骨干教师为主体、企业大师为辅助的"府城家宴"双师型创新团队。

四是聚力产学研，升级"府城家宴"赛训平台。依托基地，学校承办烹饪技能展示、"府城家宴"菜系走进寻常人家、"大师教您学烧

菜"视频直播等活动，向各大酒店、农村家宴和广大市民推广，倾力打造"府城家宴"金名片。

五是创新学徒制，培养"府城家宴"本土人才。实施"双标管理、全日监控"的学生管理模式，开辟"膳匠"讲堂，组织学生"走进企业""走向大师""拜师学艺"，全力推行产教融合、工学交替。

六是试点学院制，弘扬"府城家宴"民厨文化。健全"府城民厨"准入管理机制与技能服务标准，下设"府城家宴"民厨服务中心，提供标准制定、技能提升、技术指导、菜品研发等社会服务。

2. 创新经验：夯实本土，聚优成特

一是以"府城家宴"本土膳匠为导向，推进 SAS 育人模式 [ 学生（student）—学徒（apprentice）—准员工（staff）] 改革。专业立足餐饮业对本土膳匠的迫切需求，以校企合作为基础，构建了行业标准融入专业建设、职业能力融入课程体系、生产过程融入教学课堂的"三融入"产教合作新机制。

二是以"项目 + "课型结构为特色，形成课堂教学改革新示范。"府城家宴"课程每一道菜肴的发端、流传、制作都蕴含着地域文化和特有的审美意趣。

三是以"三室一院一中心"为布局，深化产学研创体系建构。以"府城家宴实训室""地方菜品研发工作室""烹饪创业工作室"为主体，以民厨产业学院和民厨服务中心为支撑的"三室一院一中心"布局，实现了"府城家宴"产学研创一体化体系建构，促进人才链、产业链与创新链的深度融合。

3. 取得成效：本土衔精，立行标新

形成两大改革特色。一是产教融合特色基本形成，二是本土人才供给率不断提高。

取得两大标志性成果。一是打造"府城家宴"精品课程，二是创新"府城民厨"准入机制，民厨产业学院配合行业协会创新实施乡村厨师培训合格证、专业技能等级证书和营业执照的"两证一照"准入管理机制。

产生两大社会影响。一是"府城家宴"城市名片效应增强，社会知名度和美誉度不断提升，二是"府城民厨"服务效益不断显现，规范了行业标准。

## 三、"健机制，提质效"创新产业学院实体化运行

台州产业学院建设致力于实体化运行，进一步提高了企业参与度，充分发挥产业学院在产教融合、学生培养中的主体作用，完善人才培养模式改革，建强优势特色专业，助力学校提质培优等建设工作。

### （一）"混合所有＋全程双元"的智能家居产业学院模式

随着智能家居产业迈向高质量发展，智能家居人才稀缺涉及整个产业链。为了实现人才培养供给侧和产业需求侧结构要素全方位融合，台州市黄岩区第一职业技术学校率先引入海尔集团，依托物联网技术应用专业共建智能家居产业学院，成为技术研发与人才培养的创新平台，重点培养智能家居、智能楼宇行业的工匠型专业人才，以期解决智能家居产业急需的技能人才培养问题。

1. 主要做法：全链混合，校企合一

一是混合所有，职业院校与海尔集团共建智能家居产业学院。学校与海尔集团合作，按 1 ∶ 1 共投资 320 万元共建智能家居产业学院。实现了校企产权共同所有，提升了企业合作意愿和合作积极性。校企共同制定《智能家居产业学院董事会章程》《智能家居董事会工作制度》《"引校入企"人才培养模式合作协议》等章程与制度，规范校企双方在联合办学中的权利义务和责任，确保校企协同开展人才培养、产品研发和社会服务。

二是全产业链，打造"体验—设计—安装—模拟—顶岗"场景空间。以产业学院为载体，校企共建全产业链智能家居空间。学校建设了智能家居虚拟仿真设计实训环境，在海尔 3D 建模平台上进行智能家居虚拟仿真方案设计。在技能实训区，学生直接使用企业市场销售的真实设备，模拟企业真实岗位。建设集"企业实习＋旗舰店体验"为

一体的校外实习基地，供学生顶岗实习。

三是四位一体，建设"懂设计、善教学、勤研发、优服务"创新团队。学校每年选派专业教师参与企业实践，掌握行业新技术，开发符合行业需求的教学案例。企业工程师常驻学校产业学院实训基地，与学校教师共同开展"一课双师"课堂教学。建立教师企业实践工作站，提升教师研发能力。将区域设计师、工程师及各渠道服务商等纳入本校社会培训体系，优化教师的服务能力。

四是双元协同，创新基于产业学院的高素质技能人才培养模式。海尔企业"人单合一"的发展理念与学校"产教融合"教学理念相结合，以"人（学生）在为单（用户）创造价值的同时，实现自身的价值提升"为双元育人目标，校企协同探索独具特色的以智能家居产业学院为平台的"双元协同育人"模式。

五是三技并举，开展实训装备、在线课程和教学资源的技术服务。与海尔等知名企业合作，开发既满足行业需求又符合课堂教学需要的实训装备。产业学院组建由骨干教师、企业工程师组成的课程开发团队，基于企业真实项目，共同开发"智能家居安装与调试"精品课程。结合企业真实项目案例，开发"双元"活页式云教材。

2. 创新经验：混合所有，链化协同

一是机制创新，提出产业学院多方利益共同体的混合所有制制度。学校与企业按照 1：1 出资共建产业学院，企业与学校共同拥有产业学院的产权，实现校企利益捆绑，提高企业的合作积极性，强化企业的使命感和责任心。

二是路径创新，构建"体验—设计—安装—模拟—顶岗"全产业链流程。建设全产业链实训基地平台，学生在学校就能体验到企业的生产过程，提高学校人才质量与企业人才需求的匹配度。

三是模式创新，探索"创新团队、人才培养、技术创新"服务模式。校企双方全程参与，紧密协同，共创"人单合一，产教相融"的双元协同育人培养模式，合作开展技术攻关服务产业项目。

3. 取得成效：固本培新，形成双赢

一是显著提升了企业参与产教融合的积极性。企业人才满意度调研显示，新员工岗位适用时间由平均三个月缩短至一个月，且新员工对企业归属感提升。产业学院开展员工培训年均 300 人次，降低了企业培训成本。

二是率先建成省内一流的智能家居产教融合平台。建成集"产、教、学、测、研、创"于一体的省内一流的智能家居实训教学平台。专业学生基于该平台，验证自己的创新想法，创造满足市场需求的全新的产品形态和商业模式。

三是明显提高了学生对智能家居产业的适应匹配度。课堂内容更加贴合企业实际，课堂形式更加丰富多样，教学方法更加新型多元；在校学生学习热情和兴趣更加浓厚，学生专业技能水平和专业素养显著提升。

四是有力推动了创新团队的教学能力与技术能力迭代发展。教学能力提升，教师获得多项省级奖励。企业服务能力提升，专业教师和企业工程师共同开发智能楼宇能源管理系统，处于行业领先水平。

## （二）"项目引领 + 充分融合"的华海产业学院模式

台州职业技术学院华海产业学院产教深度融合改革试点项目以立德树人为根本任务，以服务地方医药产业高质量发展为宗旨，以现有的服务地方产学研合作平台为基础，以应用型人才培养专业群为主体，对接医药产业，整合、优化、共享校企合作中的人员、技术、设施等各种资源，实现校企合作的协同创新和协同育人。

1. 主要做法：依托项目，共建平台

一是聚焦实践能力，打造一体化融通创新团队。明确中高职与合作企业的工作职责，整合"政、行、企、校"各方资源，建立完整的师资、设备、场地、技术共享平台体系。完善"校企互融"机制，探索实施教职工与企业员工"双向交叉"任职机制。

二是加强实训实习基地建设，共建"产业学院"。紧跟科技发展前沿，根据"从低级到高级、从简单到复杂，从单一到综合"的特点，将制药工艺实训建成从工艺设计到小样试制，再到大样投产试制的全过程模拟工厂。创建"实训室＋仿真工厂＋真实工厂"三层递进式高水平校内外实训实习基地，共建"企业学院"。

三是校企合作，共同开发形式多样的优质教学资源。华海产业学院始终坚持"服务华海开专业、融合学生设课程、针对岗位提技能、基于效优创品牌"的办学方针，根据企业需要制定培养方案，根据培养方案确定开设课程，进而确定授课内容。

四是加强教学改革，构建药品生产技术人才核心素养培育体系。锚定原料药生产、成品药生产、药品检测等主要岗位群对知识、技能和素质的核心能力需求，依托台州市中高职一体化教学标准研制项目，构建了模块化课程体系，借助"职教云""云课堂"等智能化在线共享教学平台，构建新型智慧课堂。

五是集聚校企优势资源，建立专业化的教师企业实践流动站。校企双方合作建立台州市"台职华海教师企业实践流动站"，同时在浙江华海药业股份有限公司（简称华海药业）四个厂区分别建立学习型工厂，开展企领学院双元制人才培养，教师作为学校驻厂指导教师，指导学生解决生产过程中遇到的技术问题。

六是拓展技能培训项目，打造台州医药健康示范性继续教育基地。引入企业培训体系，面向企业员工、在校学生，开展行业证书、职业技能等级证书的培训和认定，积极探索"1+X"证书培育方式，提升人才技术技能水平。联合制订基地发展规划，贯穿中职、高职、岗前、在岗及退休后全职业周期，各有侧重、分工明确，合作紧密。

2. 创新经验：企业主体，充分融合

一是实现产教充分融合。服务区域医药产业，推进专业与医药产业的融合。落实华海产业学院"服务华海开专业、融合学生设课程、针对岗位提技能、基于效优创品牌"的办学方针，提高办学成效。推进教育教学改革，促进教学与生产的融合。华海产业学院让行业优质企业参与办学，把前沿医药发展的技术要点、最新的市场信息融入专业教学中。聚焦职场和数字生态，推动高职院校与产业园的融合发展。创建"校内实训室（浙江华海技术学院）+见习车间（校企共建）+学习型工厂（华海药业）"三层递进式实践基地，实现企业学徒实践能力培养一体化解决方案。

二是发挥企业的主体作用。在产教融合进程中，企业主动成为产教融合引擎，充分发挥主体作用，有利于促进企业技术技能、工匠精神、先进管理、创新文化等要素融入学校人才培养、科学研究、创新创业全过程。在促进校企协同中，企业参与人才培养方案制定，参与专业设置规划，参与专业课程设置，参与教育资源建设，更好满足经济社会发展对高质量人力资源的需求。

3. 建设成效：企业认可，形成模式

一是中高企协同合作育人。学校协助华海药业成功申报国家产教融合型企业，成立华海产业学院，联合中职、企业开展中高企一体化人才培养。实施现代学徒制育人，学生留企就业率达 90%，留台学生得到企业高度认可。

二是打造教师教学创新团队，师资队伍整体水平显著提升。教研教改方面，成立台州市"五个一批"产教融合育人项目 2 项，产教融合基地项目 1 项；课程建设方面，完成中高职一体化教学标准 1 项，建设数字化精品课程 5 门；团队建设方面，建立中高职一体化创新团队 2 个，聘请兼职产业教授 1 人。

三是构建现代学徒制人才培养模式，人才培养质量持续提升。开发贴近企业真实环境的知识体系与典型工作任务，培养有较丰富的专业理论知识、具备复合型职业能力和管理能力的技术技能应用型人才。成果建成之后，通过构建经验分享平台，带动校内专业教学标准及课程标准改革升级，并向其他院校介绍专业建设成果与改革经验。

## （三）"驻校研发 + 公司运作"的生物医化产业研究院模式

驻校"产业研究院"模式聚焦千亿级医药医化产业的发展需求，汇聚高校、行业企业和地方政府资源，共建共享了生物医化产业研究院（简称产业研究院）。产业研究院采用混合所有制模式，是以台州学院为核心建设单位，联合10家医药企业和1家投资公司成立的新型研发机构。产业研究院以公司化运作，打造人才培养、技术创新和产业服务等多要素融合的创新联合体，培育与地方产业高度匹配的高素质应用型人才。

1. 主要做法：精准对接，团队同频

一是构建深度产教融合人才培养模式。依托研究院，以医药医化产业需求为导向，深度开展产学研合作，校企共同组建学科专业团队，构建了"一平台、双螺旋、三衔接、四同步"的产教融合人才培养体系。

二是建立校企协同育人长效运行机制。联合10家医药医化企业和1家投资公司，在校内组建混合所有制的公共服务平台——研究院，形成牢固的高校、地方政府和行业产业"发展共同体"，实现了政校企三方共赢的"利益共同体"，

三是提升人才培养与产业需求契合度。实施"2+1+1"的人才培养模式，建立核心能力考核指导委员会，一线工程师全程参与实习实训指导和核心能力考核，企业文化、工程技术和应用实践成为教学内容，实现产教同频共振。

四是革新体制汇聚创新创业高端人才。研究院创造性地导入市场机制，实行公司化运作，实施以项目为核心的驻院研究工作机制，精准对接企业实际需求。高端人才的加盟，全面提升了教师实践教学水平和服务地方产业能力，促进年轻教师快速成长，增强学生创新创业和工程实践能力。

2. 创新经验：机制灵活，多方协同

一是创新体制机制，借助平台汇聚高端人才。与医药医化产业互动发展的多要素创新联合体——生物医化产业研究院，是全省首创的混合所有制公共服务平台，实行"高校＋企业＋项目负责制＋驻院研究"开放灵活的运行机制，充分发挥股东单位的作用，确保研究院项

目精准对接企业实际需求。

二是强化产教融合，汇聚多方资源协同育人。产业研究院按照政府引导、民资参与、公司运作模式，按照现代企业制度和企业上市管理办法的要求设计，以行业企业需求项目为依托，实现"政产学研金服用"七位一体。

三是建立长效机制，提供产教深度融合样本。集知识、人才、技术、创新、资源和信息化要素于一体的产教平台，聚焦产业链、创新链的关键技术和共性需求，打通了人才链、教育链、产业链和创新链，畅通了企业全程参与渠道，激发了企业深度参与人才培养的动力，切实保障了校企协同育人的可持续性。

3. 取得成效：模式外推，人产相契

一是"人才高地"效应凸显。产业研究院充分利用市校人才政策的叠加优势、台州医化产业优势、公司体制机制优势引进高端人才，2021—2022 年全职引进国家特聘、浙江省特聘、教育部新世纪人才等海内外高层次人才八人，利用学校设立的高等研究院这一"人才特区"，以 PI 制形式引进 10 多个一流科学家领衔的科研团队，为台州医药化工产业提供技术支撑，极大提升了服务行业企业的能力。

二是积极发挥示范引领作用。产业研究院的运行模式和产教深度融合育人模式得到积极的推广应用，带动了学校产业研究院（学院）群的建设。学校紧紧围绕台州七大千亿产业集群和战略性新兴产业发展需求，整合政府、企业、学校资源，搭建若干集人才培养、技术研发、科技创新和创新创业于一体的"发展共同体"，学校打造校城共生发展共同体的目标成为现实。

# 第五章
## 多元办学：市域职业教育混合所有制办学的台州模式

2021 年，台州市抓住"活力温台"国家职业教育高地建设试点重要契机，推出全国首个地级市《关于推进职业院校混合所有制办学的实施意见》，以落实混合所有制办学创新作为全市建设职业教育"窗口"城市的重要抓手，针对职业教育混合所有制办学中的企业参与渠道不够宽、双元教学不够深、激励机制不够实等现实问题进行了系列创新，形成了"政府统筹、多元办学、立体育人"的职业教育混合所有制办学的"台州样本"。

## 第一节  "以史为鉴、系紧产教、破局困境"
### 台州职业教育混合所有制改革方向

台州作为我国最早开展教育混合所有制办学的地方，有较为开放的办学改革氛围与扎实的混合所有制办学改革经验。同时，台州民营经济的发展特征又需要地方教育以混合所有制改革系紧技能人才的供需两端。可以说，以混合所有制改革推动多元主体参与职业学校办学，既是台州教育发展的历史选择，也是台州职业教育服务地方经济发展的时代使命。

## 一、混合所有制改革的"椒江模式"

与诸多西方国家的治理体制不同，我国职业教育一直是在政府主导下发展的，体现了我国"集中力量办大事"的体制机制优势，表现之一便是职业学校的办学经费主要来源于财政拨款。[①] 对于地方政府而言，教育经费的来源主要是上级财政各种形式的财政拨款和地方政府的财政拨款，并以地方政府的财政拨款为主。而由于我国地区间发展不平衡不充分，地方政府在分配教育经费过程中会存在一系列考虑。政治集权下"以经济建设为中心"的绩效考核晋升机制促使我国地方政府产生生产性支出偏向，重视基础设施建设等有利于"招商引资"的公共服务，而忽视教育、医疗卫生等居民需要的福利性公共品供给。[②] 同时，不同教育类型的教育成本也存在差异，高等教育由于其本身办学的需要以及对地方经济支撑的优异能力，将会得到地方教育经费的支持。2022年，台州中等职业学校、普通高职高专学校生均一般公共预算教育经费分别为22268.73元和23448.73元，不及普通初中的23722.03元和普通高中的29574.22元。职业教育作为一种教育成本相对较高的教育类型，较少的经费投入在很大程度上会影响职业教育的质量和水平。[③] 面临教育经费有限的困境，发挥自身市场经济活力优势，推动多元主体投入是台州职业教育改革的历史选择。

多元主体投入的举措最早可追溯到台州市椒江区的"椒江模式"。20世纪90年代，伴随改革开放以来经济迅猛发展，人们从最初的单纯追求物质上的满足转变为对精神生活的追求。这激发了全社会对教育需求的热情。特别是在基本普及义务教育之后，继续接受高中教育成

---

① 庄西真. 中国式职业教育现代化：内涵、图景与路径 [J]. 中国高教研究, 2023(2): 96-101.

② 田志磊, 何婷婷, 魏易. 教育财政集权、成本分担与地方公共品供给——以中职免费政策实施为例 [J]. 北京大学教育评论, 2022, 20(2): 147-173, 192.

③ 韩永强, 王晓莉. 山西省职业教育发展现状及问题研究 [J]. 中国成人教育, 2017(2): 104-111.

为广大人民群众的迫切要求，加快教育事业的发展已成为社会各界的共同愿望。作为东部沿海城市，台州市的经济、教育等各个方面的发展相对其他中西部城市而言较为发达。椒江区是台州市重要辖区，但在教育上却逊色于其他几个区。椒江区的高中教育相对薄弱，1994年，全区只有一所上规模的省重点中学——椒江一中，且招生数只保持在300人左右。到1997年，椒江区的高中生入学率只有59%，这距当时《台州市椒江区国民经济和社会发展"九五"计划和2010年远景目标纲要》制定的"到2000年高中生入学率达80%以上"的发展目标相距甚远。作为台州市政治、经济、文化中心，椒江区发展状态与其地位极不相符，这严重影响了当地经济社会的发展。

面对如此严峻的形势，增加教育投入已成为社会的共识。据初步测算，欲使高中升学率达80%，仅新增基础建设投资就要超过6000万元，每年新增的日常经费总需求超过2000万元，如此大的财政支出是当时教育财政体制所无力承担的。一方面是教育的迫切需求，另一方面是沉重的教育经费压力，这无疑给政府促进教育发展提出巨大难题。为解决这一矛盾，当地经济活动领域的探索实践——"股份合作制"被教育行政部门采纳。这一举措成功地激发了教育行政部门和地方政府办学的积极性。为了改变教育投资模式，他们提出了增加教育投入的新思路：通过政策，引导民间投资教育，利用资本的营利性加快教育事业的发展，于是"教育股份制"应运而生。"教育股份制"是由多个投资人以股份形式联合出资设立学校，目标是建立市场化导向的多元教育投资体制。"教育股份制"的组织特征是"双法人结构"。双法人中，其中一个法人是以投资为目的的教育股份公司，另一个法人是由该股份公司投资设立、独立运行的学校。

椒江"教育股份制"的改革与实践取得了显著成绩。椒江借鉴经济领域改革与发展的成功经验，大胆推行以教育股份制为主要特征的筹资办学途径，打破了国家包办教育的局面，促使"多样化办学模式"的形成。教育股份制办学模式在学校法人制度上进行了有效探索。这种渗透着"草根精神"的股份制模式对于处于探索进程中的混合所有制改革来说有着重要意义。椒江股份制办学开启了国内股份制办学模式的先河，在没有国家政策支持的大背景下，这不仅是一种有效的资本组织方式，还为多种生产要素的优化组合提供了一个有效的制度框架。它所体现出来的"高效率的筹资功能、完善的法人治理结构和稳定完全的资金保障措施"等特征成为中国民办教育发展中一种重要的制度设计，为后期各地开展"混合所有制办学"提供了一个值得借鉴的改革参照。

## 二、以混改系紧人才供需双端纽带

台州是中国民营经济发祥地，市场经营主体已突破 90 万家，民营企业贡献了当地 70% 以上的产值、80% 以上的税收、90% 以上的就业。[①] 但以民营经济为强市之基，以制造业为立市之本的台州，在产业结构的转型升级新风口下也面临着巨大挑战，以混改系紧人才供需双端是新时代台州民营经济强市再出发的必然选择。

### （一）小而散的民营经济组织布局需要以混改提高人才供给的精准度

民营企业对高质量产品市场缺乏"干中学"经验，试错成本相当大，多处在中低端市场[②]，且多数民营企业由于生产规模不大，企业中的工种类型不多、用工体量不大。同时，小而散的民营经济组织布局也形成了种类繁多的细分产业布局。2004 年后，台州制造业主要发展成 10 个产业，包括电力能源、汽摩配件、医药化工、家用电器、塑料模具、服装机械、水泵阀门等。2023 年，台州形成了汽车制造、医药化工、塑料模具、高端机床等 21 个百亿元以上特色产业集群，68 个国家级产业基地，307 个产品细分市场占有率位居国内外第一，是全国制造业 38 个大类、287 个小类中体系最健全的城市。[③] 经济学家钟朋荣曾形象地把台州的这一现状称为"小狗经济"，即细致分工，严密合作，

---

① 邵燕飞，傅飞扬."三十而立"的浙江台州：再创民营经济新辉煌[EB/OL]. (2024-01-24) [2024-04-11]. https://www. chinanews. com. cn/cj/2024/01-24/10152109. shtml.

② 金祥荣，汪伟. 我国民营企业出口行为中存在的问题与对策[J]. 东岳论丛，2004(4):109-113.

③ 胡杰. 台州 民营经济先行探路共同富裕. (2023-03-24)[2024-04-11]. https://baijiahao. baidu. com/s?id=1761211246636975822&wfr=spider&for=pc.

专业化精细化程度极高。[①] 面对地方企业发展对人才的多样化需求，需要以职业教育混合所有制改革将校企利益紧紧捆绑在一起，在地方企业中树立起"谁受益，谁投入"的用人理念，提高企业主动承担职业教育运行成本的意识，让企业深度参与职业学校人才培养过程，提高学校人才培养的技能储备与企业需求之间的匹配度。

### （二）块状化的产业经济布局需要以混改放大龙头企业对全产业链的辐射度

产业集中、专业性强、地域特色鲜明的块状经济，是浙江地方产业发展的重要特征之一。仅台州一地，就有 21 个产值超百亿元的产业集群。目前，台州已形成了以能源、材料、新医药健康、汽车和精密制造等为代表的特色产业集群。但同时，这种块状化的产业发展进入成长期后，集群主导优势产业及其上下游配套产业体系已初具规模，相应的政策支撑会更多聚焦于主导优势产业的特殊要求。[②] 这就意味着地方产业集群的转型升级会受到短板效应的影响，即若产业链上的一环没有跟紧转型升级步伐，则会极大拖慢整个产业链的升级。正因如此，台州需要紧抓链主企业，发挥链主企业对产业上下游的带动作用。通过职业教育混合所有制办学改革，推动链主企业和职业学校的深度互动，同时发挥职业学校对技术知识的生产作用和链主企业对技术知识的传播作用，携手助力地方产业集群升级。

### （三）高端化的产业发展战略需要以混改缩短人才从学校到企业的适应时间

工业技术改造旨在运用新技术、新工艺、新设备、新材料对现有设施、工艺条件及生产服务等进行技术改造，具有投资少、周期短、见效快、效益高等特点，是推动传统产业转型升级的重要手段。正如习近平总书记强调，要坚持推动传统产业转型升级，不能当成"低端

---

① 彭艳秋. 中国制造十年进化论 | 台州: 草根经济如何批量产生单项冠军 [EB/OL]. (2022-12-10)[2024-03-14]. http//www. thepaper. cn/news Detail_forward_21084327? commtag=true.

② 姜江. 以强化产业集群质量引领力促进质量强国建设 [J]. 经济纵横，2023(12): 48-54.

产业"简单退出,而由此带来企业的生产节奏加快,生产工序上下环节之间的紧密度提高。对此,企业对人才的需求将从学历匹配的层面转向技能匹配的层面,对人才适应企业生产环境的周期提出更高的要求。近年来,台州把制造业作为民营经济高质量发展的重点,推动制造业高端化、智能化、绿色化发展。台州市政府提出要培育壮大多元发展、多极支撑的现代产业体系,加快打造具有持久竞争力的产业集群,坚定不移做优做强制造业和实体经济。推动职业教育混合所有制办学实现与企业生产设备更好的共享,提高职业教育人才培养与地方产业的适配性,促进学生毕业即就业,进岗即上手。

## 三、破解职业教育混合所有制办学深层困境

面临职业教育发展的新形势和新挑战,台州在混合所有制办学的推进过程中也存在一些问题。混合所有制尚处于起步阶段,面临着更多的任务和挑战,需要财政、税务、土地、金融等市级部门在共识的基础上,抓住协同要义,突破协同瓶颈,创新协同路径。并且,由于院校与企业之间存在共同经营的合作关系,在办学过程中也必定会植入一些企业管理上的发展模式,从而造成院校与企业双方的管理冲突。同时,激发企业参与职业教育办学激励措施不够,导致行业企业等社会力量参与职业教育办学动能不足。

### (一) 指导地方实践的政策不够完善

高职院校进行的混合所有制改革办学模式探索,无论在规模上还是在数量及质量上都取得了极大的提高。混合所有制办学从最初出现在东部沿海地区逐渐发展到全国各省市,这无疑与各级政府推行的政策及完善程度有密切的关系,进一步说明我国高职院校混合所有制办学这一新兴办学模式的健康发展离不开政府的大力支持。但从地方实践的角度来看,只有部分省市出台了高职院校混合所有制办学的专项保护政策,台州市并没有出台针对职业教育混合所有制实践相应的政策文件。正是因为在高职院校混合所有制改革办学发展的过程中缺乏相应的制度和专项政策的保障,以及各地区政策制定的完善程度的差

异，许多地区的高职院校在探索混合所有制办学的过程中缺少政策的引导和制度的保障。此外，政府政策制定的全面与否会直接影响当地高职院校的发展，从而加大了地区之间的差异，影响了高职院校的运行状态以及高职院校混合所有制办学成效的显现。

### （二）保障可持续运行的监督机制不完善

首先，缺乏相应的主管机构，导致高职院校在探索混合所有制办学的过程中遇到部分与政策相关的问题时难以解决，使高职院校所需要的政策和管理难以得到有效保障，影响了混合所有制办学改革的深化。其次，由于缺乏相应的主管部门，以及我国职业教育长期以来的办学多样性和复杂性，各高职院校在探索过程中，容易出现"政出多门、多头管理"等现象，难以为高职院校混合所有制办学改革制定统一的规章制度，进行统一的领导与监督。再次，对高职院校混合所有制办学改革缺乏权威的认定，也缺乏统一的认定标准。最后，对高职院校混合所有制办学的成效缺乏一定的考核标准，导致考核难以开展，难以准确评定高职院校混合所有制办学的实际效果，最终不利于高职院校后期的发展。以上问题均在一定程度上影响了全国高职院校混合所有制办学改革的推进。

### （三）校企资源共享优势不够突出

高职院校要进行混合所有制办学探索，就必须加强与行业、企业之间的联系。校企合作是高职院校进行混合所有制办学改革的重要前提，是落实政府政策、加强信息交流、项目合作的综合性工作平台，也是促进政行校企合作的关键点，对助推高职院校进行混合所有制探索具有十分重要的意义。大多数高职院校在校企合作方面没有做到资源共享。教学方式、教学内容、教学手段等方面依旧与普通高校相差甚微，高职院校的特点没有突出。以高职院校为中心，调动多元主体共同参与、共同投资，以资产为纽带的混合所有制办学的团体数量还较少，大部分的高职院校尚未成立"产学研一体化、产教融合、共同承担风险"的具有混合所有制性质的职业教育团体。此外，目前职业教育大多倡导"双师型"教师，但实际实施过程中，大部分职业教育教师仍然是高职院校的在职教师，真正从企业聘请来的"教师"实际的教学时间较短，职教师资共享水平有待提高。

### （四）日常管理机制尚未建立

高职院校混合所有制办学的日常协作管理机制大部分尚未建立。高职院校混合所有制办学的日常协作管理机制是指围绕"混合所有制办学"这一主题开展的关于合作建设、合作内容、合作方式等各方面的日常工作会议或其他活动。从实际情况来看，对于大部分高职院校而言，混合所有制办学属于新生事物，与原先的普通高职院校办学有所不同。因此，大部分高职院校在内部会议中关于"混合所有制"这一主题的会议少之又少。

调查发现，众多高职院校的校园网站上关于"混合所有制"的内容仅仅停留在校企合作、实训基地建设等方面，甚至有些高职院校关于校企合作、实训基地建设等内容只是泛泛而谈，并没有详细的描述，多数高职院校的协商、对话机制均未建立，并且有相当比例的高职院校在吸引社会力量之初，进行积极对话，后期则没有任何活动。众多高职院校进行混合所有制办学探索时，都存在学校内部治理的问题，造成了学校与企业、行业之间沟通不畅，混合所有制办学探索难以继续，容易造成校企合作办学过程中民主治理得不到保障，严重影响了企业参与学校合作办学的积极性与主动性，导致"校企合作办学"难以深入开展的现象。

# 第二节　以"明产权、拓渠道、强激励" 创新职业教育混合所有制办学活力

2021 年，台州推出全国首个地级市《关于推进职业院校混合所有制办学的实施意见》，创新发展"政府＋企业"模式、"企业＋二级学院"模式、"企业＋产业学院"模式等多种跨界合作办学机制，开展 32 个混合所有制办学项目试点。

## 一、以"站高位，统全局"抓好地方混改工作

台州市委、市政府领导对混合所有制办学高度重视，建立市委、市政府主要负责同志担任领导小组组长的全面协同推进机制，出台支持台州市混合所有制办学相关政策，为温台职教创新高地建设开好局、起好步奠定坚实基础。一是将台州市职业教育混合所有制办学纳入全市经济社会整体规范中，作为建设民营经济高质量发展强市，发展中国民营经济示范城市的重要支撑。《中共台州市委关于制定台州市国民经济和社会发展第十四个五年规划和二〇三五年远景目标的建议》明确提出"大力推进国家职业教育创新高地试点工作，探索多元办学，深化产教融合，推进职业教育高质量发展"。二是市委、市政府带头树立职业院校混合所有制办学的战略意识。市委书记在全市建设职教"窗口"动员大会上对混合所有制办学提出明确要求，将混合所有制改革项目任务纳入县（市、区）政府考核内容。市政府将混合所有制办学作为推动职业教育和民营经济融合发展的重要抓手，印发的《关于建设职业教育"窗口"城市工作方案》，明确提出建设 20 个混合所有制办学项目。三是市委、市政府主要领导带头研究职业院校混合所有制办学的台州路径。市委、市政府领导将职业教育社会多元化办学研究作为重点调研课题。市委书记、市长等四位市委、市政府领导对市决策咨询委报送的《关于优化社会多元化办学体制 着力打造职业教育"窗口"城市的咨询报告》做出重要批示。

台州市教育局开展专题研究工作，扎实推进职业院校混合所有制办学工作，组织工作专班先后赴浙江永高股份有限公司、浙江华海药业股份有限公司等企业，台州职业技术学院、浙江汽车职业技术学院等职业院校开展调研，为各项政策切实从校企两端共同推进混合所有制办学打下了坚实的实践基础。一是从职业院校侧出发，鼓励职业院校与企业、行业等社会力量联合参与职业院校办学。市教育局牵头起草《台州市教育局等 14 部门关于推进职业院校混合所有制办学的实施意见》（简称《实施意见》），对职业院校混合所有制办学的设立办法、投入管理、运行机制与支持保障及监督管理等方面进行规范。该文件是全国地市级首个职业院校混合所有制办学的实施意见。二是从企业侧出发，加强混合所有制办学重点企业培育统筹管理。推动出台《产教融合型企业培育指导意见》（简称《指导意见》），推进中职、高职、企业混合所有制多元化协同办学试点。重点在省"双高"中职学校举办中高职一体化长学制办学试点，健全国有资产评估、产权流转、权益分配、人事管理等制度。

## 二、以"拓渠道，立平台"灵活建设校企参与路径

变革创新是台州民营经济的活力之源，是民营企业持续迸发灵性和活力的关键。台州职业教育混合所有制办学的实施也始终秉持变革创新的民营经济精神，按照中央"三个区分开来"精神建立容错纠错机制，支持新生事物健康成长，尊重基层首创，鼓励支持各地、各校大胆探索、先行先试。

一是明确校企开展混合所有制办学形式。明确办学形式不仅为校企双方的合作提供了路径清单，而且为实现"有效市场"和"有为政府"创造了有利条件，激发了市场活力，降低了制度性交易成本，还促使政府职能由事前审批向事中事后监管转变，实现政府管理的科学化与规范化。[①]对此，台州通过《实施意见》明确了三大办学模式，六大办学形

---

① 耿明阳, 谢雁翔, 金振, 等. 市场准入负面清单与企业全要素生产率——基于全国统一大市场建设的情境分析 [J]. 上海财经大学学报, 2023, 25(4): 3-17, 32.

态，三大参与形式。同时，考虑到台州小而散的民营经济组织布局特点，《实施意见》还提出了以职业教育集团、产业学院、行业协会牵头聚拢中小微民营企业的参与方式，实现了让每个企业有渠道参与。

二是精准制定各类型混合所有制办学项目设立办法。对于职业学校而言，混合所有制办学并不是简单的项目申请，而是影响学校整体办学特色、教学资源分配的系统化工程。对此，职业学校一方面需要明确项目开展的潜在风险与防范措施，确定项目开展的必要性与可行性论证；另一方面需要明确不同办学形式涉及的审批职能部门和登记方式，明确项目开展的合法流程。台州通过《实施意见》规定混合所有制办学项目必须经过预案审查，并采用分类登记方式，对新设立混合所有制职业院校按照民办学校审批程序审批。营利性混合所有制办学项目由市场监督管理局登记备案，非营利性混合所有制办学项目由民政局或市委编办登记备案。现有职业院校整体进行混合所有制改革的项目按隶属关系报同级人民政府研究批复。其他举办形式由学校党委会研究决定，报当地教育行政部门审批、市教育局备案。

### 三、以“明产权，树标准”盘活校企投入资源

台州始终将“立德树人，德技并修”作为政府统筹职业教育办学的首要原则。通过设置师资、教学等运行标准，用足混合所有制办学对高素质技术技能人才的“红利”，深化区域产教融合。

一是明确投入资源的产权界定办法。校企双方产权界定的不明晰始终是导致职业教育混合所有制改革难以落到实处的重要制约因素。[1]其中的困难在于大部分作为公办单位的职业学校的资源产权属于国家，难以以学校自身意志进行投资，且投资过程还涉及大量无形资产，稍有不慎便会导致国有资产流失，由此进一步导致校企双方合作过程中难以借鉴市场标准对投入价值进行估算，多是通过双方的协商敲定。对此，台州通过《指导意见》明确校企双方开展混合所有制办学过程

---

[1] 郝天聪, 石伟平. 从松散联结到实体嵌入: 职业教育产教融合的困境及其突破 [J]. 教育研究, 2019, 40(7): 102-110.

中可投入的资源清单，并且对不同类型资源给出了针对性的评估办法，确保校企双方的投入能更合理。

二是优化办学机构师资队伍结构。师资队伍的混合是职业学校混合所有制办学的重要一环，由此带来的便是两边一线人员的工作量加大与薪酬待遇提升的需求之间的矛盾。对此，台州通过《指导意见》灵活办学机构用人方式，允许社会自主招聘、校企选派教师和管理人员等多种方式打造多元师资队伍，允许非营利性机构办学收益按一定比例作为参与办学的职业院校教师考核奖来源，事业编制人员的岗位工资、薪级工资、绩效工资和津贴补贴等收入分配需符合国家、省事业单位工作人员收入分配相关规定。同时，要求企业选派教师数不得低于办学机构专业教师总数的 30%，保证企业一线生产经验进入课堂；企业教师参与混合所有制办学授课量不得低于办学机构专业课课时总量的 35%，加强企业教师在专业技能传授中的主体作用。

三是规范办学利益分配。利益分配是职业教育混合所有制办学过程中紧密校企关系的重要纽带。学校作为办学机构要保障办学行为的可持续进行以及育人质量，而企业作为逐利性突出的组织则要保障自身的收益大于投入。因此，利益的分配要兼顾混合所有制办学市场化运作与教育公益性，既不能打击企业参与的积极性，又不能降低学校人才培养质量。对此，台州通过《指导意见》划定了混合所有制办学过程中校企双方利益分配的红线，明确了利益分配的核心原则。

## 四、以"强激励，健监管"激活校企参与动力

加快转变企业参与职业院校办学的角色定位，让企业成为职业院校混合所有制办学的重要主体，优化民营经济参与渠道，强化过程管理与监督保障，让企业必须参与。

一是落实"金融＋财政＋税收＋土地"激励组合拳。地方政府在落实激励组合拳中面临的最大问题便是不同激励举措牵涉不同职能部门与其上级职能部门的权责划分。以税收激励为例，地方税务部门受上位法的约束，难以对地方税收办学进行灵活调整。这也导致地方在落实税收激励举措时，只能按照法律规定在可减免的范围内进行减免。

对此，台州教育局联合 14 个相关部门和各区、县教育局负责人开展座谈会，以协商讨论的方式最大限度落实激励组合拳。《实施意见》提出对民办非营利性机构给予公办生均经费 20% 的支持，企业参与办学投入可按照一定比例抵免企业当年应缴教育费附加和地方教育费附加，减少对混合所有制办学机构的金融担保费用，优先支持混合所有制办学项目用地。

二是加强混合所有制办学过程监督。职业教育混合所有制办学的意义在于推动多元主体参与职业学校办学过程，形成一种区别于普通学校的新办学模式。正因如此，职业教育混合所有制办学必须立足于学校整合办学改革进行推动，而不是仅聚焦于项目本身。对此，台州通过《实施意见》从财务和教学两个层面着手夯实混合所有制办学的监督工作。一方面加强办学机构财务监督，建立定期财务报告制度，要求办学机构及时报送季度报告、年度财务决算和财务分析报告；另一方面加强办学机构教育质量监督，建立督导评估制度，每两年实施一次综合督导评估。

三是完善混合所有制办学退出机制。对发生重大事故导致国有资产流失、重大意识形态领域和网络舆情事端、违纪违法行为以及办学不满一轮人才培养周期的混合所有制机构、项目实行优惠追缴，且追缴内容将不被纳入退出资产清算范畴，这将激励组合拳紧紧与混合所有制办学载体而非参与企业结合。

## 第三节　打造多样化模式并行探索的职业教育混合所有制办学"试验田"

近年来，台州积极鼓励地方职业院校、企业大胆实践创新，形成了多样化职业院校混合所有制办学格局。国内首家混合所有制汽车学院也在教育部全国混合所有制办学研讨会上做了有关办学经验的发言。

## 一、"政府 + 企业"的浙江汽车职业技术学院模式

2012 年 1 月，因城市整体发展规划调整，临海市政府与浙江吉利控股集团签订协议，将浙江汽车职业技术学院发展纳入政府工作范畴。2013 年 4 月，临海市政府与浙江吉利控股集团签订《关于浙江汽车职业技术学院在临海发展协议书》，明确学校保持民办性质不变，市政府参与办学、主导控股。2015 年 1 月，根据国家对高校基本办学条件要求和学院持续发展的需求，临海市政府与浙江豪情汽车制造有限公司签订《关于浙江汽车职业技术学院办学合作协议书》，进一步深化政企办学优势，保障学校办学场地，解决学校办学经费单一不足等问题，推动学院发展，进一步提升学院办学层次和水平。

一是浙江豪情汽车制造有限公司以学校办学资质、学校现有净资产（房屋建筑物除外）等作为投入，临海市政府以学校办学场地（土地、房屋建筑物）作为投入。

二是学院保持非营利性民办学校性质不变，在学院办学过程中，合作双方均不参与办学结余分配，所有结余均根据学院办学需求，用于改善学院办学条件。

三是探索建立混合所有制学校法人治理的体制机制。实行党委领导、理事会决策、监事会监督、校长负责的现代法人治理模式。学校党委书记由临海市委、市政府提名，经学校党代会选举产生，理事会主要由双方选派人员、教师代表等组成。

四是临海市政府全力支持学院在临海办学，在为学院提供办学场地的同时设立专项资金，按同级同类公办学校生均经费标准的 10% 进行补助，对学校教学设施设备配备给予 30% 的购置补贴。

五是临海市政府与浙江豪情汽车制造有限公司成立学院发展工作领导小组，理事会定期向其汇报工作。

浙江汽车职业技术学院充分发挥政企办学优势，与吉利及其旗下企业深度合作，打造"政校企"命运共同体，逐步实现了校企人才共享、设备共享、技术共享，校企文化互融、校企管理互通的办学模式，

构建了产业与教学相互支撑、企业与学校共同发展的生态系统雏形，为汽车产业培养复合型技术技能型人才，探索出了一条以"产教融合、校企一体、以岗育人"为特色的职业教育发展之路。

一是首创"校校企"合作模式，推行"中高职一体化＋企业"长学制合作模式。浙江汽车职业技术学院已与省市 33 所中职、技工学校开展合作（其中台州地区 12 所），现有中高职一体化长学制培养班级 37 个，学生近 1800 人。

二是推行"校企一体、以岗育人"育人模式。通过校企专家共同优化人才培养方案，深化专业与职业岗位对接，提炼专业岗位核心能力；按照岗位能力与岗位晋升要求，将课程内容与职业标准对接；按照岗位目标要求，及时融入行业新知识、新技术和新方法，将教学过程与工作过程对接。以企业岗位能力为标准，以职业素养为导向，结合学生职业成长规律，对原有课程进行调整优化，形成"岗位对接、技能递进、星级认定"的课程体系。以定岗培养、定向就业、定岗拓展等多种方式深度融入吉利集团产业链，实现学生的精准培养与精准就业。浙江汽车职业技术学院与浙江豪情汽车制造有限公司开展定岗培养，实施工学交替培养模式；与吉利研究院、吉利杭州湾基地等开展工匠培养工程，实施"企业工匠导师＋学校指导老师"双导师"1+1+1"模式，即一年在校学习，一年入企学习，一年在企实践；通过考核的学生不仅可以获得毕业证书，还可以通过吉利集团三星员工认定，毕业时即可获得三星员工待遇。

三是校企共培共享师资队伍。聘请企业技能大师和行业标杆人员，引进企业工匠、行业专家、汽车技术研发人员担任学校专业建设专家和讲师，成立浙江汽车职业技术学院技能专家指导委员会，研究制定星级学生培养标准，实施校企工匠成长计划，开展企业工匠进校园活动，定期举办技能培训、学术研讨、学术报告等活动。浙江汽车职业技术学院已完成 270 位企业高级专家库和百人产业讲师库建设，校企共同开发校本教材、实训课程，已共建优质课程 20 余门，共编校企教材 2 册，将企业最新技术和知识引入学校，提高学生竞争力。

四是校企共建校内生产性实训基地。依托吉利产业链优势，校企已建成工业机器人、汽车制造四大工艺、汽车综合、新能源汽车等实训基地。浙江汽车职业技术学院与吉利汽车（领克汽车）全国销售公司共建的吉利（领克）汽车全国汽车技术与服务人才培训中心，能满足校企新能源汽车技术、汽车检测与维修、汽车智能网联、汽车营销与服务等汽车类人才实训教学、技能培训、员工提升需求，2023 年吉利（领克）汽车全国汽车技术与服务人才培训中心共培训企业员工 1.1 万人次。

五是引入吉利四大文化，系统开展工匠精神培育。把优秀企业文化融入教学和管理全过程，以"问题文化"为抓手，培育学生发现问题和解决问题的能力；以"合规文化"为抓手，开展学校管理制度标准建设；以"奋斗者文化"为抓手，开展师生职业能力建设行动；以"对标文化"为抓手，开展学校质量体系完善行动。同时，开办以 6S 管理职业素养为主要内容的劳动美育教育周，开展入职职业认知体验培训，全面提升学生的职业素养，厚植工匠精神和劳模精神。

## 二、"企业＋二级学院"的台州职业技术学院模式

2017 年 5 月，台州职业技术学院（简称台职院）与民营行业中的龙头企业浙江台州金桥集团有限公司（简称金桥集团）、珠海市欧亚汽车技术有限公司（简称笛威公司）三方合作举办混合所有制笛威金桥汽车工程学院（简称汽车学院），旨在通过混合所有制办学，融合校企办学资源，形成多元办学利益共同体，解决办学资源不足、办学活力不强以及产教融合不深不实等问题。

从国发〔2014〕19 号文提出的"探索"到国发〔2019〕4 号文要求的"鼓励"，混合所有制办学虽然政策导向明确，但在操作层面没有现成模式可供参考。为推进混合所有制办学，三方在办学机制、收益分配、人员管理等方面进行了大胆探索与创新。

### (一) 创建"院司一体，双会协同"的多元办学机制

在三方共建混合所有制二级学院的基础上，2019 年，三方合办了股份制公司——台州笛威金桥汽车科技有限公司（简称科技公司）。由

三方高层管理人员分别组成学院理事会和公司董事会（双会），两个班子，一套人马。构建党委领导，党总支前置酝酿，双会决策，汽车学院、科技公司班子执行"院司一体，双会协同"治理模式（见图5-1）。

创新形成"学院育人，公司服务"的合作办学运行机制。汽车学院以育人为主，科技公司以社会服务为主的运行机制，有效融合企业需求与学生发展需要，实现人才培养和技术服务"一体两翼，同步发展"。

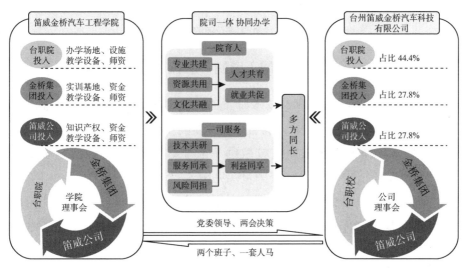

图5-1 "院司一体，双会协同"混合所有制运行机制

## （二）创建"标准课时费"收益等组合式企业收益分配机制

实行资产独立共享的产权制度。三方以资本、设施、设备、技术、管理等多种形式投入汽车学院建设，各方投入分别建账，统一管理，按照"谁投入谁所有"的原则进行产权处理（见图5-2）。

创新了包括"标准课时费"收益、股份公司经营收益、生产性实训基地经营收益在内的组合式企业收益分配机制。企业的"标准课时费"收益根据学生培养总课时、办学总经费、企业投入比确定。合作企业出资投建的"金桥校中厂"与三方合办公司经营收益，根据股权比例分配。

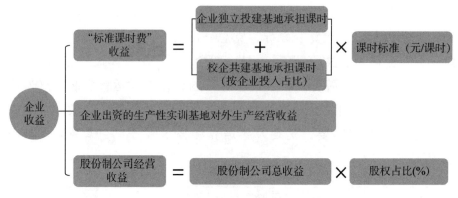

图 5-2　混合所有制办学收益分配机制

### (三) 打造"多师融合，同工同酬"的校企混编师资团队

引进合作企业方高管、技术骨干八人为长期驻校教师，担任副院长、大师工作室领衔人等，聘任 30 多位能工巧匠为兼职教师，组建"学校在编教师 + 企业长期驻校教师 + 兼职教师"的多师融合教学团队，改善双师结构，增强师资力量（见图 5-3）。

研制以"公司身份，在编待遇，同工同酬"为核心的企业驻校教师管理机制。合作企业教师入职股份公司，学校人事部门按照在编教师的工资定级方式套算工资等级，编入各专业教研室，与在编教师同工、同酬。

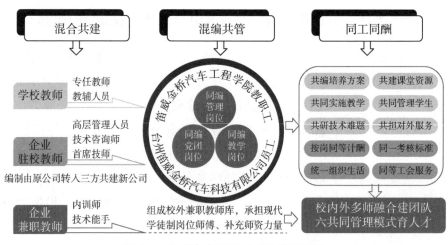

图 5-3　混编教师团队组成及管理框架

## （四）构建"三级递进，零距对岗"的现代学徒制人才培养方案

以行业需求和学生发展为价值导向，依托国家现代学徒制试点项目，与合作企业共同搭建"认识岗位，体验岗位，确定岗位"的阶梯培养载体，进行多途径、多方向、个性化培养。设置"关键技能通关测控，岗位能力实操考核，督导抽样验证把关"的现代学徒制评价机制，确保毕业生零距上岗，形成"三级递进，零距对岗"现代学徒制培养模式（见图5-4）。

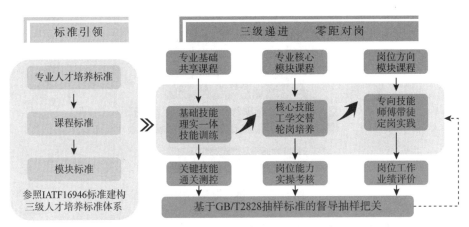

图5-4 "三级递进，零距对岗"现代学徒制培养模式

## （五）制定"标准引领，紧贴岗位"的新课程、新教材、新教法

引入合作企业先进技术标准，以及新工艺、新规范，校企共同研制人才培养标准、课程标准、模块标准的三级标准体系，共同开发课程和教材。设立与"汽车维护与保养技术"课程无缝衔接的大学生"双创"实践项目；创造以"三室（教室、寝室、实训室）6S"育人工程为载体的多维度思政体系，构建课堂形态与工作实境一体、"双创"实践与专业课程衔接、思政教育与时间空间互融的立体化课堂教学平台（见图5-5）。

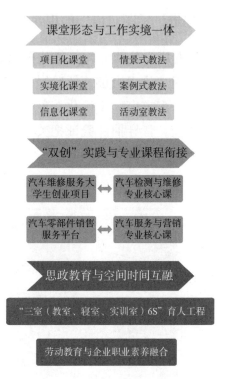

图 5-5    立体化课堂的构建

### （六）建设"开放共享、立体多元"的实践育人平台

在校企共建的 12 个基础技能训练实训室的基础上，金桥集团投资 3500 万元建成了校内生产性实训中心；笛威公司引进保时捷、一汽大众等四家车企，共建品牌合作培训中心，台职院与吉利等龙头车企共建了汽车智能制造、汽车新技术研发实训中心。

台职院发挥合作企业行业影响力，在台州湾国家级经济开发区产业园、头门港临港产业园等地建设多个政企社协同、产教训融合、育选用贯通的校外培养基地，并探索"共享员工"制度，形成内外联动、多元互通的汽车专业群实践育人平台（见图 5-6）。

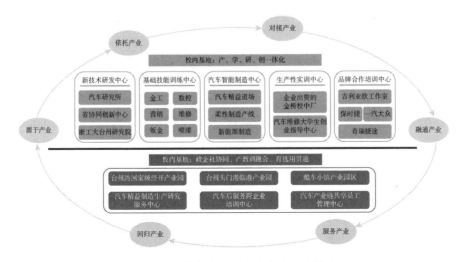

图 5-6　汽车专业群实践育人平台构建

在该模式的实践中，校企利益共同体活力被充分激发，提升了学院办学实力。办学规模较建院初期扩大 3 倍，汽车专业群获得省高水平 A 类专业群立项，金桥、笛威两家合作企业成长为省级产教融合型企业。校企共建的"汽车智能制造"实训基地，获评省"十三五"高等学校产教融合示范性实训基地，办学实力显著增强。校企协同育人优势凸显，就业质量全面提升，学生职业技能水平显著提升，就业质量提高，2018 届毕业生平均月薪达 6856 元，与 2017 届相比提高 43.8%。汽制专业学生在规上企业就业比重超过 75%，从事研发、质量等技术岗位工作的学生占比 72%。学生就业满意度为 92.9%，企业满意度为 93.5%，均高于省内同期平均值。同时，团队实力大幅增强，教科研与社会服务成果丰硕。校企融合的多师混编管理机制，提升了团队凝聚力和活力，团队教科研成果丰硕：截至 2022 年，主持国家级教科研项目 1 项，省级以上教科研项目 12 项；获省科学技术奖三等奖 3 项；编著新教材 18 本；授权发明专利 53 项，转让 113 项；横向到账 710 万元，社会服务收入 300 余万元；企业培训达 2 万余人次。此外，"院司一体"的模式在校内得到推广，台职院相继开办了中德学院、玉环学院、华海学院等，形成了台职特色的混合所有制办学新模式。"院司一体"模式实践 4 年来，得到《中国教育报》《浙江新闻》等媒体 28

次宣传报道，并应邀在全国职教混合所有制研究联盟、教育部合作办学研讨会等全国性会议上进行混合所有制办学经验交流。

### 三、"企业 + 产业学院"的台州科技职业学院模式

台州科技职业学院（简称台科院）依托省模具设计与制造高水平专业群，以模具智造全生命周期为主线，联合优质民营企业浙江凯华模具有限公司、北京精雕科技集团有限公司、中国海天集团有限公司、施耐德电气（中国）有限公司、台州凌轩台州市凌轩工业设计有限公司共建四个实体化运行产业学院和一个台州模具产业智能制造工程师协同创新中心，以高端模具智能制造市域产教联合体和长三角模具产教联盟（行业共同体）为两翼，打造全省首个高端模具智能制造全链条混合所有制产业学院（简称产业学院），持续深化以教促产、以产助教、四链融合（见图 5-7）。

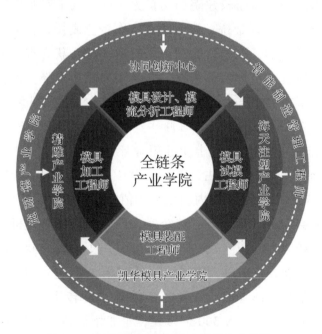

图 5-7　高端模具智能制造全链条产业学院

一是开创全产业链办学模式。2020—2024 年，产业学院融合了工业物联网、高精模具数控加工、智能控制、装配、注塑、检测等先进

技术，按照模具智造的全流程过程，匹配对应的先进设备及工具，针对每个环节进行典型工作任务的设计，按照模块化进行教学实训的规划，让学员逐项掌握模具制造的全过程。产业学院覆盖机电与模具工程学院 80% 以上专业，实现教学层级化、管理数字化、产线智能化，打破信息化系统间的孤岛，保证国内的领先性，为中国模具产业集群数字智能化转型升级提供"台科模式"。

二是建立资源共建共享长效机制。本着互补共赢原则，发挥不同主体的办学优势。台科院占地 3000 多平方米，校企双方按 1：1 比例投入 8000 多万元，可为学生提供工位 250 余个、岗位 20 余个，设施设备等产权按照"谁投入谁所有"处理。台科院建立学生即学徒、招生即招工的现代学徒制模式，为教师下企业深入生产一线锻炼创造良好条件，促进学校"人才强校"工程开展，打造高素质"双师型"教师队伍，并积极引入行业企业人才，以"百教千导"工程聘请合作企业人才担任客座教授（4 名）、客座导师（30 余名），丰富学院师资力量。学院生产性经营收益按照股权比例分配，用于合作企业生产经营所需费用（企业盈利、员工工资等）、"学生实习补贴"、"教师标准课时补贴"。

三是构建产教一体培养体系。探索"三领域、六平台、四精准"校企协同实践育人新体系。依托产业学院建设，通过校企共创理论学习领域、校内实训领域、校外顶岗领域，共建认知实习平台、现代学徒制跟岗实习平台、岗位工匠班学习平台、高技能精准训练平台、校企协同多元评价平台、顶岗实习平台等 6 个技能递进式的协同育人平台，将思政教育融入实践教学中，将企业案例融入专业课程中、将技能课搬到产业学院内生产性实训基地进行沉浸式教学，从而实施思想精准对接、岗位精准选择、技能精准训练、人才精准评价的现代工匠"三领域、六平台、四精准"培养新体系（见图 5-8）。

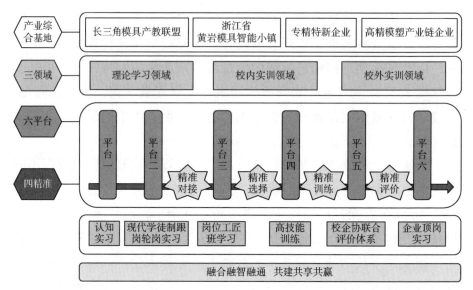

图 5-8 "三领域、六平台、四精准"的人才培养新体系

四是健全多元参与治理体系。台科院积极探索混合所有制改革，提出"大混、中混、小混"的三级混合所有制办学模式。作为中混，产业学院制定办学章程，拥有充分的办学自主权；健全理事会领导下的院长负责制，形成理事会决策、学院院长执行、校企专家治学的管理体系（见图 5-9）。

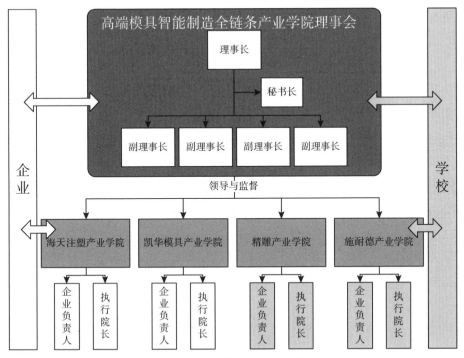

**图 5-9 高端模具智能制造全链条产业学院理事会架构**

产业学院通过集合联盟的"政校行企"四方优势，联合凯华、海天等 4 家民营企业，创新"校中厂""引企入校"等多种建设模式，校企双方构建工学一体的实训基地，实现产教融合、资源共享、信息互通、师资共建、人才共用和功能互补。

一是激活了民营企业参与办学的新动能。近年来，台科院模具专业群已成为省高水平专业群、省优势特色专业、中央财政支持专业、中国模具高级人才培养基地等。产业学院项目获批省产教融合基地 1 个、省实践中心 1 个、入选省现场工程师专项培养计划项目 1 个，入选教育部产教融合典型案例 1 个、省高校校企地党建联建典型案例 1 个；获市混合所有制改革试点项目"优秀"等次。产业学院模式在校内得到推广，台科院后续开办了温岭学院等，形成了具有学校特色的混合所有制办学新模式，得到省级及以上媒体 20 多次宣传报道，形成了可复制、可示范、可推广的工作范式。同时，混合所有制办学模式在长三角模具论坛、浙江省工业联合会等会议上进行经验交流。混合所有制办学扩大了学校影响力，4年来，先后有200多所兄弟院校、企业单位来校交流。

二是打造了现场工程师立体式"三明治"人才培养模式。以产业学院为载体，实施"2+0.5+0.5"（2年学习+0.5年高技能训练+0.5年实习）人才培养方案（见图5-10），通过实行认岗、轮岗跟岗、顶岗和定岗"四层次"实训教学体系，完成"上游企业+学校+下游企业"的链接，打造"三明治"中国特色学徒制高标准人才培养模式。开设5个岗位工匠班，培养学生技能竞赛获省级一等奖及以上8项，培养的2021届模具类专业毕业生薪资水平达5200元，与2020届相比提高33.3%，在规上企业就业比重超97%，从事研发、编程、质管等核心岗位的学生占比89%，学生就业满意度为97%，企业满意度为99%，均高于省内同期平均值。

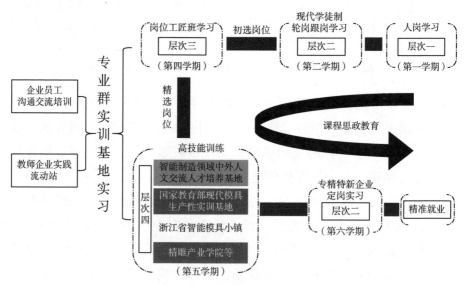

图5-10 "2+0.5+0.5"人才培养实施路径

三是建立了"结构型"双师队伍建设的长效机制。依托产业学院，校企双方共建人才双向流动机制，实施人才互聘，企业高级人才积极参与台科院高水平模具专业群建设，并时常与台科院开展互动讲座。加强教师培训，在学院内建立教师企业实践岗位，将基地建设成

"双师双能型"教师培养培训基地。开展校企导师联合授课、联合指导，实施教师激励制度，打造高水平教学团队。近年来，产业学院教师获批省市级以上课题40多个，发表核心论文50多篇，校企联合攻关的模具微孔发泡技术实现产品应用，并获得省基础公益研究计划资助项目。

四是赋能了高精模具智造产业链的高质量发展。产业学院开展模具技术攻关、产品研发、成果转化、项目孵化等，共同完成教学科研任务，产出科技创新成果，并将科技成果引入教学过程，促进科研与人才培养积极互动，提升服务能力。近三年，校企合作规划教材五本，产业学院为其他合作企业提供产品设计、技术研发等社会服务，收入达1500余万元。台科院设有国家职业技能鉴定所，可鉴定职业（工种）八个，获批37个"1+X"职业技能等级证书试点。台科院依托产业学院内先进的生产设备与系统积极为企业提供职业技能培训、考证等服务，帮助企业提升员工整体素质。产业学院对外培训累计三万余人次，是在校生规模的近三倍。此外，台科院通过联盟平台和联盟论坛大会等方式积极为中小企业的模具技术改进、智能制造、数字互联等赋能。

# 第六章
## 共富先行：职业教育赋能高质量共同富裕

职业教育是与普通教育具有同等重要地位的教育类型，在推动经济社会高质量发展，促进全体人民共同富裕中，发挥着不可替代的引擎作用。台州以建设职业教育国家试点为契机，大力发展职业教育，强化造富能力、完善创富机制、创新聚富要素、协调增富模式、优化享富供给、拓展奔富路径、提升润富水平，为台州高质量发展建设共同富裕先行市提供了有力支撑。

## 第一节 "国家部署、自身优势、支撑作用"
### 推动职业教育促共富

共同富裕是社会主义的本质要求，是中国式现代化的重要特征。实现共同富裕是中华民族、中国人民的殷切期盼，是一个全民都有义务参与的伟大事业，必须汇聚全社会力量。职业教育作为与经济社会发展结合紧密的类型教育，应主动融入新时期经济社会建设的主战场，为经济社会发展提供科技、文化和人才支撑。推动经济社会高质量发展，促进全体人民共同富裕，职业教育发挥着不可替代的支撑作用。

## 一、国家推动台州作为职教高地的战略部署

2019 年 2 月 13 日，国务院印发《国家职业教育改革实施方案》，为全面落实该实施方案，教育部以部省共建的形式，通过国家、省、市三级推动，建设一批国家职业教育改革创新高地。2020 年 6 月，教育部将台州市列为国家职业教育创新高地建设城市。教育部之所以在中国民营经济发祥地——温州、台州建设职业教育与民营经济融合发展试点，是希望借助两地区域、产业、企业优势，探索吸引民营资本进入职教领域，为全国职业教育改革提供宝贵的"温台经验"，打造全新样本。2021 年 3 月，台州印发《建设职业教育"窗口"城市工作方案》，召开台州市职业教育高质量发展现场推进会，将职教创新高地建设列入市委、市政府重点建设内容。

### （一）国家系列政策推动台州作为职教高地促进共同富裕

近年来，我国政府将台州视为职业教育高地，通过一系列战略部署和政策支持，促进台州及其周边地区的共同富裕。

国家出台了一系列政策文件，明确支持台州市建设职业教育高地。例如，《浙江省台州市职业教育创新发展试验区建设实施方案》明确提出，要支持台州市建设全国一流的职业教育创新发展试验区，打造具有国际竞争力的职业教育品牌。首先，市域一体统筹推进。出台《关于加强职业教育市域统筹工作的意见》，市、县两级党委政府按照"不同类型、同等重要"的要求，编制职业教育"窗口"城市建设"一县一策、一校一案"方案，加强统筹协调，落实试点责任清单。创新打造台州市"匠才荟"数字职教管理云中心。编制职业教育发展共同体建设行动方案，构建市域职业教育命运共同体，推进学校、专业、教师、学生、产教融合、"双创"教育等"六大共同体"建设，打造集产、教、研、创一体发展的职教发展新高地。其次，产教一体推进，出台产教融合"五个一批"工作方案，遴选培育市级产教融合项目 248 个，研制产教融合谱系图，发布《台州市产教供需年度报告》，印发《关于深入推进职业教育集团实体化运行的实施意见》，成立台州市职业教育

与产业研究院、产教融合专家指导委员会，申报国家级产教融合型城市。以地方立法的形式促进产教深度融合、校企紧密合作。最后，温台一体推进，与温州市共同谋划、协同推进高地建设，并建立定期会商、资源共享、信息互通、齐抓共管等工作推进机制。联合开展两地职业院校师生技能竞赛，举办活力温台创新高地建设高峰论坛。跨区域建设温台职业教育发展共同体，联合组建产教联盟、产业学院，实现技术共研、师资共培、人才共育，共同推进职业教育与民营经济融合共赢发展。

## （二）台州职业教育在共同富裕进程中的优势

职业教育与共同富裕之间存在密切关系。职业教育在推动实现共同富裕过程中具有基础性和先导性作用。台州市政府将职业教育发展摆到"再创民营经济新辉煌"的历史使命上去思考、推进共同富裕的大场景中去谋划。以入选职业教育创新高地国家试点为契机，试图创设一套富有台州特色的"开放、共生、双创、均衡、终身、反哺、浸润"型现代职业教育体系。

### 1. 产业发展优势

台州市政府紧密围绕国家战略，积极推动产业结构调整，培育新兴产业，加强与周边地区的产业协同，为职业教育发展提供广阔的就业市场。例如，台州市大力发展新能源、新材料、生物医药等新兴产业，为职业教育人才培养提供更多机会。台州作为我国民营经济发达地区，产业发展迅速，对职业教育提出了更高的要求。近年来，台州紧紧抓住部省共建职业教育创新高地建设的契机，以高质量发展建设共同富裕先行市为引领，深入推进职业教育与民营经济融合发展，持续推动职业教育提质增效。台州通过出台相关政策，支持职业院校混合所有制办学改革，探索政校企、校校企等模式，落实金融财政土地等激励措施。同时，台州积极推动中高企、职技企一体化人才培养改革，开展长学制人才培养改革培育项目，提升职业教育人才培养质量。

台州的产业发展与职业教育深度融合，推动了职业教育的高质量发展。台州成立13个产教融合联盟，培育80余个混合所有制试点项目、教师企业实践流动站、职业教育集团、产业学院和产学研合作平台。此外，台州还积极推动校企合作，使之深入发展，涉及多元主体投资的职业教育集团、产业学院、产教融合联盟等新型产教联合体。

台州的产业发展为其成为职教高地提供了良好的条件。通过积极推动职业教育与民营经济的深度融合，加强校企合作，创新人才培养模式，台州致力于打造具有区域特色的职业教育高地，为市域现代职业教育体系建设改革提供了一种新模式。

2. 教育资源整合优势

台州作为我国民营经济发达地区，教育资源整合优势明显，这为其成为职教高地奠定了基础。近年来，台州在政策支持、产业发展、校企合作等方面发挥优势，推动职业教育高质量发展。台州市积极整合国内外优质职业教育资源，推进职业教育集团化、联盟化发展，提高职业教育质量。例如，台州市成立了职业教育集团，整合了全市多家职业院校和企业资源，实现了产教深度融合。

首先，台州市政府出台了一系列政策措施，如《关于推进职业院校混合所有制办学的实施意见》《关于深入推进职业教育集团实体化运行的实施意见》等，旨在支持职业院校混合所有制办学改革，鼓励校企合作，为职业教育发展提供有力保障。其次，台州产业发展与职业教育深度融合，为职业教育提供了丰富的实践平台。台州积极推动中高企、职技企一体化人才培养改革，开展长学制人才培养改革培育项目，为企业输送了大量高素质技能人才。再次，台州在教育资源整合方面具有优势。通过成立产教融合联盟、培育混合所有制试点项目、教师企业实践流动站、职业教育集团、产业学院和产学研合作平台等，台州成功搭建了产业与教育紧密衔接的平台，为职业教育发展提供了有力支撑。最后，台州注重校企合作，深化产教融合。通过与企业合作，职业院校能够及时了解产业发展需求，调整专业设置和人才培养方案，提高人才培养的针对性和实用性。此外，企业在职业教育中发挥着重要作用，为学生提供了实习实训机会，提高了其职业技能。

### 3.民营经济等社会力量参与优势

台州市鼓励社会力量参与职业教育建设，支持民办职业教育发展。一是民营经济的发展为台州职业教育提供了丰富的资金支持，使得职业院校能够扩大规模、提升教学质量、购置先进设备，为民营经济培养高素质人才。二是台州职业教育与当地民营经济紧密结合，院校的专业设置和课程体系紧密围绕地方产业发展需求，为学生提供更具针对性的职业技能培训。三是台州职业院校与民营企业开展深度合作，共同设立实验室、实训基地，开展科研项目，为民营企业提供技术支持，为学生提供实践锻炼的机会。依托民营企业，台州职业教育能够迅速适应市场变化，调整专业设置和招生计划，确保人才培养与市场需求相适应。四是台州职业教育积极探索混合所有制、校企合作等新型办学模式，激发职业教育办学活力，提高教育质量。台州职业教育通过引进、培养等途径，加强教师队伍建设，提高教师的专业素质和教育教学水平。五是台州的民营企业为学生提供了丰富的就业岗位，为毕业生提供了良好的就业前景。职业院校还积极开展就业创业指导和服务，提高学生的就业竞争力。

民营经济等社会力量的积极参与，使得台州职业教育实现了产业与教育的良性互动，为地方经济发展培养了大量高素质人才，进一步推动了台州职教高地建设。在未来，台州职业教育将继续发挥社会力量的优势，努力提升办学水平和人才培养质量，为地区经济社会发展贡献力量。

## 二、台州职业教育在共同富裕进程中发挥的功能

台州职教高地作为浙江省内重要的职业教育基地，在共同富裕中发挥着关键作用。通过培养高素质人才、推动技术创新、提供社会服务等方式，职业教育为台州地区实现高质量发展和共同富裕奠定了坚实基础。在未来，台州职教高地将继续发挥优势，为地区经济社会发展和全体人民共同富裕做出更大贡献。

## （一）人才培养的功能

台州职教高地致力于培养各类高素质技术技能人才，为民营企业和地方经济发展提供人才支持。这些人才在推动产业升级、提高劳动生产率方面具有重要作用，有助于实现更高的经济效益，促进共同富裕。

第一，台州职教高地注重与企业、产业界的紧密合作，通过"校企合作、工学结合"的人才培养模式，为学生提供实践教学和实习就业机会，有助于培养适应企业需求、具备实际操作能力的技术技能人才，为共同富裕提供人力支持。第二，台州职教高地根据地方经济发展和产业需求，不断优化专业设置，注重培养战略性新兴产业、高新技术产业和现代服务业等领域所需的人才，有助于推动产业结构升级，提高经济效益，为实现共同富裕创造条件。第三，台州职教高地重视教学质量，采取一系列举措提高教师教育教学水平，如加强师资队伍建设、引入行业企业专家参与教学等。改革教学方法，倡导以学生为中心的教学模式，注重培养学生的自主学习能力和创新能力，有助于为学生提供更高品质的教育资源，为共同富裕输送更多高素质人才。第四，台州职教高地重视继续教育，为企业员工、农村劳动力等提供多样化的职业技能培训课程，有助于提高劳动者的职业技能和综合素质，助力他们在职场中获得更好的发展机会，为实现共同富裕奠定基础。第五，台州职教高地积极开展国际交流与合作，与海外优秀院校建立合作关系，开展联合培养、师资培训等项目。通过引进国际先进教育理念和资源，提升人才培养的国际竞争力，为共同富裕打造更具全球视野的人才队伍。

## （二）技术创新与传承的功能

台州职教高地院校积极开展产学研合作，推动技术创新和科技成果转化，为民营企业转型升级提供技术支持。同时，职业教育还承担着弘扬传统文化、传承技艺的任务，通过培养相关专业人才，助力非物质文化遗产的传承和发展。

## 1. 技术创新功能

一是开展产学研合作。台州职教高地鼓励职业院校与企业、科研院所开展产学研合作，共同进行技术研发与创新，推动企业技术升级和产品创新。

二是设立研发中心。职业院校可与企业联合设立研发中心，共同进修技术攻关，解决企业生产过程中的技术难题，提高企业核心竞争力。

三是人才培养与技术创新。台州职教高地注重培养具有创新精神和创新能力的高素质技术技能人才，为区域经济发展提供源源不断的创新动力。

## 2. 文化传承功能

一是弘扬地域文化。台州职教高地重视地域文化的传承与弘扬，通过开设相关课程、举办文化活动等方式，让师生了解和传承地方优秀传统文化。

二是加强技艺传承与创新。职业院校可与非物质文化遗产传承人、传统技艺大师开展合作，共同培养具有现代技艺和创新精神的人才，推动传统文化与现代产业的融合发展。如天台中专和合非遗体验中心（简称非遗体验中心）以"1+N"运行模式拓展了"富民生态链"，该中心紧扣双高建设和天台县现代化和合之城建设的战略定位，以"弘扬工匠精神、培育新时代非遗人才、推动天台技能共富"为目标，向公众展示漆艺、扎染、木雕、陶瓷等传统技艺作品，多方位、多角度、全面系统讲述天台别具一格的工匠精神与和合文化。其中，最具特色的是"1+N"运行模式，"1"指的是和合非遗体验中心，围绕浙江省文化创意产业发展需求，天台职业中专与台州传统艺术博物院、天台宗教艺术研究所、天台山木雕厂、天台和合文化园、天台博物馆、天台智慧研学、天台万里文化发展有限公司共同建设非遗体验中心，研究特色文创产品的设计与制作，开展培训活动、产品展示活动和研学活动，形成对接天台"全域旅游"布局的高质量成果。"N"指的是非遗体验中心按照"一月一主题、一周一活动"，充分利用体验中心教室、学校操场、村级文化礼堂、村中市集、社区中心、博物馆等空间，定期面向公众开展"大师讲解＋非遗体验"免费体验活动，在技能小镇、技能乡村、技能社区、博物馆等地拓展出 N 个"共富驿站"。此举既打造了非遗"活化"新模式，又通过学校、企业、社会多方联动，为职业教育助力乡村振兴架起"共富之桥"。

"1+N"运行模式将非遗体验活动送到当地各乡镇、街道和村落中，紧密团结非遗传承人和社会人士，突破非遗文化被束之高阁的困境。同时，"1+N"运行模式有利于推动"全域旅游"的发展，乡村旅游可以拓宽思路，开发以非遗体验项目为亮点的研学旅游、亲子旅游，盘活乡村资源，为共同富裕赋能。此外，非遗体验中心将以居民就业创业需求为导向，建立稳定的共富"驿站"，链接学校师生和乡村赋闲人员，开展非遗技能专项培训。借助学校的教育链、人才链、产业链，尽可能帮助居民习得一门技能，并把产品转化为财富，助力夯实共富基本单元。

三是搭建文化交流平台。台州职教高地可举办各类文化交流活动，促进地域文化与其他文化的碰撞与融合，激发文化创新活力，为共同富裕提供精神动力。

台州职教高地发挥技术创新与传承功能，有助于推动区域经济发展、提升企业竞争力、培养高素质人才，为共同富裕提供有力支持。同时，注重文化传承与创新，弘扬地域文化，为共同富裕注入精神动力。在这个过程中，台州职教高地将成为区域内创新引领、文化传承的重要载体。

## （三）社会服务的功能

台州职教高地院校充分发挥自身优势，为民营企业提供技术咨询、职工培训等服务，提高企业的生产效率和产品质量。此外，职业院校还积极参与乡村振兴战略，为农民提供技能培训，助力乡村产业振兴和农民增收。

1. 开展职业技能培训

职业教育高地利用自身资源优势，为企业员工和社区居民提供职业技能培训，提高他们的就业能力和就业质量。这有助于拓宽群众就业渠道，促进社会公平正义，推动共同富裕进程。如三门技师学院"三结合"做好职业技能培训，助推"扩中提低"技能共富。首先，坚持自主培训和合作培训相结合。根据地方企业岗位需求，三门技师学院采取自主培训与合作培训相结合的方式，相继开设了数控铣工、数控车工、钳工、保育员、电工、养老护理员等 21 个工种，为台州地区企事业职工、退役士兵、残疾人、农民工开展各类应时应需的中短期职业技能政策性培训。其次，坚持社会培训与校园培训相结合。借力本地企业拓展校外培训实践基地，发挥三门技师学院的优质教学资源，双管齐下提升学员理论和实践水平，提升技能等级认定便捷性。最后，坚持上门培训与上门考证相结合。深化"最多跑一次"改革，推出"上门培训"和"上门考证"等便民服务措施。2022 年累计送教下乡 90 余次。2021—2023 年，三门技师学院培训总量达 13650 人次，其中高级工、技师以上培训 3504 人。2022 年，完成技能等级认定 3567 人，其中技师 120 人、高级工 674 人、中级工及以下 2773 人，发证 2500 人，考证通过率达 70.1%。

2. 服务乡村振兴战略

台州职业教育创新高地通过培养新型职业农民、开展农业技术培训等方式，助力乡村振兴战略实施。这有助于提高农业产值，促进农村经济发展，实现城乡共同富裕。如台科院"线上线下一平台"农民社会培训新模式，培养农村致富"领头雁"。首先，围绕产业类型，因产施训。社会培训工作紧密结合地方农业发展需求举办主题培训，坚持实地走访调研，采取"学校授课＋基地实习""田间培训＋生产指导"等手段，将实践实习作为培训提质增效的重要一环，通过开阔眼界，提高技能，取得培训成效。其次，智能手机已成为新时代农民发家致富的"新农具"，社会培训工作通过发挥短视频直播和云上智农等农业科教等软件的作用，推进手机应用与农业生产、经营和农村生活深度融合。学习平台根据不同农业产业提供了 34 个分类共计 3523 个视频，特色主题包括"农业经理人"培训专区、"家庭农场主"培训专区、"带头人"系列培训专区等，可满足农业各领域培训需求。最后，全程服务聚焦生产，提效促产。为进一步巩固培训成果，及时解决参训学员在生产中遇到的难题，开展全程追踪服务，将学员按照不同产业组建交流群，了解其在发展产业中遇到的困难，及时解答各类实际问题，实现信息共享、取长补短，共同发展。2022 年，台州职业教育高地开展各类高素质农民、实用性和普及性培训超过 100 场，共计培训 5392 人次，授课教师包含超过 50 人的省市县区级农业相关单位正高级职称的教师。受训农民系统学习最新的农业生产技术、经营管理知识和创业技能及信息技能等，为全市农业现代化提供强有力的人才支持和智力支撑，如农民培训学员杨良军，在浙江省农科院专家的技术指导下培育出耐高温且高产的茭白品种"浙茭八号"，开创鳖茭共养模式，产品代表"中国茭白"捐赠印尼总统并远销欧洲。再如农民培训学员周修机，在培训学习的过程中得到灵感，在解决大面积盆景桩坯的人工培育难题方面获显著成果，其培育的"修机柏"在行业内颇有影响，并获得浙江省盆景精品邀请展金奖、亚太盆景展银奖、中国盆景创作大赛银奖和浙江省盆景艺术大师等荣誉。

### （四）优质教育资源共享的功能

台州职教高地通过校际合作、校企合作等途径，实现教育资源的优化配置和共享，让更多的劳动者享受优质职业教育服务，提高整体人才培养水平，有助于缩小城乡、区域教育差距，为共同富裕提供智力支持。如台州职业技术学院"一引二助"构建中西协同发展新模式，致力区域共富。"一引"指的是党建引领，实施两校"党建＋"深度合作模式，"二助"指的是在台州职业技术学院助力塔里木职业技术学院的教学建设、竞赛等。在多次与学生、教师的交流学习过程中，在台州职业技术学院的全程辅导下，塔里木职业技术学院学生取得了两个国奖。中西协同发展无疑对西部学校的建设有着很强的促进作用，但经过不同文化、不同地方经济的多次碰撞和交流，东部学校的教师成长得到很大的帮助。在"一引二助"的新模式下，中西部协同发展落到了实处，双方都在活动的推进中有所收获。

# 第二节　"产业发展、城乡融合、精准扶贫"优化职业教育促共富的布局

台州职教高地在乡村共同富裕中发挥了重要作用。在共同富裕战略背景下，台州职教高地将在产业升级、人才培养、城乡融合发展、文化传承和乡村精准扶贫等方面为台州共同富裕注入强大动力。

## 一、职业教育振兴产业转型升级

台州职业教育在促进产业转型升级方面发挥了重要作用。台州职业院校培养了具备专业技能和实践能力的人才，为产业输送了大量优秀人才，这些人才在推动产业发展、提高农民收入等方面发挥了积极作用，推动经济繁荣，促进共同富裕。

台州作为浙江省的一个重要城市，产业布局以民营经济为主体，形成了以下几个特色产业：一是制造业。台州制造业具有较强的竞争力，特别是汽车及零部件、化工、医药、家电、塑料等行业。台州是全球最大的塑胶模具制造基地，同时也是中国汽车及零部件制造的重要基地。二是信息技术产业。台州的信息技术产业快速发展，包括电子元器件、计算机硬件、软件开发等。特别是数字经济领域，台州积极发展大数据、物联网、人工智能等新一代信息技术，推动产业转型升级。三是农业产业。台州的农业产业以特色农产品为主，如柑橘、茶叶、蔬菜、水产等。台州还在农产品加工、乡村旅游、休闲农业等方面发展了一批优质项目。四是服务业。台州的服务业以现代服务业为主，包括金融、物流、电子商务、文化创意、旅游等。台州积极推动服务业与制造业融合发展，提升城市服务业水平。五是高端装备制

造业。台州高端装备制造业逐步发展壮大，涉及新能源、航空航天、医疗器械等领域。政府积极推动产业技术创新，引导企业向高端、绿色、智能、可持续方向发展。六是新材料产业。台州新材料产业发展迅速，包括化工新材料、高性能复合材料、电子信息材料等。台州积极引进和培育新材料企业，打造具有竞争力的新材料产业体系。

为推进产业布局优化，台州市政府制定了一系列政策措施，包括优化营商环境、支持科技创新、引导产业转型升级等。同时，台州加强与国内外企业的合作，引进优质项目，推动产业融合发展。未来，台州将继续深化产业布局调整，加快新旧动能转换，推动高质量发展。

台州职业教育致力于培养高素质的技术技能人才，为民营经济和产业发展提供有力的人才支持。通过深化产教融合、校企合作，职业教育院校与企业紧密联系，及时了解企业需求，调整专业设置和教学内容，提高人才培养的针对性和适应性。台州职业教育紧跟产业发展趋势，开展技术创新和科研攻关，助力企业转型升级。职业院校通过与企业合作，开展产学研项目，推动科技成果转化，为民营经济提供技术支撑。此外，台州职业教育积极参与产业链的培育和壮大，通过设立相关专业和课程，加强与相关企业的合作，推动产业链上下游企业的协同发展。例如，台州在汽车及零部件、化工、医药等行业设立了一批特色专业，为产业链发展提供人才和技术支持。同时，职业教育院校还注重培养学生的创新创业能力，鼓励毕业生创业，为民营经济注入新的活力。总之，台州职业教育在赋能产业布局方面发挥了重要作用，为台州民营经济和产业发展提供了有力支持。未来，台州职业教育将继续深化改革，提高人才培养质量，助力产业转型升级，为区域经济发展做出更大贡献。

## 二、职业教育促进城乡融合发展

台州职业教育近年来发展迅速，通过部省共建职业教育创新高地建设，推动职业教育与民营经济深度融合，为城乡融合发展提供了有力支持。台州职业教育在促进城乡融合发展方面发挥了积极作用，主要体现在以下几个方面：一是提升农村劳动力素质。台州职业教育通过开展农村劳动力转移培训、农民工职业技能培训等，提高农村劳动力的综合素质和就业竞争力，帮助他们顺利融入城市就业市场。如台州科技职业学院依托共同富裕实践基地，助力"三农"高质量发展。针对汽车专业破解企业一"匠"难求的难题，台州科技职业学院与企业共建校企实训基地，聘请全国劳动模范为企业导师，进行专业人才培养，匹配企业需求和劳动力供给。成立汽车"智造"工匠班、订单班，探索赛教企融合教学模式，每年开展学生实训达 200 多人次，为汽车行业提供高素质人才，每年开展企业员工培训达 420 人次，为共富台州贡献台科院力量。在乡村振兴中展现专业特色，开展普及性农民培训 800 余人，提升了乡村人才的综合能力和专业水平。成立的农机研究所研发农业机械，横向到款额 20 多万元，助力农业高质量发展，为共同富裕出谋划策。二是促进农村教育资源优化。台州职业教育通过开展城乡教育资源共享、师资交流等活动，推动城乡教育资源的优化配置。职业院校与农村姊妹学校开展合作，共享优质教育资源，提高农村教育质量，为农村学生提供更多发展机会。三是加强城乡基础设施建设。台州职业教育依托自身技术优势，为农村基础设施建设提供技术支持。例如，在乡村道路、水利设施、环境整治等方面，职业院校与企业合作，共同为农村基础设施建设贡献力量。四是推动城乡产业协同发展。台州职业教育积极引导城市产业向农村延伸，促进城乡产业协同发展。职业院校与企业合作，在农村设立产业基地、研发中心等，推动农村产业结构调整，提高农民收入。五是丰富城乡文化生活。台州职业教育通过开展文化下乡、职业技能竞赛等活动，丰富农村文化生活，提高农民精神风貌。职业院校组织师生走进农村，开展科普宣传、文艺演出等，为农村居民提供精神食粮。

### 三、职业教育对接乡村精准扶贫

职业院校可与农村合作，开展农业技术培训和普及，帮助农民掌握先进的农业生产技术，提高农产品产量和产值。同时，职业教育还可以为农村企业提供技术咨询和指导，促进农村产业结构调整和转型升级。此外，职业院校还可引导农民发展特色产业、农村电商等新兴产业，为农村提供产业升级和融合发展的新思路。通过职业教育培训，农民可以提高自身技能，适应新的产业发展需求，从而实现乡村经济持续增长。

台州职业教育对接乡村精准扶贫战略布局的具体措施有：一是建立职业教育扶贫基地。在台州地区的农牧区、贫困地区建立职业教育扶贫基地，为当地村民提供职业技能培训，提高他们的就业能力和创业能力。二是开设特色专业。根据台州地区的产业结构和乡村特色，开设相关特色专业，培养当地急需的技术人才。例如，开设农业技术、乡村旅游、农村电子商务等专业，帮助农民增收致富。三是实施订单式培训。与当地企业合作，开展订单式职业技能培训，确保学员毕业后能够顺利就业，提高就业率。四是开展创新创业教育。在职业教育过程中，注重培养学员的创新创业意识，鼓励他们回乡创业，推动乡村经济发展。五是优化教育资源配置。加大对农村职业教育的投入，完善教学设施，提高教学质量，吸引更多农村学生接受职业教育。六是建立长期有效的扶贫机制。通过政策引导、资金支持等手段，确保职业教育扶贫工作的持续性和有效性。

通过以上措施，台州职业教育可以有效对接乡村精准扶贫战略布局，为台州地区乡村振兴贡献力量。

# 第三节 "产业造富、双创促富、区域共富" 促共富的台州特色经验

梳理和总结职业教育助力共同富裕特色模式与典型经验具有重要的现实意义和战略价值。总结这些模式与经验，可以为我国职业教育的发展提供有益借鉴，通过推动职业教育更好地为全面建设社会主义现代化国家、实现中华民族伟大复兴的中国梦贡献力量。

## 一、充分发挥职业教育"扩中提低"作用，推动产业造富

产业造富是指通过发展产业经济，创造更多的财富和就业机会，促进国家经济增长和社会进步。产业造富对于国家经济发展、社会进步、增进人民福祉和提高国际地位具有重要意义。我国政府高度重视产业发展，致力于推动产业结构调整和升级，加快新旧动能转换，为实现全面建设社会主义现代化国家奠定坚实基础。台州职教高地的发展带动了周边产业集聚，形成了产业链和产业集群效应，促进了区域经济的繁荣发展。

### ● 台科院以"科技＋产业＋知识"助力农民共同富裕

台州市黄岩区是"中国优质杨梅之乡"，东魁杨梅的始祖地，杨梅产业是地方农民增收致富的支柱产业之一。在杨梅果实发育的硬核期，肉葱病是杨梅的主要病害，尤其是在主栽品种东魁杨梅上发病严重，给杨梅果实产量和品质带来了严重影响。2021年，台州科技职业学院与浙江省农业科学院、黄岩区人民政府联合成立中国杨梅科创中心，挂牌于台州科技职业学院农业与生物工程学院（乡村振兴学院），组建了杨梅科技研究的乡村振兴"智囊团"。

首先，为助力台州市农业特色产业杨梅种植业发展，台州科技职业学院聚焦产业发展难题，以"科技强农"战略组建杨梅产业的"智囊团"开展科研，以"服务兴农"战略深入杨梅生产的技术指导。

其次，2022年5月，以解决杨梅肉葱病为农户解决实际问题为目标，依托中国杨梅科创中心，台州科技职业学院农业与生物工程学院园艺系高级农艺师闫鸿媛以黄岩区屿头村为研究点，对肉葱病的诱发机理展开研究，目前已经取得阶段性进展，肉葱病发病率降低了16.3%，提升了杨梅果实品质，提升了杨梅商品果率，增加了产值，助力杨梅产业健康发展。

最后，通过知识共富，提升农民致富能力。学校围绕高质量发展建设共同富裕示范区新使命，发挥职业教育的师资优势，举办多场次杨梅栽培技术科普培训活动，如"杨梅凋萎病的发生及综

合防控技术""东魁杨梅现代高效优质设施栽培技术"等，培养乡村振兴人才，提升农民致富能力，通过知识共富，助力杨梅产业发展振兴。

从上述案例中，可以总结得到以下经验：一是"科技强农"，聚焦产业发展难题。职业院校教师要聚焦地区产业发展难题，实地走访调研了解杨梅产业中存在的问题，发挥专业特长，针对问题开展科学的试验研究，并提出方案解决实际问题，加强农业技术的推广，加强科研成果的转化，助力乡村产业振兴，为农业高质量发展建设添砖加瓦，为加快建设农业强国提供科技支撑。二是"服务兴农"，深入基层生产一线。加强农业的服务工作，深入基层开展科技下乡帮扶工作，将新技术、新产品、新模式送到生产一线，加强实地指导，改变不科学的生产理念和技术，解决"最后一公里"问题，加强科学技术的服务推广。三是"培训助农"，开展常态化培训工作。农业与生物工程学院将开展农民培训工作列为日常工作。农业与生物工程学院每年开展农业培训约 50 场，惠及约 6000 人次，培训内容涵盖园艺种植技术、乡村振兴、现代农业、农业机械等方面内容。农科教、产学研紧密结合，为乡村振兴、共同富裕贡献团队力量。

● **仙居职业中专探究"五梅共育"人才培养新模式**

仙居县杨梅种植面积 14 万亩，是浙江省示范性全产业链，作为当地乡村振兴的一大支柱产业，急需培养会技术、懂经营、能创业的高素质技能型人才。首先，针对专业建设与产业转型联动不及时、专业能力与产业需求培养不到位、专业教学与产业发展对接不紧密等问题，通过产教联动、群链融合示范作用，打造山区 26 县职业教育的发展样板，构建五梅共育技能型人才培养新模式，实现共同富裕。其次，仙居职业中专探索群链融合，构建技能社会。群链融合让单一课程内容更丰富，为课堂教学创设新模式，达到了跨界融合全覆盖。最后，提质培优，促进高质量就业。

鉴于此，可得出以下经验：第一，在教学创新方面，围绕跨学科融合开展"群链协同、跨界融合、工学交替"教学创新。让课程内容变得更丰富，融入职业岗位元素，达到了跨界融合全覆盖。第二，在群链融合方面，改变以往单一专业设置做法，在校内建立跨学科专业群，根据产业需求，聚焦当地产业转型升级、高质量发展趋势，对接杨梅产业，坚持"把专业建在产业链上"，完善专业动态调整机制，实现专业群与产业链紧密对接。第三，在产教联动方面，产业与教学双向联动，学生可在企业进行专业学习，企业也可根据产业需求培养适合职业岗位的技能型人才，深化产教融合、育训结合，健全多元化办学格局，推动企业深度参与协同育人。

● 台职院打造农村致富增收的"兴兰模式"

临海是"中国西兰花之乡"，是全国规模最大的冬春西兰花生产中心和重要的国际西兰花生产基地，生产规模占全国6%，年产值3.72亿元。西兰花作为台州农业支柱产业之一，在生产过程中约60%的茎叶被直接废弃，造成了较大的环境污染和经济损失。2020年，台州职业技术学院在走访调研的基础上，集合骨干力量组建"兴兰"生物实验室，致力于西兰花废弃茎叶综合利用开发研究，历经3年探索培育，成功研发出新型复合菌剂，首创西兰花茎叶处理发酵工艺，将西兰花废弃茎叶加工为无抗饲料与新型肥料，助力生态养殖和生态种植，打造了循环经济发展致富增收的"兴兰模式"。用科技助力西兰花产业振兴，打造了职业教育助力共富先行的"台职样板"。

从上述案例中，可得出以下经验：第一，是产教融合，建设乡村振兴"人才池"。推进乡村振兴，人才是基本保障。职业院校要主动融入地方产业发展规划，优化或调整专业方向，紧跟当地产业升级和技术变革趋势，不断调整人才培养目标，构建"校院共治、专所共融、科教融汇"的办学模式，重构"智慧+"课程体系，践行"产学研用"全链条培养路径，为实现农业农村现代化培育更多创新型、技能型、高素质的人才。台州职业技术学院"兴兰"团队的实践，就是一个生动的样本。第二，精准对接，强化科技创新"动力源"。一是特色专业群精准对接产业。聚焦西兰花特色产业，发挥全省高职高水平专业群的作用，把职业教育应用于产业，坚持立地式科研，破解"卡脖子"技术难题。二是技术服务精准对接企业。瞄准产业前沿、生产一线，争当科技成果转化的"中试车间"，团队与本土企业合作进行小试、中试、规模化生产，促进科技成果向现实生产力转化。三是服务团队精准对接农户，组建教授领衔的师生技术服务团队，送教下乡、送技到田，为企业、农民合作社、农户等提供技术服务和指导，打通科技成果转化"最后一公里"。第三，多方联动，打造乡村振兴"共同体"。以利益共同体为驱动，以多方共赢为目标，充分发挥政、行、企、校的资源优势，促进科技成果落地转化。"兴兰"模式在台州市农村农业推广局的牵头服务下，台州市西兰花产业协会引进农业产业资源，台州职业技术学院提供教育和平台保障，兴兰团队提供科技创新和推广服务，合作企业提供生产和运营，多方协同促进西兰花产业转型升级，实现教育链、创新链、产业链的深度融合。

## 二、充分发挥职业教育在创新创业中的作用，推动乡村共富

职业教育在乡村振兴和共同富裕中发挥着重要作用，创新创业模式是实现这一目标的有效途径。其中，提升农民职业技能、创新创业教育与实践水平等是职业教育助推乡村振兴和共同富裕最为有效的模式。通过以上创新创业模式，职业教育可以有效推动乡村振兴和共同富裕，为我国农村发展注入新的活力。

### ● 台州路桥中职打造电商"双创"队伍

台州路桥中职电商专业学生在创新创业活动中暴露出创新创业意识薄弱的问题，针对学生创业目标不明确、创新创业能力不足而导致创业成功率低的痛点，在乡村振兴背景下，台州路桥中职的创新创业型人才培养紧紧围绕"双创"意识、知识、能力三个方面开展。首先，以文化为背景，营造良好的"乡创交融"氛围，树立创新创业意识。一是在每个班级里张贴"双创"的口号和成功的企业家宣传标语，营造"双创"氛围。二是建立创业实践周活动，培养学生对创新创业的兴趣。三是播放乡村振兴视频触动学生的乡情乡愁，从而回应服务乡村振兴的现实需求。其次，以

教材为依托，建构合理的"专创融合"体系，传授创新创业知识。开发以培养学生的创新思维、经营管理能力及建构商创实训技能为主的"专创融合"课程体系。在"专创融合"课程体系基础上，将助力乡村振兴和脱贫攻坚的内容融入教学，围绕专业发展，构建以"五融入"（融入培养方案、融入专业建设、融入课程教学、融入课外实践、融入学生发展评价体系）为特色的"专创融合"教学体系。最后，以实践为载体，创建有效的"产赛融通"模式，培养创新创业能力。以乡村需求为链接点，以赛训实践为载体，创建服务乡村振兴新产业的"产赛融通"模式。

通过以上教学改革，台州路桥中职取得了显著的成效：一是创立了"电商达人孵化基地"，建立"浙里宁溪味"直播间，开展"涌泉蜜橘大山里的快乐""小稠枇杷美时美味"等直播营销，做到了电商助力农村经济发展；二是培养了一批符合农村需求的高素质乡创队伍。

台州路桥中职在"三教"改革背景下，有效协调内在联系，在促进教师成长、研发教材、创新教法的基础上，培养学生的"双创"能力。通过该案例，可得出以下经验：首先，组建以校内外为核心的专兼结合"双创"师资队伍。每个"双创"团队至少有一名"双创"类课程的专任和兼任教师，并且聘任优秀企业家、能工巧匠、创业成功人士、企业高管等创业专家担任创业导师，引导学生的"双创"意识和能力，成为学生创业路上的指路人。其次，构建以"五融入"为特色的"专创融合""双创"教材体系。学校构建以培养学生的创新思维、经营管理能力和商创实训技能为一体的"专创融合"课程体系，并融入培养方案、专业建设、课程教学、课外实践、学生发展评价体系，从而将"双创"人才培养方案落到实处。最后，搭建以"产赛训"为链接点的"产赛融通""双创"赛训平台。学校采用了以乡村产业为导向，以"双创"赛训为引领，打造"产赛融通"创新创业发展平台，发挥竞赛激励带动作用，以赛促学，调动学生的创业积极性，培养更多创业主力军。

## 三、充分发挥职业教育在区域教育扶贫中的作用，推动区域共富

职业教育在区域教育扶贫中发挥着重要作用，提高贫困地区职业院校学生的职业技能和就业竞争力，为区域经济发展提供人才支持。一方面，职业院校区域合作能够帮助西部职业院校根据区域产业发展需求，调整和优化专业设置，培养特色产业、新兴产业所需的人才。通过不同区域校企合作、产教融合等方式，使西部职业教育更加贴近实际，提高毕业生就业率。另一方面，职业院校区域合作还能促进区域职业教育协同发展，加强不同区域职业教育的交流与合作，共享优质教育资源，推动区域职业教育协同发展，助力区域共富。

● **三门技师—云南陇川共推电商产业发展**

三门技师学院积极响应东西部教育扶贫的号召，聚焦资源共享、人才共育、技能提升等扶贫领域，推动云南陇川职高的电商教育事业发展。三门技师学院与陇川职高共同培养更多懂电商运营和管理的人才，为陇川当地经济与社会的发展注入新的动力和活力。

首先，结合当地特色设置电商课程。学校结合云南文化及经济产业的相关特色，为陇川班的学生量身定制了为期 1.5 年的电商专业课程。学生们学习了电商平台的基础知识和相关软件，包括图像处理（PS）、网页设计（DW）、视频剪辑（PR）等；学习创建和管理网店，规划营销策略以及处理订单和物流等方面的知识；实地考察学习三门特色产业产品在电商平台的销售情况，利用电商平台进行市场拓展和品牌建设。

其次，鼓励学生参加各项比赛活动。在校期间，班主任、任课教师及校内领导鼓励西部学生积极参与校内外各项比赛及活动，如全国扶贫职业技能大赛、毅行活动等，并为其提供支持。

最后，提供丰富的企业实习机会。在 4 个月的假期，学校安排了各种不同的校外实习活动。例如，前往韵达物流公司体验快递处理、存储、运输的各个环节，了解基本工作流程及公司运作

方式；前往三门蛇蟠度假村及温岭石塘民宿体验民宿管家的工作，协助客服清洁和接待客人，让学生学会与人协作、处理客户投诉等重要技能；前往三门电商产业园实习，协助运营店铺，对店铺网页进行装修、产品上下架，学习淘宝天猫等平台的广告投放及数据跟进，监控整理竞品店铺活动及日常数据等。学校通过丰富的社会实践提升学生的社会经验，对其未来的职业发展产生深远影响。

从上述案例中，可得出以下经验：一是实施多元教育。通过实施多元化的教育方法，包括案例研究、模拟经营、实践操作和课外拓展等方式，帮助学生更全面地掌握电商知识和技能，提高其综合素质。二是强化实践教育。在电商专业教育中，强化实践教育的比重，让学生在实际项目中进行操作和管理，锻炼他们的实战能力。同时，在实践教育中注重培养学生的创新精神和团队协作精神。三是拓宽就业渠道。学校应该为学生创造广泛的就业机会，包括通过校企合作、校友资源、招聘会等方式，拓宽学生的就业渠道，并为他们提供多样化的职业选择。学校也要加强与中西部地区相关产业的合作，为学生提供更多的就业机会。

● **台科院—塔里木以"党建＋传帮带＋示范带动"协作援疆**

台州科技职业学院积极响应援疆号召，精准对接塔里木职业技术学院（简称塔职院）需求开展对口帮扶，学校多渠道深化"共建＋"教育结对扶贫模式，探索实践，与协作学校在双高建设、人才建设、教学、科研、专业共建、中高职一体化等方面共同努力、提质培优、创新发展，有力推动了当地中高职院校的教育教学工作和师资队伍建设，为新疆职业教育事业及民族团结进步做出贡献。

首先，"党建＋"联结聚力，促进民族团结同心。充分发挥党建引领作用，通过基层党支部结对共建，开展"党建＋教改""党建＋科研""党建＋育人"等系列活动，充分挖掘专业课程中蕴含的思政教育元素，将家国情怀、文化素养、道德修养植入核心专业课程，充分发挥专业课程的思想政治教育功能，彰显知识传授与价值引领的有机融合。开展浙阿两地"小小石榴籽，同过一个节""小小石榴籽，宪法伴我行"等系列活动，促进两地学生广泛交往、全面交流、深度交融，让红色基因、革命薪火和中华优秀传统文化代代相传，进一步增强"五个认同"，铸牢中华民族共同体意识。

其次，"传帮带"联动赋能，促进师资队伍培育。台州科技职业学院按照"一个学校对口塔职院一个学院，一个援疆教师负责一个专业"的原则，建立"传帮带"联动机制。充分发挥对口援疆教师的桥梁纽带作用，以拜师结对传经授艺，以"线上＋线下"教师培训带徒培养，赋能塔职院师资队伍培育。截至目前，塔职院教师获得省部级奖项 2 项，兵团级课题立项 2 项，校级课题立项 15 项，师生技能竞赛获奖 83 人次，在兵团教师能力大赛中斩获多个奖项。

最后，"示范性"联谊带动，促进职教水平提升。强调突出专家示范的"蝴蝶效应"，结合当地教育特色，提供"专业建设帮扶""教学水平和教学质量提升帮扶""师资队伍建设帮扶""实验实训室基地建设帮扶""就业质量提升帮扶"的"五位一体"全方位全过程的帮扶体系，组织高校教学专家、科研专家及一线名师，通过整体设计，示范引领，提升塔职院职教水平，牵头建设塔职院学前教育专业 12 间实训室并投入使用，组织论证并成功申报护理专业，实现了塔职院办学成绩的新突破。

通过上述案例，可得出以下经验：一是共建平台，构建制度化帮扶体系。充分发挥学校优势，台州科技职业学院具有双高校优势，有优质教育资源，能够整合多元力量并提供高端平台，学校认真谋划教师队伍建设、创新创业、教育实践基地建设等多个具体的落地项目，通过建立会商机制、组建专家团队等，确保帮扶有项目、合作有载体、评价有依据，保障了帮扶工作取得看得见的效果。二是互通有无，共享信息化平台资源。两校共同开展线上教学活动，共享优质的教学资源。帮助对方开展专业网络课程资源建设，助推塔职院实施信息化教学并开展教学过程指导与改进，大大提升其信息化教学水平和教学质量。三是共同研培，提升教师专业化水平。结合学院实际，开展扎实、深入的一对一结对传帮带工作，团队成员带徒近20人。借助远程网络，开展"同课异构"等主题教研活动三次，指导教师改进教学设计与教学方法，提高教学水平。为教师量身打造培训内容，通过专题报告、案例分析、导师辅导、互动实操、实战演练等培训，使参训教师切实在教育教学、科研创新等方面得到全面提升。

# 第七章
# 双证育人：台州"职技融通"人才培养的改革实践

2022年以来，台州市以国家职教高地建设试点为契机，在全省率先发布《职技融通改革实施方案》，探索职业院校与技工院校之间学分互认办法。目前，已在三门技师学院、吉利技师学院等技工院校首批试点中高职一体化培育，在台州职业技术学院、台州科技职业学院等中高职院校开展职业技能等级第三方认定工作。台州市人力社保局、台州市教育局重点推进16所职业技工院校43个专业的"双证融通"人才培养改革试点，助力技术工人突破学历"天花板"，为台州市技术工人"扩中"改革提供有力支撑。目前，台州已在21所学校72个专业试点开展"学历证书＋技能证书""双培养"育人体系，预计每年可为企业输送约1万名学历、技能"双证"人才。①

---

① 打造职业教育与民营经济融合发展高地 [N]. 中国教育报, 2023-05-20(4).

## 第一节　台州职业教育"职技融通"改革的逻辑遵循

"职技融通"是高等职业教育与技工教育统筹发展、高等职业学校与技师学院深度合作的人才培养模式。[①]"职技融通"改革涉及的各个主体都是实施职业教育、提供技术技能学习的主体，只是由于体制机制设计等原因，"职"与"技"长期处于割裂与分离状态，在建设现代职业教育体系的新时代，需要将各个职业教育办学主体，特别是"职"与"技"这两部分统整起来，发挥"1+1 > 2"的办学效果，推进现代职业教育高质量发展。台州职业教育创新高地以"职技融通"为人才培养改革的重要抓手，理清了其深入推进的三方面基本逻辑，取得了显著的办学与育人成效。

### 一、坚持体系化发展的理论逻辑

任何一项实践改革都需要理清自身行动需要遵循的理论逻辑，以理论为实践指引方向，提供思想依据与支撑。台州"职技融通"改革的理论逻辑是坚持职业教育的体系化发展。体系化发展是我国职业教育体系建设一直坚持的基本方向，也是我国职业教育政策设计的基本落脚点。从 2002 年《国务院大力推进职业教育改革与发展的决定》到 2019 年《国家职业教育改革实施方案》，再到 2021 年《关于推动现代职业教育高质量发展的意见》，等等，多年来我国重要职业教育政策文本体现出的中心思想便是体系化发展，体系化已经成为我国职业教育改革实践的"理论传统"。不同地方在进行职业教育改革发展时都不同程度地落实体系化的要求，也探索出了体系化发展职业教育的实践经验，比如职业教育长学制培养、职业教育贯通培养改革等。

台州职教高地进行职业教育改革自然也需要深刻领会国家发展职

---

① 陈本锋，徐健. 职技融通人才培养模式的理论背景、实践现状和实施进路 [J]. 江苏高职教育，2024, 24(1): 92-100.

业教育的体系化逻辑。所谓体系化发展，其具体内涵是建成横向上融通、纵向上贯通的现代职业教育体系。目前，地方省市职业教育改革在落实纵向上的体系化发展逻辑方面积累的实践案例与实践经验比较多，诸如长学制、贯通培养已经成为职业教育领域研究的常见问题。不可忽视的是，横向上的融通也是职业教育体系化发展的一个重要方面。遗憾的是，在横向上将教育部门与人社部门的职业教育办学主体融通起来的理论探索与实践改革较少，如 2013 年山东开展高等职业教育与技师教育合作培养试点、2021 年山东交通职业学院与山东交通技师学院结对合作培养学生 [①] 等横向上融通的实践做法与案例。在这样的背景下，台州职教高地通过理顺体系化发展的理论逻辑，找准"职技融通"这一改革关键点，力图在横向上实现高地内职业教育的体系化发展。

## 二、聚焦育人核心的价值逻辑

职业教育是区别于普通教育的另外一种教育类型，这为我国职业教育改革发展提供了强大的话语支持，但是在实践中出现了对职业教育内涵的误读，使得类型教育偏离了教育的本质，即忽视了强调职业教育的育人功能，亟须纠正。类型教育是在办学模式、人才培养模式以及管理模式上对两种教育做出的区分，职业教育与普通教育在本质上还是教育活动，因此，职业教育的改革发展的核心价值取向需要时时围绕育人展开，不能"因为走得太远而忘记当初为什么出发"。

台州职教高地理顺了进行"职技融通"改革的价值逻辑，即从"职技融通"的顶层设计到详细举措，从教育主管部门到试点院校，都紧紧围绕育人这一核心价值展开。具体而言，台州职教高地进行的"职技融通"主要是从以下两个方面坚持育人的价值取向。一是在"职技融通"的设计目的上坚持服务职业院校学生的人才培养，而不是仅仅为技师学院学生提升学历，后者在本质上是从属于前者的。在以往职

---

① 陈本锋, 徐健. 职技融通人才培养模式的理论背景、实践现状和实施进路 [J]. 江苏高职教育, 2024, 24(1): 92-100.

业教育体系横向融通实践中，很多都是以学历提升为项目载体，吸引了很多职业院校学生参与横向融通实践。但也使得较多职业教育理论界与实践界人士"误读"了此类改革，即认为此项改革仅仅是一种学历提升项目。为了避免误读现象，助力职业教育体系化发展，发挥"职教融通"的育人功能，台州职教高地在实践改革以及媒体宣传上都特别注重强调"育人"核心。二是明确"职技融通"服务技能学习的价值定位。职业院校办学既要顺应企业对先进技术和高素质职业人才的需求，也要顺应学生的成长成才规律。[①]

## 三、优化办学资源分配的实践逻辑

台州职教高地进行"职技融通"改革，在实践层面的逻辑可以概括为优化办学资源组合，服务技术技能人才培养。在这个意义上，"职技融通"改革的主要任务就是促进"职"与"技"之间办学资源的再分配，打破长期以来两方面职业教育办学资源之间的"二元对立"。现代职业教育要实现体系化发展目标，实现育人价值取向，在实践层面需要办学资源的支撑。就当前的技术技能人才需求市场来看，一个合格技术技能人才的养成需要多方面的资源支撑，主要包括两方面，一是学历资源，二是技能资源。这两方面的资源需要相互配合共同作用于技术技能人才培养。然而长期以来，由于历史原因以及体制机制等阻碍，两方面的办学很难形成高效率的有效配合，阻碍了职业教育的高质量发展。如若对这一部分体制机制进行进一步疏通，将会释放更多的职业教育办学势能，进一步优化办学格局，提升职业教育人才培养质量，同时服务了职业院校学生的发展。

台州职教高地在优化办学资源分配方面的工作核心思路是促进优势教育资源统筹，将职业教育人才培养所需要的教师资源、竞赛资源、技能学习资源、学历资源、证书资源、实训设备资源等在"职"与"技"之间按照学生技能学习的需要自由分配，以此核心思路为依据，进行"职技融通"体制机制设计。

---

① 胡永. 高职院校适应性: 内涵、特征与优化路径 [J]. 教育与职业, 2023(7): 29-35.

# 第二节　台州职业教育"职技融通"改革的目的

台州市职业教育高地实施"职技融通"人才培养改革有着深刻的政治、经济与社会层面的目的，概括起来就是在政治上实现"扩中""提低"，在社会经济上服务本地区域产业的发展。当然最终目的是通过打通职业院校与技师学院的体制壁垒，服务技术技能人才成长发展，促进共同富裕在市域层面实现，为落实共同富裕战略交出台州答卷。梳理台州职业教育"职技融通"的多重目的，有助于从源头上深入把握台州市职业教育"职技融通"人才培养改革实践。

## 一、促进技术工人"扩中""提低"

2021年6月，《中共中央、国务院关于支持浙江高质量发展建设共同富裕示范区的意见》正式发布，浙江省被赋予先行探索高质量发展建设共同富裕示范区的重大使命。其中，共同富裕示范区建设最具标志性的重大任务之一就是实现"扩中""提低"，即指扩大中等收入群体规模，提高低收入群体的收入水平。而"扩中"群体主要包括产业工人、专业技术人员、个体工商户与小微创业者等群体；"提低"群体主要包括低收入农户、进城务工人员、困难群体等群体。可见，技术工人是实现"扩中""提低"的主要目标群体，如何促进这一群体成长与发展，进而提高收入，是共同富裕战略绕不开的议题。台州作为共同富裕示范区建设的重要板块，尝试通过"职技融通"人才培养改革，拓宽技术工人成长成才路径，探索推进技术工人"扩中""提低"，具有重大的政治意义、实践意义和样本意义。

为了践行通过"职技融通"改革实现"扩中""提低"的设想，2021年10月，台州市委书记李跃旗在高质量发展建设共同富裕示范区重点工作推进例会上提出，以"职技融通"改革为牵引，突破学历"天花板"，打通技工"成长链"，推动学历教育与技能教育双轨合并在台州率先落地，让学生既能拿到全日制学历也能取得职业技能等级证书。接着，台州市委社会建设委员会将"职技融通"作为技术工人"扩中""提低"改革的三项改革之一，并列入2022年度台州市共同富裕"十大突破性改革"内容。

为了积极落实相关政策要求，在台州市委组织领导下，市教育局及时与市人力社保局等部门对接"职技融通"工作，研究制定并出台了《台州市职技融通改革实施方案》《台州市职业教育"双证融通"人才培养改革试点实施办法》，台州市职业教育"双证融通"人才培养改革正式进入实践阶段。

## 二、为区域产业输送所需"双证"人才

台州实施"职技融通"改革，除了有政治上的引领，更有经济上的需要。台州制造业拥有七大千亿产业集群，但"技工荒"仍是阻碍台州制造业发展的难题之一，其原因是人才培养模式与制造业的发展需求之间存在错位。产业工人人才供给不足、队伍整体素质能力不高、高精尖技术人才储备薄弱一直是痛点。当然，这种产业人才短缺的特征是"结构性"的，即产业人才的供给双方存在失配的问题。

与众多制造业大市一样，台州面临因结构性矛盾导致的高级技工荒，产业技能型人才缺口约为25%。其中，高技能人才、复合型技能人才尤其缺乏。据统计分析，台州制造业要实现高质量发展，每年需要约6万名技能人才和2万名高技能人才的支撑。[1]"职技融通"改革能够有效满足本地产业发展对高技能人才的需要，因为该项改革能够打破原有技术技能人才培养体系的壁垒，发挥技术技能供给的合力，既能调动职业院校在理论教学方面的优势，又能发挥技工院校在实践训练方面的长处，因而高技能人才的学习模式更加科学合理，其成长之路也更加畅通。人社部门与企业界是产业人才的需求端，可以通过这一需求端视角具体把握"职技融通"提供高技能人才，进而促进区域经济发展的意义。比如在台州市人力社保局负责人看来，"职技融通"

---

① 台州探索现代职业教育与民营经济发展深度融合 破解"技工荒"，让职业教育香起来[N]. 浙江日报，2023-12-11(3).

不仅打破了职业院校和技工院校的壁垒，也打破了技术工人成长的天花板，有利于培养兼有技能证书和学历证书的复合型技能人才，让他们在求职和薪酬分配中更具优势，同时也更适应现代工厂的运作机制。再比如，从 2016 年就开始和学校合作的成都海光三门分公司，其总经理也表示，"职技融通"能够打通技术工人学历能力"双提升"成长通道，实现理论与实操融通、学历与技能融通、产学研融通、中高职融通，培养的正是企业紧缺的双证人才。

## 三、打通技术工人成长成才的"天花板"

台州实施"职技融通"改革，除了有政治上的引领、经济上的需要，也有社会层面的驱动。任何一项成功的改革，都离不开对老百姓朴素需求的满足。"职技融通"人才培养改革的成功实施便在于满足了人们对终身教育、终身成长的朴素需求。一方面，技术工人的收入水平与技术能力及学历水平相挂钩，但技工教育的非学历教育属性，使得技工院校的毕业生在就业以及后续的晋升中，容易遭遇学历尴尬，并成为长期困扰高技能人才培育的瓶颈问题，因而人们对技工教育始终持犹疑的态度，担心进入技工教育轨道便意味着生涯发展停滞。另一方面，职业学历教育的学生实践技能学习质量不高，且对于技能证书的获取需求比较大，职业学历教育也需要通过"职技融通"来吸纳技工教育的优势。因此，职业教育"职技融通"改革在两个方面都具有较强的社会驱动力，这些社会驱动力也是台州实施"职技融通"改革重要的社会基础。

## 第三节　台州"职技融通"的顶层机制与 "双证融通"实施

台州职业教育"职技融通"是一项全方位、涉及多部门的人才培养层面的系统性改革，核心是最终推动学历教育与技能教育双轨融合，因此该项改革的顶层机制设计遵循多重逻辑，台州各相关部门在治理、运行、培养、保障四个方面对"职技融通"做出了细致的规划与设计。在此基础上，台州职业教育进行了"双证融通"的试点工作，取得了较为显著的成效。梳理顶层逻辑与机制设计，以及"双证融通"的试点设计细节，有助于系统性把握台州职业教育"职技融通"人才培养的理论探索与实践改革。

### 一、台州职业教育"职技融通"的顶层机制

#### （一）管理部门从分离走向互融的治理机制

为了更好地推动"职技融通"人才培养改革实践，台州职教高地高度重视治理工作，建立了协同推进机制、统筹管理机制以及学分证书互认机制三大治理手段。在协同推进机制方面，具体内容是建立了以市教育局、市人力社保局主要领导任组长的职技融通改革工作领导小组，规定该小组定期召开职技融通协商会，目的是协调解决职技融通工作过程中遇到的各种难题，并且支持符合条件的职业院校按程序加挂技师学院或高级技工学校牌子、符合条件的技工院校按程序加挂职业院校牌子，在最顶层疏通学历教育与技能教育双轨融合的体制壁垒。

在统筹管理机制方面，台州职教高地不改变学校原有隶属关系，对分工统筹进行加强。具体而言，由教育部门牵头统筹管理教育教学、学生管理、学籍学历、考试招生等业务，社会培训、技能人才评价、毕业生就业创业等业务则由人社部门统筹管理，二者并行且保持沟通

协调。

在学分证书互认机制方面，台州职教高地支持与引导职业院校与技工院校之间开展学分互认工作，二者互认通过课程学习、企业实践等取得的学分，完成规定学分的学生，可取得相应学历证书或技能等级证书。加快推进技能人才学历证书和技能等级证书互通转换，支持取得职业技能等级证书的技工院校学生，可依据证书等级和类别免修部分课程，在完成规定内容学习后依法取得学历证书；职业院校学生可参加对应等级的技能等级证书考试，并免试部分内容。

### （二）办学全过程统筹推进的运行机制

为了在运行层面更好地推动"职技融通"人才培养改革实践，台州职教高地高效统筹开展了招生工作、学历管理以及"三教"改革工作。在统筹开展招生工作方面，台州市委、市政府领导发改、教育和人社部门统一制订年度招生计划、发布招生简章、开展招生宣传。建立台州市"匠才荟"职业教育管理平台，实现中职学校与技工院校统一招生政策、统一招生计划、统一招生代码、统一招生平台。

在统筹学籍学历管理方面，将中职学校和技工院校学籍纳入平台管理，实现统一管理、分工负责、数据共享。在教育部、人社部关于学籍管理规定的框架下，实现中等职业学校三年制中专学生与技工院校前三年学制学生学籍互转。

在统筹推进"三教"改革方面，台州市委、市政府统筹推进职业院校与技工院校"双师型"教师队伍建设，研发新型活页式、工作手册式教材。深化职业院校与技工院校教学改革，依据《中等职业学校专业目录》《全国技工院校专业目录》以及国家职业技能等级证书有关规定，修订专业人才培养方案，逐步建立以国家职业标准为依据、以工作任务为导向、以综合职业能力培养为核心的一体化教学课程体系。

在统筹开展技能大赛方面，台州职教高地每年举办全市职业院校（技工院校）技能比赛。鼓励职业院校（技工院校）参加各级职业技能大赛，支持职业院校（技工院校）、企事业单位、行业协会承办各级大赛，对承办各级大赛的单位给予相应经费补助。加强世界、全国、全省技能大赛备赛合作，共享训练设备、共建专业师资团队。

## （三）人才培养全要素融合互通的培养机制

为了在具体的人才培养层面推动"职技融通"人才培养改革实践，台州职教高地围绕中高职一体化培育"台州工匠"、动态调整设置专业、共推产教融合校企合作、统筹开展职业技能培训进行了扎实的"职技融通"改革工作。

在中高职一体化培育"台州工匠"方面，台州职教高地统筹编制全市"中高职一体化五年制职业教育"招生计划，支持技师学院开展长学制试点；支持职业院校与技工院校互派师资，加强对专业设置、人才培养方案和教材使用的指导和监督，逐步统一课程设置、教材标准、质量体系等。

在动态调整设置专业方面，台州职教高地围绕台州"456"先进产业集群和数字经济、智能制造等战略性新兴产业和乡村振兴等现代服务业，深入推进职业院校（技工院校）专业结构优化和调整，重点支持建设汽车、模具、机电、建筑等一批专业群；组建市域专业教学指导委员会，开展专业建设、人才培养、课程体系等研究工作。

在共推产教融合校企合作方面，台州职教高地充分发挥企业在技术技能人才培养中的主体作用，全面推广现代学徒制和企业新型学徒制，职业院校、技工院校按相关规定同等享受学徒制相关补贴；支持校企在专业规划、教材开发、教学设计、课程设置、实习实训、评价考核、共同就业等方面深度合作；建设一批名技师、技能大师工作室及公共实训基地，全面提高技术技能人才的培养能力。

在统筹开展职业技能培训方面，台州职教高地充分利用职业院校（技工院校）优质培训资源，协同做好在职职工、退役士兵、新型职业农民、农村转移劳动力、失业人员、残疾人等重点群体职业教育和培训，落实开展社会化培训的激励政策；支持企业和职业院校（技工院校）以混合所有制合作共建技能培训中心，支持职业院校（技工院校）在规模以上企业举办产教分院或产教培训中心。

### （四）办学资源共建共享的保障机制

"职技融通"人才培养改革需要采取保障措施，促进"职技融通"行稳致远。台州职教高地主要在共享财政政策、共享优质资源以及共优发展环境三个方面体现"职技融通"的保障逻辑。

在共享财政政策方面，台州职教高地按照"统一规划、统一政策、统一支持"的要求，将职业院校、技工院校纳入市职业教育相关条例和政策保障范围，确保职业院校与技工院校按照规定享受有关财政支持政策。

在共享优质资源方面，台州职教高地支持技工院校参与职业教育优秀教育教学研究成果、教师职业能力培训和大赛、精品课程、优秀教育工作者和优秀教师、学科带头人、名师工作室等评选；支持职业院校参加技能大师、首席技师、工匠等评选活动；组织职业院校与技工院校共同开展职业教育领域重大课题研究。

在共建发展环境方面，台州职教高地共同研究，破除社会对技术技能人才的偏见，完善技术技能人才职称评审机制，打通高技能人才与工程技术人才职业发展通道；支持鼓励高技能人才在职业院校和技工院校任教，探索技师、高级技师资格与教师职称资格双线晋升；加强职业技术教育宣传推广，弘扬工匠精神，讲好职教故事，传播职教声音，形成人人皆可成才、人人尽展其才的良好氛围。

总之，台州市职业教育"职技融通"人才培养实践的逻辑主线是已有工作经历、相关培训经历、技术技能达到一定水平及在相关领域获得一定级别奖项或荣誉称号的学生，经学校认定后可折算成相应学分或免修相应课程。开展职技融通改革试点，既是深入贯彻落实国家、省、市关于技能人才培养相关要求的一项有力举措，也是有效突破技能人才发展瓶颈的一次有益探索和创新。

## 二、"双证融通"专业试点实施

为了促进台州市职业教育"职技融通"在院校层面具体落地实施，台州职教高地在职业院校组织实施"双证融通"专业试点，通过此模式进一步落实"职技融通"的实施过程，并保障"职技融通"的实施质量。

## （一）实现技能证书和课程学分互通互换的目标

台州市职业教育"双证融通"人才培养改革试点（简称"双证融通"）目的是将职业教育的专业教学标准、教学过程和课程评价与职业技术技能培训体系中的职业技能标准、培训过程和技能鉴定融通，实现学历教育与职业技能培训的衔接贯通，实现技能等级证书和学历教育课程学分的互通互换，不断提高职业教育的人才培养质量，助推技术工人"扩中""提低"改革，助力共同富裕先行市建设。

## （二）办学实力与融通性都较强的申报专业要求

台州市域内开展职业教育和技工教育的院校均可进行"双证融通"试点，但需要满足一定的基本要求。具体而言，"双证融通"试点专业的办学方向应符合本市产业发展和促进就业的需求；对专业人才培养的技术技能有较高要求；专业具有相应国家职业技能等级证书（中级／高级工）；专业教学标准与相关职业技能标准相对稳定，且两者融通性较强；专业课程改革基础较好，校企合作、工学结合等培养模式探索实践成效较为突出；试点申报专业的师资队伍、教学管理、实训条件和职业技能鉴定条件达到开展试点的相关要求。

## （三）围绕人才培养进行系统性改革的专业建设任务

### 1. 制定"双证融通"人才培养方案

试点专业应在对行业企业进行调研的基础上，将职业教育包含的知识、能力和素质要求与职业技能等级证书涵盖的理论知识、基本技能、核心技能、职业素养要求有机融合，制定科学合理的"双证融通"人才培养方案。要重视对学生职业意识、职业行为习惯、团队合作、创新意识等职业基本素养的培养和考核。应确定 2—5 门融通专业教学和职业技能标准的"双证融通课程"。

### 2. 建设"双证融通"课程体系

"双证融通"课程的开发应依据相关国家职业技能标准，将职业技术技能和职业基础素质要求充分融入课程目标、课程设计、课程内容、课程评价等各个环节。课程开发应包括但不限于课程标准、课程教案和课程考核方案，鼓励有条件的试点院校与各类证书的培训评价组织研发活页式、工作手册式教材，建设课程资源库。各专业可设置相关先导课程，为学生修读"双证融通"课程做好准备。

### 3. 开展"双证融通"教育教学改革

试点专业应以本项试点为契机，加大教育教学改革力度。根据职业技能等级证书考核要求，分解典型职业能力所需的理论知识和核心技能要求，系统梳理教学内容，重构项目化课程体系，逐步建立以国家职业标准为依据、以工作任务为导向、以综合职业能力培养为核心的一体化教学课堂体系。及时更新教学标准，将新技术、新工艺、新规范、典型生产案例及时纳入教学内容。开展项目教学、情境教学、模块化教学，推动现代信息技术与教育教学深度融合，提高课堂教学质量。

### 4. 建立学分证书互认机制

试点院校结合职业教育学业评价和职业技能等级鉴定考核特点，建立职业院校技能人才学历证书和技工院校技能等级证书互通转换制度。试点职业院校对取得职业技能等级证书的技工院校学生，根据其证书等级和类别免修部分"双证融通"课程，继续修满其余课程学分的可依法取得学历证书。深入推进考教分离，把技能等级证书的终结性考评转化为学历教育教学过程中的形成性评价。每门"双证融通"课程的期末考核由理论知识考试和操作技能考核两部分组成。每部分考核独立计分，理论知识考试由各试点院校根据全市统一标准和规范组织实施，操作技能考核由市职业技能鉴定中心按照相关规定组织考核，理论知识考试和操作技能考核均合格，方可通过该门课程。相关"双证融通"课程考核均合格，颁发对应等级的职业技能等级证书。

### 5. 加强"双师"队伍建设

试点专业应加强"双证融通"课程的"双师"教师队伍建设。鼓励学校与企业开展校企合作，培养本校"双证融通"课程的专业教师。承担"双证融通"课程的专业教师应具备"双师型"素质，具有三年及以上的职业教育教学经历，拥有与"双证融通"证书一致的高级（三级）及以上职业技能等级证书。试点专业可聘请行业企业技术人员、管理人员或能工巧匠担任"双证融通"课程中技术技能培养模块的兼职教师。鼓励职业院校与技工院校互派师资，加强对试点专业设置、人才培育方案和教材使用的指导和监督。

### 6. 完善实训考核条件

试点院校应根据"双证融通"课程技能实训和鉴定要求，整合校内资源，加大经费投入，加强试点专业的实习实训、技能鉴定等方面的条件建设。

### 7. 设立职业技能等级鉴定点

试点专业通过"浙江省职业能力一体化平台"申报相关国家职业技能等级鉴定点。依据国家职业技能标准或职业技能评价规范，对本专业完成"双证融通"课程学生的技能水平进行考核评价，并对通过评价的人员核发职业技能等级证书。

## 第四节　台州职业教育"职技融通"的典型实践

台州职业教育高地积极推动职业教育"职技融通"人才培养改革实践，台州市域内不同职业教育主体都参与这项改革实践，形成了较多"双证融通"人才培养实践案例，其中比较典型的有三门技师学院与台州科技职业学院职技融通班、台州技师学院与台州职业技术学院职技融通案例、浙江汽车职业技术学院与浙江吉利技师学院学分证书互认试点。

## 一、三门技师学院与台州科技职业学院职技融通班

三门技师学院（筹）、三门县职业中等专业学校是一所融学历教育和非学历技能培训为一体的国家重点职业学校，是国家中职教育改革发展示范校。学校实行总院与分院两级管理，设有炎培分院、核科学与工程分院、机电技术分院、商贸服务分院、中职分院和继续教育分院六个二级学院，与四川大学、上海工程技术大学、宁波工程学院、泰国格乐大学、韩国松源大学、乌克兰利沃夫国立理工大学等 10 多所国内外知名高校长期联合办学。学校毕业生就业率及高级工技能等级证书获得率均较高，在台州市同类学校中名列前茅。

台州科技职业学院是浙江省人民政府批准建立、台州市人民政府主办的专科层次的全日制普通高校，前身是创办于 1937 年的台州农校和创办于 1921 年的黄岩师范，2003 年 6 月两校合并筹建，2007 年 2 月正式成立。学校为浙江省"双高计划"建设单位、教育部职业教育发展中心实验校、教育部职业院校数字校园建设试点，先后获浙江省文明单位、浙江省 4A 等级平安校园、浙江省治安安全示范单位、浙江省"双创"示范基地、浙江省现代学徒制试点单位、浙江省绿化模范单位、浙江省生态文化基地、浙江省绿色学校、台州市教育工作成绩突出集体等称号，荣获国家级教学成果奖一等奖、全国职业院校技能大赛教学能力比赛一等奖、浙江省科学技术奖一等奖。

为贯彻落实《教育部浙江省人民政府关于推进职业教育与民营经济融合发展助力"活力温台"建设的意见》精神和《台州市人民政府办公室关于印发台州市职技融通改革实施方案的通知》要求，推进建立与经济社会发展需求紧密对接、与教育现代化要求整体契合的职业院校与技工院校融合发展新模式，培育工匠精神、构建技能型社会、服务高质量就业，台州科技职业学院主动对接产业发展趋势和市场需求，与三门技师学院合作推进"职技融通"改革，实施"先行先试"原则，打破技术技能人才培养的体制机制壁垒，开展"中高一体化"

培育"台州工匠"，助推技术工人"扩中""提低"改革，打通技工"成长链"，赋能台州共同富裕先行市建设。

三门技师学院与台州科技职业学院职技融通班，是台州建设共同富裕先行市的改革项目之一。在市人力社保局和市教育局的大力推动下，2022年4月，两校签署"中高职一体化"人才联合培养协议，根据经济发展需求，率先在智能控制技术（核电电气设备安装与维修）和数控技术（数控加工）两个专业开展联合办学，实现学生五年一贯制培养。两校共同搭建高职院校与技师学院之间的"立交桥"和"直通车"，助推技术工人"扩中""提低"改革。

"核电"一直是三门技师学院的特色品牌，共开设五个涉核专业，其中"核电设备安装与维护专业"填补了我国技工院校涉核专业目录空白。

三门技师学院与台州科技职业学院职技融通班的主要举措和推进过程主要表现在以下三方面。一是改革试点，重点推进。"职技融通"改革试点工作是台州市建设共同富裕先行市的改革项目之一，由台州市教育局牵头，台州科技职业学院与三门技师学院共同推动落地。 在市教育局牵头下，浙江工业大学、台州科技职业学院专家到三门县开展"职技融通"专题调研，与会专家给予了全面、系统、专业的指导。市人力资源和社会保障局，县委、县政府高度重视"职技融通"改革试点工作，县共富办、县人社局、县教育局等相关部门跟进该项工作，三门技师学院将试点改革列入学院年度重点特色工作，组建工作专班，制订工作计划，明确责任分工，确保试点改革顺利进行、打响品牌，助力建设共同富裕先行市。

二是发挥优势，科学选点。多年前，三门职业中专在中职层面已经有多年的"职技融通"的探索，一直坚持以市场为导向，动态调整专业设置，强调师生技能提升，大力弘扬工匠精神。三门技师学院在职业中专基础上成功筹建，六年来，学校秉承技能训练主线，坚持以技师和高级技工为主要培养方向，无论是学校规模还是办学质量、社会形象普遍得到提升，在省内具有较高的影响力和较好的社会口碑。

三门技师学院已顺利入围浙江省一流技师学院培育单位和双高专业群建设单位。

三是强化交流，精准融通。台州科技职业学院是市政府主办的专科层次全日制普通高校，与三门技师学院有密切的交流和良好的合作基础，在中职"3+2"领域也有合作经验。在三门县人力资源和社会保障局及教育局的支持下，2022年秋季，三门技师学院已成功完成第一批核电电气、数控技术两个专业"职技融通"试点班90名学生的招生任务，预计到2027年，这批同学将同时拥有高级工技能等级证书和全日制专科文凭。同时，三门技师学院吸收产教融合理念，与三门核电、三变科技等龙头企业共同探索"高职＋技工＋企业"的"职技融通"人才培养模式改革。

台州科技职业学院与三门技师学院将在产教深度融合、课程体系衔接构建、实践教学环节设计、师资协同研训、试点工作机制等方面深入探索，进一步挖掘合作深度和拓宽合作广度。通过实施联合招生、联合办学、联合培养，实现学生在台州科技职业学院和三门技师学院"双注册"，打破了高职教育和技工教育的藩篱，打破了现有的学历证书和技能证书不能兼得的体制机制壁垒，打通技术工人学历能力"双提升"成长通道，取得了显著的建设成效，许多学生获益良多。"这个课程不仅扩展了我的专业技能，还扩宽了我的专业视野，对我的就业、择业有非常大的帮助。"[①]2022届"职技融通"班学生陈凌峰说。

台州科技职业学院获批浙江省人社厅的职业技能等级鉴定中心（快递员），培训在读学生考证的同时，面向全市邮政快递企业开展全流程培训和考证工作，为推动学历证书和职业技能等级证书的互通转换进行了有效探索。

## 二、台州技师学院与台州职业技术学院"职技融通"

台州技师学院是浙江省人民政府批准设立、台州市人民政府举办

---

① 台州探索现代职业教育与民营经济发展深度融合 破解"技工荒"，让职业教育香起来[N].浙江日报，2023-12-11(3).

的市本级唯一综合性技师学院,是浙江省首批 10 所一流技师学院建设单位,全国技工院校工学一体化建设院校。台州技师学院 2016 年办学,培养高级工及以上层次技能人才,目前在校生达 5000 多人。面向台州临港产业带"五城十链",开设数控加工、模具设计、汽车维修、电气自动化设备安装与维修、多轴数控加工、工业机器人应用与维护等六个技师层次专业,云计算、数控加工、药物制剂等 16 个高级工层次专业,形成智能制造、电子信息、车辆工程、医药健康、建筑工程、现代服务等六大专业集群,智能装备应用与维护、医药健康两个专业群入选省级高水平专业群建设名单,工业机器人应用与维护等四个专业入选全国技工院校工学一体化建设专业。

台州职业技术学院是一所政府举办的全日制普通高等学校,筹建于 1999 年;2001 年 5 月,浙江省人民政府批准建立台州职业技术学院;2003 年、2006 年,浙江省台州工业学校和浙江贸易经济学校先后成建制并入。2007 年,学校顺利通过教育部高职高专人才培养工作水平优秀评估;2012 年,学校成为"浙江省示范性高等职业院校";2019 年,学校成为教育部现代学徒制试点单位;2021 年,学校列入浙江省"双高计划"建设单位。

2023 年 9 月,台州技师学院和台州职业技术学院合作,试行职、技、企多元办学,率先创立职技融通长学制培养模式,开展"技能 +学历"职技融通长学制培养,推出电气自动化设备安装与维修、数控加工和药物制剂三个专业,共 135 个培养名额,学制五年,招生对象为初中毕业生。学生毕业后能拿到台州职业技术学院的全日制大专学历、台州技师学院的技能等级证(高级工)和毕业证。在职、技、企三方参与下,"职技融通"班的学生将实现招生、培养、就业一体化。总之,"职技融通"打通了职业教育和技工教育之间的壁垒,通过职业院校和技工院校合作,学分互认,学生毕业既能拿到全日制大专学历,又能获得职业技能等级证书,该项目一经推出便受到了学生和家长的欢迎。

台州技师学院与台州职业技术学院"职技融通"项目中最具重要标志意义举措是"职技融通"人才培养标准的研制与发布。2023 年 12

月，台州市职技融通人才培养标准发布，该标准由市人力资源和社会保障局、市教育局、台州技师学院、台州职业技术学院和相关龙头企业联合制定，是全省首个"职技融通"人才培养标准。此次发布的台州市职技融通人才培养标准，具体包括"职技融通"专业教学标准和人才培养方案，其中教学标准涵盖课程标准、师资标准、场地标准、质量标准等。

为了促进"职技融通"更好地落地，台州技师学院制定了相应的人才培养方案，重点研制了将来从事的岗位画像，采取订单式培养模式，为企业培养与输送高素质技术技能人才。未来，这些学生或将成为上市公司的班（组）长、线（工段）长、车间主任等高素质人才和储备干部，实现高质量就业。未来职业发展方向非常鲜明，让人们看到了"职技融通"项目的潜力与希望，有力促进了"职技融通"项目的推广。

台州技师学院与台州职业技术学院"职技融通"项目在学生与家长中取得了不错的反响。比如2008年出生的王可馨中考成绩611分，出于就业的考虑，她选择了台州技师学院的"职技融通"班。来到校园的第一天，她就爱上了这里。"希望以后能多跟着老师参加技能大赛，不断锤炼技能，练出真本事。"王可馨说。另外，"上一次学拿两本证"也是社会对台州技师学院与台州职业技术学院"职技融通"项目的普遍评价。再比如2022年，本科毕业13年的徐滔做出了一个意想不到的决定——回到台州技师学院重新上学。徐滔是浙江亿利达科技有限公司风机主任，主要负责企业产品设计。"风机行业技术更新迭代速度非常快，为了不被行业淘汰，我选择到技校'回炉重造'。"在徐滔看来，过硬的专业技能是立足职场的根本，而专业的职业教育能让他迅速掌握行业最新技术，弥补实操能力的不足。10个月后，徐滔顺利拿到了"技师"职业技能等级证书。[①]

大学生主动选择回到技校"锤炼"，意味着职业教育在台州越来越

---

①  台州探索现代职业教育与民营经济发展深度融合 破解"技工荒"，让职业教育香起来[N]. 浙江日报，2023-12-11(3).

受到社会认可。2016 年以来，台州就读中职的人数呈现增多趋势，有些已经上了普高线的学生仍选择就读中职学校或技工院校。这些对于职业教育的社会评价的改善以及学生主动选择职业教育，正说明"职技融通"项目为学生开辟了更宽阔的选择通道，立足于学生立场设计职业教育体系，改革职业教育。

## 三、浙江汽车职业技术学院与浙江吉利技师学院学分证书互认试点

浙江汽车职业技术学院是由浙江吉利控股集团 1997 年创办的第一所民办学校——浙江经济管理专修学院发展而来，现由临海市人民政府和吉利控股集团联合办学，是全日制民办普通高等职业院校。该校办学 20 多年来始终坚守"走进校园是为了更好地走向社会"的办学宗旨，以创建与吉利品牌相匹配、充满活力、特色鲜明的全国一流汽车类职业院校为目标，不断努力创新发展。学校以"坚持产教融合、校企一体，坚持工学结合、知行合一，让每个学生都能有人生出彩的机会"为育人理念，以"三好两强一优"为培养目标，遵循"德技双馨、自强不息"的校训，立足汽车产业，依托吉利集团跨越式发展，以汽车产业链专业为特色，服务于浙江及台州区域经济发展，培养企业需要的生产、建设、管理、服务一线的高素质技术技能型人才。截至 2023 年，开设有交通运输、装备制造、电子信息、财经商贸、新闻传播等五个专业大类，建有汽车检测与维修、汽车制造与技术、新能源汽车等为核心专业的四大专业群，共 21 个专业，现有在校生 6000 余人。其中，汽车检测与维修技术、汽车制造与装配技术、汽车电子技术、汽车营销与服务等四个专业为浙江省高校"十三五"优势、特色专业建设项目，汽车检测与维修专业群、新能源汽车检测与维修技术专业群为台州市高水平专业群建设项目。

浙江吉利技师学院是由浙江吉利控股集团于 1998 年创办，是浙江省人力资源和社会保障厅主管的一所集学历教育、技能培训、社会服务为一体，以高技能人才培养、培训为特色的全日制高等技工院校，系省级重点技工院校、国家高技能人才培训基地，同时设有临海大洋、

台州湾经济技术开发区（国家级）两个校区。学院坚持"校企一体，以岗育人"办学模式，经多年发展建立了"校企技能指导专家委员会"，形成了以企业为依托，以学校为主体，校企共育职业素养和职业能力"双核"相融技能人才的培养体系。紧密结合台州市、临海市产业特色，开设汽车整车制造与装配、汽车维修、新能源汽车检测与维修、工业机器人应用与维护、电气自动化设备安装等 14 个专业，其中汽车维修专业为浙江省技工院校品牌专业、新能源汽车工程专业群入选省级高水平 A 类专业群建设项目。学校拥有国家级高技能人才培训基地、台州市公共实训基地。目前已建成工业机器人、新能源汽车检测维修、汽车制造四大工艺、汽车综合实训、汽车电子电气、智能数字化等实训中心，实习实训基地设备先进、工位充足、功能齐全，并设有国家级职业技能鉴定所，每年开展企业员工培训超万人次，鉴定初级技工、高级工 2000 余人。

浙江汽车职业技术学院与浙江吉利技师学院都是由吉利控股集团参与办学，二者都以培养汽车行业技术技能人才为主要定位，因此他们在职技融通方面的合作具有天然的契合性，且实施职技融通改革的阻力也较小。具体而言，浙江汽车职业技术学院已经与浙江吉利技师学院实现"双挂牌"，先行试点技能人才学历证书和技能等级证书互通转换。具体操作办法是技师学院的学生被浙江汽车职业技术学院录取后，在技师学院已经学过的相同课程可以申请学分互认。同时，对已经取得的职业技能等级证书，按照证书等级和类别，进行学分互认，免修部分课程。学生在继续修满其余规定课程之后，既能拿到全日制学历，也能取得职业技能等级证书。

浙江汽车职业技术学院与浙江吉利技师学院的"双证融通"一经推出，浙江汽车职业技术学院便收到了多名学生提交的学分互认申请表。浙江汽车职业技术学院和浙江吉利技师学院实现"双挂牌"，构建纵向贯通、横向接轨的职教"立交桥"，在师资、教学资源和课程设计等方面逐步融通。浙江吉利技师学院的学生被浙江汽车职业技术学院录取后，可以凭借已经学过的相同课程、取得的职业技能等级证书，提交学分互换申请表，进行学分互认，免修部分课程。学生在继续修满其余规定课程之后，既能拿到全日制学历，也能取得职业技能等级证书。

"既有理论及应考能力又有相关操作技术能力"的学生，一直是用人单位抢夺的"香饽饽"。2019年，台州市全面推进"1+X"证书制度试点，引导和鼓励学生在在校期间考取社会比较权威的、含金量高的、企业认可的职业资格证书，为就业增添"砝码"。浙江汽车职业技术学院直接将学生实践岗设到企业车间，开展"校企一体，以岗育人"的工学交替实践与探索，并入选浙江省学徒制典型案例。此外，台州市还充分利用职业院校（技工院校）的优质培训资源，协同做好在职员工、退役士兵等重点群体的职业教育和培训。浙江汽车职业技术学院与浙江吉利技师学院学分证书互认试点则不仅推动了"既有理论及应考能力而且开展对有相关操作技术能力"的学生的培养，为台州企业输送了合格的技术技能人才，取得了不错的社会反响。

# 第八章
# 一体贯通：职业教育一体化长学制人才培养的台州模式

　　台州市以"活力温台"为发展契机，与浙江省联手共建职教创新发展高地，提高职业教育人才培养质量，促进台州市区域内经济发展。台州市贯彻落实长学制人才培养策略，严格按照人才培养标准和专业教学标准遴选符合要求的专业群，通过中高企一体化贯通培养，打造"学校为核心、政府保驾护航、企业协同发展的多元一体化"人才培养的"台州模式"。以一体化为培养主线，多方位整合教育要素，构建中高职一体化专业教学标准，推动构建"纵向贯通、横向融通、梯度衔接"的现代职业教育体系，切实提升职业教育人才培养的针对性、适应性和吸引力，努力培养更多高素质技术技能人才、能工巧匠、大国工匠，力求解决区域内人才供需不匹配、人才流失率高等问题，从而留住人才，实现区域内自主供血功能顺利运转，为台州民营经济发展贡献职教力量。

# 第一节　长学制人才培养是留人于台的必然途径

## 一、走长学制道路是历史赋予台州的时代重任

### （一）发展长学制的时代机遇

进入新时代后，职业教育发展受到前所未有的关注与重视。职业教育类型地位得以确定，2019 年国务院发布《国家职业教育改革实施方案》，进一步明确了职业教育作为一种教育类型的地位，职业教育类型地位的摆正是对职业教育本质的回归，对于增强职业教育适应性，推进现代职业教育建设而言具有重要的发展战略意义。职业教育内涵式建设大力推进，2019 年我国先后启动"双高计划"和"1+X 证书"制度试点，助推高水平职业院校、专业建设和技术技能人才培养改革。为了实现"中国制造 2025"和全面建设社会主义现代化国家，培养更多高素质技术技能人才、大国工匠和能工巧匠是当前职业教育肩负的重大使命与责任。

### （二）发展长学制的历史底蕴

浙江省作为职业教育发展的先驱部队，积极响应国家建立职业教育体系、完善职业教育人才培养模式的号召，20 世纪 90 年代在全省范围内开启中高职一体化人才培养试点，为长学制发展积攒经验。而凭借发展职业教育的东风，浙江省被赋予"新时代全面展示中国特色社会主义制度优越性的重要窗口"的新目标新定位，肩负着全国首个共同富裕示范区建设的历史重任，职业教育在其中发挥着重要的助力与支撑作用。与此同时，职业教育办学层次的提升、《职业教育专业目录》与《中华人民共和国职业教育法》的修订为加快建设结构合理、定位清晰的职业教育体系提供了有力的政策支持与制度保障。

在发展职业教育的路上，浙江省在 20 余年的职业教育探索过程中

一直采用中高职一体化长学制的人才培养方案，该方案是构建具有区域特色的现代职业教育体系，培养高素质技术技能人才，实现职业教育学生可持续发展的重要探索。在践行过程中各省市都积累了较为丰富的经验，取得了较好的成效，这也为浙江省各长学制试点城市的发展提供了充分可行的实践样本。

### （三）发展长学制是台州的时代使命

从政策角度来看，台州市为教育部遴选开展职业教育创新发展站改革试点的市域高地，近年来，台州市以高质量发展建设共同富裕先行市为引领，持续推进职业教育与民营经济深度融合发展。台州市积极响应浙江省建设首个共同富裕示范区的时代重任，建设职业教育创新发展高地，培养高素质高技能人才是时代赋予台州市的历史重任。台州市作为一座制造业繁荣发展的城市，其中职院校远多于高职院校，而制造业产业所需人才需要长年限培养才能够真正作用于产业、服务于产业。因此，选择长学制作为首要方案是台州市职业教育发展的必然途径。

## 二、提高职业高等教育普及性，融合台州区域特色

民营经济是国民经济的重要组成部分，不仅是经济制度的内在要素，也是推进供给侧结构性改革、推动高质量发展、建设现代化经济体系的重要主体。台州市是中国民营经济发祥地、股份合作经济发源地、市场经济先发地，全市民营企业占企业总数的99.5%，曾被评为中国民营经济最具活力城市、中国民营经济最具影响力城市。但是，随着国家市场经济体制改革的不断深化，台州市正处于产业行业转型升级的关键时期。而在转型升级探索的过程中，其自身的局限性也不断暴露出来，比如部分民营企业自身规模小、技能人才匮乏、技术发展滞后、管理机制落后等问题都阻碍着行业产业转型升级。产业转型升级背后的深层逻辑是为了追求经济高质量发展，人民自身幸福感提高。然而发展经济，人才是刚需。解决这些问题的关键在于培养适用于当地产业经济发展的高技术技能型人才，因此如何供给行业所需是

台州职业教育急需回答的问题。在此背景下，台州紧扣现代职业教育与民营经济融合发展这条主线，以创建国家产教融合型试点城市为契机，不断巩固深化试点成果，在优化产教融合环境、畅通学生发展通道、提高职业教育吸引力三个重点上下功夫，加强产教融合、学城共兴顶层设计，统筹产教融合、校企合作各方资源，落实好相关激励政策，扩大中高本企一体化培养规模，进一步畅通"学历＋技能证书"通道，努力让每个学生都有出彩的机会，助推创建技能型社会和产教融合型城市，为台州建设民营经济示范城市贡献职教力量。

### （一）市场端解决用工荒

从人才需求角度来看，台州市的人才流出率偏高，相当一部分技能人才并没有留在所在区域内进行就业，其就业环境的严峻程度，会对产业升级造成一定的影响。造成这种现象，一方面是专业设置和岗位需求之间的不匹配，另一方面是民营经济中小微企业的自身局限性所导致。由于小微型民营企业大多属于家庭作坊式经营模式，其对产业升级、行业改革等推动整个社会产业变革的新兴行为的风险评估过高。因此，对于区域内培养的新型技能人才，在该区域内无法找到适配的岗位。而长学制的贯彻，不仅可以培养出技术型人才，而且可以培养出配套的管理人才，为企业搭建符合现代化社会发展的产业模式。

职业教育通过提供适应就业需求的技能、减少技能缺口、促进创业和就业机会、整合教育和产业以及提高劳动力就业竞争力等方面，有效地助力地方经济的发展。地方政府和教育机构应加强合作，制定有针对性的职业教育政策和计划，为地方经济提供稳定的技术支持和人力资源。台州是民营经济的摇篮，但是区域间经济发展不平衡，技能型人才集中于发达地区，或者流出该区域的现象。因而，培养服务于区域产业经济的高素质高技能技术人才，推动行业产业转型升级是重中之重。

通过改革探索，实现以下具体目标：一是通过核心紧缺技术技能人才培养，为地方优势产业集群升级提供新动能；二是推动优质高等职业教育资源下沉县域，扩大辐射面，让高等教育更直接、更好地服务县域发展；三是在现有高水平中职学校中，好中选优，打造若干所具有示范作用的新型中职学校，在新发展阶段培育核心竞争力，引领中职教育发展；四是打造中职、高职、地方、产业紧密互动的产教融合新模式，为职业教育人才（应用型人才）培养提供新探索和新借鉴；五是提升人才培养的综合素质和技术技能规格。学生完成学业时，需同时取得高级工技能等级证书和至少一种 X 证书（中级以上），在就业和终身发展上更有竞争力，成为职业教育服务"扩中""提低"的样板和民心工程。

### （二）教育端大国工匠和普惠性人力资本提升

职业教育是教育扶贫的排头兵，是见效最快、成效最显著的扶贫方式。促进职业教育高质量发展的关键是增强其适应性，最大化实现教育公平，使地区获得普惠性发展。职业教育属于普惠性、基础性、兜底性民生建设，增强适应性就是要瞄准技术变革和产业优化升级的方向，推进产教融合、校企合作，促进教育链、人才链与产业链、创新链有效衔接，吸引更多青年接受职业技能教育，拓展人口质量红利，提升人力资本水平和人的全面发展能力，切实促进产业升级转型，加快建设制造业强国，切实增进民生福祉，实现更加充分更高质量就业，扩大中等收入群体，促进共同富裕。职业教育长学制建设推动人才技能培养，直接提高劳动者就业能力。此外，农村学子作为职业教育的主要力量，可以在一定程度上阻断代际贫困，为脱贫攻坚贡献教育事业的力量。

对现代化产业体系而言，社会需要一批批高技能人才、大国工匠提供一线的支撑。台州通过职业教育一体化人才培养方案为社会供给了一批又一批实干人才，为推动高质量发展、实施制造强国战略，推动建立现代化产业体系贡献了基础性支撑力量，使区域内的学生在得到一般性发展的基础上，让部分拔尖人才得到更高层次的培养，作为大国工匠的后备力量。

## 三、长年限、高质量、多元化的人才培养模式促进台州民营经济发展

### （一）纵向贯通技术技能人才培养道路

从学生需求角度来看，通过中高职一体化长学制的职业教育培养，学生能够获得更高水平的职业资格和证书，增加他们在就业市场上的竞争力。长学制的教育更加注重学生的专业知识和实践能力，使他们更好地满足就业市场的需求，提高就业机会，开阔职业发展的前景。在职业教育中高职一体化的长学制人才培养模式下，衍生了一系列的附加优化政策，例如"学历＋技能证书"通道，即使是文化课成绩较低的学生也能进入更拔尖的学府进行深造，从而为区域发展贡献职教力量。职业教育内部的贯通发展由学历衔接走向内涵式发展，不仅仅是从源头上增强职业教育的吸引力，也是从源头处打破以往由单纯学历衔接带来的课程内容冗杂、重复或者缺失等问题，从专业和人才培养本身提高教育质量。纵向贯通技术技能人才的培养道路带来的可视化收益不仅体现于学生本身的能力增长方面，还体现于当地经济效益的增加以及对于民生工程的辅助作用。

### （二）横向融通增加学生的选择

职业教育作为类型教育的新观点，将职业教育视作与普通教育等量齐观的另一种选择。针对处于分流阶段的学生而言，在以往职业教育发展缓慢且依附于普通教育的时代，职业教育本身很难作为一种选择出现在学生的分流答卷中，而长学制的提出很大程度上增强了职业教育的吸引力，也为学生提供了一种新的人生可能。长学制不仅仅是教育界响应"职业教育前途广阔、大有可为"的时代号召，更是教育对贯彻"以人为本"理念的诉求交出的时代答卷，让学生个性化发展，不再局限于单一的升学道路。

### （三）增强学生文化认同感，留人于台

台州市作为民营经济城市，所涉及行业大多为制造业，自身产业发展囿于单一层面。台州产业人才需求扁平化、单一化，很难吸引外来人才服务台州、建设台州。因此，台州市掀起"拼经济"的热潮，最重要的就是发展自身的造血功能，在本地培养行业产业所需要的高质量人才。

1. 家门口上大学——走长学制道路，满足学生的发展需求

发展共同富裕，最重要的一点就是"扩中""提低"，而这一点在教育端的体现就是拓宽职业教育对象的升学道路，让学生的整体综合能力有所提升，更好地服务产业经济发展。但台州市本身是一座中职院校多于高职院校的缺失升学道路的城市，其学生流出率很高。要想发展经济，留住这些想要进一步提升和发展的学子，最为关键的一点就是让他们在家门口就能走上升学路。台州市的龙头产业是加工制造业，这类专业的人才需要多年的贯通培养，才能够上岗。在学生需求和产业特色的大背景下，长学制在台州市生根发芽成为大势所趋。

2. 留人于台——增强学生的文化认同感

本土化人才相较于外来引进人才更为突出的一点是拥有更高的文化认同感，对于区域产业本身的了解程度也相对更高。因此，增强学生的地域文化认同感符合台州市自主造血的需求。增强学生的文化认同感最为关键的一点是让学生在学习过程中能够充分了解行业企业的发展状况，并认可未来从事的行业的工作前景。而长学制的贯通培养就很好地满足了这一点，在台州职业教育一体化长学制的实践过程中，增强企业的参与度，让学生能够在深入学习的过程中逐渐认可企业文化，其带来的人才黏性远高于物质因素的影响，能够在最大程度留人于台。

# 第二节　融合台州产业特色的多元一体化长学制模式探索

"一体化"指的是通过恰当的方式、方法或手段，将两个或多个不同的非协调事项有机地整合成一个整体，形成协同效应以实现组织的计划目标。20 世纪末，"一体化"概念被应用到职业教育中，由此"一体化"成为我国职业教育体系打通纵向人才成长通道的一大指导理念。中高职一体化指的是中等职业学校与高等职业院校通过管理体制、培养目标、课程设置、教学内容等方面的统筹设计，协调两个不同学段之间的人才培养实践，整合两者之间的优势资源，形成紧密协同的育人合力，以实现高素质技术技能人才培养目标。从学制类型上看，台州市中高职一体化人才培养主要包括中高职"3+2"与五年一贯制两种模式，由于这两种人才培养模式在办学过程中日益趋同，于 2019 年整合为中高职一体化五年制人才培养模式。从内涵上看，台州市中高职一体化人才培养旨在冲破传统中高职衔接办学形式化的瓶颈，推动两个层次职业教育间的衔接走向实质。

台州市以"中高企"一体化改革为契机，鼓励企业深度参与开发一体化专业教学标准、研发一体化专业课程和教材、建设一体化教学资源、完善一体化质量监测与评价制度，挖掘企业技能工匠典型案例，通过强化企业价值的引领，拓展"升学一就业"一体化通道内涵。

## 一、多元一体化办学模式，激发台州活力

### （一）中高职（企）一体化

台州市本着"产教融合、友好合作、院校企三方联动培养人才"的原则，打造"中高企（业）"产教联合体，构建"中高一体、工学结合、多元发展"的人才培养体系，培育人人出彩的高素质技能人才。如台州职业技术学院采用"中高职一体化＋企业新型学徒制"培养模

式，携手浙江华海技术学校，与国家产教融合企业华海药业共建华海学院；台州科技职业学院携手仙居县职业中专，与浙江仙琚制药股份有限公司等4家药企、神仙居旅游集团有限公司等4家旅游服务企业共同打造中高企一体化人才培养模式；温岭市职业技术学校、浙江工业职业技术学院与本地名企爱仕达电器股份有限公司合作的"电气自动化技术（爱仕达班）3+2"订单班，打造了"中职—高校—企业"一体化长学制人才培养模式。目前，台州已开展长学制人才培养改革培育项目11个，其中温岭市职业技术学校等4所中职学校入选省"区域中高职一体化"改革试点学校；积极推进中高职一体化课程资源建设，组建28个中高职一体化教科研训团队、研制27个一体化专业教学标准和课程标准、编写40本一体化课程新形态教材，其中获评国家在线精品课程2项、省级精品课程15项。

### （二）中本（企）一体化

中本一体化是将中职和应用型本科阶段教育全面打通，以培养学生能力为核心，以区域行业企业对应用型人才的需求、学生个体发展的需要为导向，中职院校、本科高校、行业企业三方协同，围绕改进质量评价、实施教学改革、重构课程体系、找准培养定位来构建人才培养体系框架。综合分析各主要办学相关方的利益诉求以及区域内企业、行业的人才需求，根据中等职业院校与应用型本科院校办学情况设置中本一体化专业，以专业推导岗位并分解岗位能力要求，以能力为导向开发中本（企）一体化的课程体系，划分阶段性人才培养目标，兼顾人才培养的连续性与阶段性，在中本（企）一体化人才培养过程中建立监测和反馈机制。

### 二、一体化专业教学标准

专业教学标准是开展专业教学的基本文件，是明确专业人才培养目标和规格、组织实施教学、规范教学管理、加强专业建设、开发教材和学习资源的基本依据，是评估教育教学质量的主要标尺。

随着经济快速发展、产业转型升级，社会对技术技能人才规格质量要求不断提高，学生、家长对学历、技能"双提升"需求愈加迫切，职业教育长学制一体化培养高素质技术技能人才的改革显得尤为重要。2021 年 6 月，浙江省教育厅办公室印发《浙江省中高职一体化课程改革方案》，全面启动中高职一体化课程改革。首批共遴选 30 个量大面广、行业岗位技术含量较高、专业技能训练周期较长、社会需求相对稳定、适合长学制一体化培养的专业先行先试，研究制定具有省域特色的中高职一体化专业教学标准体系。

在此背景下，台州市响应国家号召，台州市教育局办公室发布关于印发《台州市中高职人才一体化培养实施方案》的通知，呼吁各市直职业院校结合当地实际情况认真贯彻落实政策要求。统筹设置中高职一体化专业要以一体化专业教学标准为基准，秉承立德树人、德技并修的育人理念，以人才成长规律为遵循，以培养高素质技术技能人才为核心，立足产业转型升级和区域经济社会高质量发展需要，聚焦长学制技术技能人才培养需求，坚持一体设计、省域统筹、调研先行、科研引领等原则，规定专业人才培养目标及规格、课程设置及学时安排、师资队伍、教学条件、质量保障和毕业要求等内容。

## 三、教学、教法、教师三教改革一体化

专业标准一体化是学校办学的基准线，也是教学、教法、教师选择的样本。在已有的标准背景下，对于以民营经济为主要经济主体的台州市而言，专业的开设不仅要符合长学制专业设置标准，更要符合当地的经济需求。专业的遴选开设是长学制得以实施的第一步，教师队伍的建设是紧随其后的第二步。台州市教育局对于市直职业院校提出新要求，组建一体化教师科研训团队和深化一体化教学改革。通过宏观搭建多元一体化办学模式构建职业教育发展新样态，为长学制落地生根打造良好生态环境，以教师科研训团队和教学改革作为养料促进长学制在台州大地枝繁叶茂。

# 第三节 职业教育一体化长学制人才培养的台州实践

## 一、中高企一体化：台州市黄岩区第一职业技术学校

台州市黄岩区第一职业技术学校与凯华模具有限公司共同建立凯华模具产学基地，自立项以来，立足黄岩，对接当地产业，改善当地就业难、模具人才需求紧俏的问题，共同促进黄岩经济发展，夯实技术技能人才基地。

### （一）共建公共实训基地，兴办一体化产业学院

台州市黄岩区第一职业技术学校与凯华模具有限公司共同建立凯华模具产学基地，成为台州市产教融合工程项目，为中高职一体化学生提供实训课程和实习实践活动基地。根据中高职一体化长学制的独特性，学校在东浦校区单独设立中高职一体化办学，兴建各种办学基础设施。

### （二）共制招生就业标准，促进一体化人才就业

依据中职、高职的实际情况和凯华模具企业需求，校企三方共同制定校企联合招生方案，报备当地教育局，纳入统筹招生计划。首先招生前由中职学校向初中毕业生进行招生宣传，讲解该班招生政策、优势及特色，使毕业生充分了解凯华班相关情况；其次，根据当年中考成绩，共同确定录取分数线及对个别科目成绩作特别要求；最后，校企三方共同组建面试小组对报名学生进行面试，签订合同，组建一体化班级。

中高职一体化培养的毕业生就业以凯华模具企业为主，凯华模具可直接安排学生就业，享有优先录用权；借助行业成立产教联盟、政府牵头模具小镇企业合作等方式，使促进中高职一体化学生就业涵盖黄岩模具小镇及其他企业。实行就业柔性合作，克服点对点就业缺点，

突出点对面就业优势。毕业生就业待遇按四方共商联合制定的"模具工匠型人才'星级'技能考核评价标准"来确定,凯华模具承诺一体化毕业生薪酬标准参照大专院校毕业生待遇标准。

## (三)共定专业育人机制,创新一体化人才培养

中高企协同,以职业需求为导向,以实践能力培养为重点,以培养"基础实、知识新、能力强、素质高"的高素质高技术技能人才为目标,建立"职业情境、实践主导、融合创新"人才培养模式,并制定模具、数控中高职一体化人才培养方案。

对凯华公司的职业岗位进行分析,针对高精塑料模具设计、模具加工、模具装配、模具试模等四大核心岗位,植入"1+X"认证体系,建立岗位培训技能标准,确定学生所应具备的专业能力、方法能力和社会能力,优化模具专业各阶段岗位学习课程及内容,设置中高职一体化各门课程,构建中高职衔接课程体系,制定了模具、数控专业的五年教学进程表。

对接岗位标准,根据人才培养目标,编制专业核心课程标准,新增中高职一体的《塑料成型工艺与模具制作》课程标准和增材制造课程标准。

按"合作共赢、职责共担"原则,根据人才培养方案,实践贯通,共同探索并初步确立三方联合招生、共同育人、多方参与评价的多主体育人长效育人机制。

## (四)共研前沿新型技术,开发一体化教学资源

对接产业标准,利用浙江微课网和中国慕课网平台,开发四个工坊8门课程优质资源(包括教学设计和教学案例)、注塑模具和冷冲模具的资源库和在线网络课程;依托行企校合作优势,对接产业及时更新教学内容,建立课程教学共享机制和动态管理,确保模具专业课程教学素材源于企业、用于企业。

依托网络平台,开设在线课程教学,形成网络同步课程,在此基础上精心打造课堂教学,不断反复实践、提炼,逐步优化网络课程的

质量，从而打造精品在线开放课程，现已建成三门省级精品在线网络课程。

根据区域中高职一体化人才培养试点教学模式特点，四个工坊教材开发团队对接"岗课赛证"，重组教学内容，整合职业精神、企业案例、先进制造产业链新的技术等教学素材，每一个项目都包括实践知识、理论知识、职业态度和情感等内容，充分考虑学生的个性发展，保留学生的自主选择空间，兼顾学生的职业生涯发展，共同开发了中高职贯通新形态活页式教材三本、典型案例三个，并附有配套数字资源。

### （五）共享智能信息数据，深化一体化教学改革

"橘文化"与"工匠精神"糅合，组织专家团队调研讨论，提炼各专业岗位职业核心能力成为课堂教学元素。结合专业课程内容，在教学设计中补充每节课所需的职业核心能力元素，改善教学模式和方法，在掌握专业知识的同时培养学生职业核心能力，形成思政融合课堂。

紧密结合凯华模具产业实际，以模具设计、模具智能制造、模具加工和模具装配与调试等四个工坊为依托，结合模具智能制造多技术融合的特点，实施"多导师制"模块化教学，实行"实践导向、技术内化、反馈教学"的课堂教学新模式。

推行"精技"四阶段课程：一阶段岗位知识培训，熟知模具生产流程；二阶段推行轮岗实训，集构思、设计、编程与加工、装配与调试、注塑生产于一体，综合制造模具；三阶段自主选课，定岗实训；四阶段顶岗实习，推动多导师定岗制智慧实训成为省内标杆模式。

将模具四个工坊，结合企业典型产品设置项目，开展模块化等新教法，实践精准案例教学。

实施线上线下混合教学模式，可以有效提升学习效率和学习质量。教师在信息化教学的实践中，通过教研、展示课、观摩课、比赛等方式，提升教师信息化教学能力。在该模式下，部分教师取得了省教学能力大赛二等奖，省"多彩课堂"比赛一等奖、三等奖；获批省级课题研究三项，在省级及以上刊物发表专业论文不少于16篇。

### （六）共创模具教学团队，助推一体化教师成长

组建一体化教师创新团队。一体化教师团队是由中职、高职的名师、大师、骨干教师，企业项目经理，技术能手等三方组建的一支结构合理、专兼结合的中高职一体化高规格的专任教师团队。健全教师引聘制度，始终保持一体化教师团队稳定和结构优化。

构建"进站锻炼"锤炼工程，创新双师型教师培养机制。建立"企业教师工作站"和教师"进站锻炼"制度，将模具产业学院建设成"双师双能型"教师培养培训工作站，共建教师企业实践岗位，开展师资交流、研发、培训、校企导师联合授课等，促进教师团队成长。现已建成市级教师教学创新团队。

开展"名师领衔"孵化培育工程，健全教师个人发展档案。在省级名师的带领下，建立教师个人发展档案，实行培育学分线上管理，开展模具专业教学法、信息技术应用、课程思政等研讨与培训，提升教师专业素养。借力"四步四评"教学模式，基于工作过程的计划—实施—反馈—再实施四个步骤，在学生课前—课中—课后—再课的学习过程中做到一步一评，提高模块化教学水平。建成省、市、区三级名师梯队。

推进"四有三能"培养工程，完善双师型教师管理体制。以师德师风为基础，根据新时代"四有三能"教师素养的要求，制定"双师"资格认定标准。以"双师标准为导向，健全准入任用、培训培养、岗位聘任、职务晋升、考核评价、评先评优等系列制度。以"双向双融通"为主要途径，建立兼职教师引聘制度、激励机制和管理制度。

教师参与企业研发，开展模具技术攻关、产品研发、成果转化、项目孵化等，推进数字模具建设，提升一体化教师创新团队服务能力，已取得9个外观设计专利、1个实用新型专利。

### （七）共管质量监控平台，精准一体化质量评价

依托学校的数字化系统，引入企业管理系统，共建中高职一体化数字化平台，建设统一的数据库，实现两校一企协同管理；进行数据的

实时保存、记录和调取及时有效，保证实时全过程监测试点质量。

根据标志性成果达成度、管理平台数据，共建"8"字螺旋质量评价体系，增强自诊断与改正工作，不定期对人才培养目标、课程体系、实训基地、师资队伍、教学评价等方面与企业具体岗位对接，进行自我诊断，找出问题、原因，及时改正。

依托大数据，共建"四步四评"考核体系，开展学情分析、学业水平诊断和学习资源供给，精准评估教与学的绩效，加强教学质量监测。

依托"互联网+"，共建以学生、教师、校企为主体，注重学生知识、技能和素质的"三位一体"教学质量评价体系，将过程评价与结果评价相结合，构建全方位、多元化的评价系统与科学评价方式，成就高素质人才培养。

## 二、中高职一体化：椒江医药化工专业群新发展样态

椒江区职业中等专业学校联合台州职业技术学院（合作高职高校）、浙江海正药业股份有限公司（合作企业）联合培养医药化工专业学生，是典型的中高职一体化的实践样本。该校积极推进中高职一体化人才培养举措，做好医药化工专业群办学保障工作。两个试点专业以药品生产技术专业和药品质量与安全为原有"3+2"班级，以五年为一个培养周期，围绕改革、创新、特色这一主线，以专业一体化、课程一体化、教学过程一体化和共建共享为工作重点，深化专业动态调整机制、校企合作机制，改革人才培养模式，创新课程体系，提高师资水平，完善实践教学条件，丰富专业教学资源和提升社会服务能力，构建与台州区域经济发展相适应的现代职业教育体系，提升中高职一体化人才培养专业建设水平，实现人才高规格培养、高质量就业，留在台州、服务台州。

第一，开设医化产业两个五年长学制试点专业，每个专业一个班级，招生45人，共计90人。以企业用人需求为依据，打破原有中职、高职各自独立的课程体系，研究"贯通核心课程、增设专业课程、高校课程下移、强化一体实践"等一体化课程体系，造就人才培养周期

长、中高贯通衔接好、教学组织效率高、技能训练水准强、学生职业素养优的特征和优势。满足椒江区内医化产业发展对高素质技术技能人才的需求，满足中职生对更高层次教育和技能的需要。

第二，确立五年长学制人才培养标准，人才最终是为产业服务的，因此人才的标准是源于产业、服务产业。标准在提升五年长学制人才培养质量中的基础性作用。在台职院生化学院引领下、海正药业共同参与下，椒江区职业中等专业学校立足椒江城区，结合台州医药产业链的实际需求，做好五年长学制人才需求调研及岗位需求，确定长学制课改方案，明确课改专业所对应岗位的工作任务和职业能力，对接职业能力标准，清晰界定五年长学制的人才培养目标，并据此制定五年长学制的教学标准、课程标准、实训条件建设标准、顶岗实习标准及评价标准。

第三，构建五年长学制人才培养方案，按照人才培养的中高职纵向贯通、企业的横向融通为原则，遵循学生五年成长中的变化规律，兼顾学生成长需要和社会用人需求，确定培养规格，统筹安排教学计划、课程选择、实践实习、考试评价、质量监控等各环节，研究制定人才培养方案。按照"把好两端、规范中间"的原则，严把学生入学标准和毕业质量两个关口，紧抓学段管理。在管理上注意把握未成年学生在前三年和后两年管理上的不同。构建具有连续性、逻辑性和整合性的中职、高职课程内容有序衔接的体系，课程体系中注重实践能力和创新素质的培养。

第四，强化五年长学制课程改革实施，在海正药业、台职院专家及教授的协同帮助下，研究"岗课赛证融通"综合育人方式，共同研发和编写适合长学制的课程教材，及时将新技术、新工艺、新规范纳入教学内容；探索建立校企双元育人机制，推进中高职教学团队分工协作的模块化教学，重新系统规划设计实训实习安排，强化实践性教学，协同建好用好各类校企实训基地，广泛开展各类社会实践活动，将职业素养培养和职业技能训练贯穿培养全过程。

第五，探索五年长学制教学创新团队建设，建立"院校企"共同参与的教师团队的教研、科研工作机制。通过企业的"产业教授"指导，结合企业生产实际，把企业中的项目、产品引入课程和教材中，吸收企业新产品、新工艺、新技术、新设备、新材料等，促进学校教科研发展，提升教师专业知识。以中高职教师以及企业导师合作的方式，共同指导五年制学生参加各类各级比赛。开展由在校学生、企业员工共同参与的岗位技能竞赛、技能交流活动，互相学习，互相促进。以中高职一体化人才培养与地方产业对接研讨会、中高职教师研修、校企教科研平台等内容形成教科研共同体。

第六，健全五年长学制管理评价制度，积极推进五年长学制教学管理和学生学业评价制度改革，建立健全中高职一体化人才培养全过程管理评价制度建设。探索实施中高职教学及管理人员互兼互聘、教育教学定期检查等机制。深化"学分制"、探索"现代学徒制五年一贯"的管理模式。参与教育部"1+X"证书考评及人社部门的职业资格等级评定。评价方式将由学校自主评价转变为由职业院校和职业教育培训评价组织共同评价，实现了院校自主评价与行业企业评价的统一。改进结果评价、强化过程评价，探索增值评价、健全综合评价，完善五年长学制的学生学业质量评价体系。

### 三、工学一体化模式：浙江吉利技师学院

浙江吉利技师学院在 2022 年申报汽车检测与维修技术专业群为中高职一体化长学制试点专业群，该专业群包括汽车维修、汽车营销两大专业，在 2023 年增设电气自动化设备安装专业。浙江吉利技师学院以与浙江汽车职业技术学院、浙江豪情汽车制造有限公司合作为抓手，以共设人才培养方案、师资共享、课程改革为重点，以建立厂中校，坚定不移落实工学一体化培养模式为核心，培养符合行业、企业所需的技能型人才。

### （一）落实职技融通培养机制，共建人才培养方案

浙江吉利技师学院与浙江汽车职业技术学院、浙江豪情汽车制造有限公司共同建设人才培养方案，兼容职业教育、技工教育以及区域产业三方需求，落实职技融通培养模式，构建纵向贯通、横向接轨的

职教"立交桥",在师资、教学资源和课程设计等方面逐步融通,并做好人才培养与企业 / 行业人才需求匹配度提升工作。

### (二)充分发挥校企合作优势,共育师资队伍

2022 年汽车检测与维修技术专业群有教师 20 人,聘任合作单位的高级技师张玉春、高级技师窦启道、高级工程师王荣华、浙江工匠徐晓明等进行实训教学,在教学中融入工匠精神,在学生中植入工匠意识,为培养高素质技能人才奠定基础。

### (三)建立厂中校,坚定不移落实工学一体化教学模式

浙江吉利技师学院坚定不移落实工学一体化教学模式,通过建立与生产车间相融合的实训场地,将学生技能培育与企业实际现状有效结合,让技能培育更加贴合企业所需。浙江吉利技师学院的汽车综合实训中心在浙江豪情汽车制造有限公司厂区内,且在总装厂、车身厂各设置 20 个一体化教学工位。同时,浙江吉利技师学院积极探索与公司内技能大师工作室合作教学模式,以学徒制带动高技能人才的培育。

### (四)构建"一体二融三化六共同""师生双身份"培养模式

浙江吉利技师学院着力构建"一体二融三化六共同"的培养模式,打造"校中厂、厂中校"双重身份的校企一体运营模式。充分依托吉利集团办学优势,积极探索校企合作新模式,与吉利汽车技能人才发展中心签订合作协议。形成了"一体二融三化六共同"的培养模式,即"校企一体,学校教师与企业专家相融合,实训场所与生产车间相融合,岗位标准课程化、生产过程教学化、工作内容模块化,校企共同制定培养方案、共同开发课程教材、共同组织课程教学、共同制定评价标准、共同做好学生管理、共同做好就业工作",实质推进协同育人。

"师生双身份"是指"企业工匠和学校教师"双重身份、"学校学生和企业学徒"双重身份。通过打造校企一体化师资库建设,不断加强企业工匠授课技巧,使其从车间到教室实现无缝对接。同时,学校

学生从入学起就具备双重身份，教学场所包括学校教室和企业车间，全面贯彻"新型学徒制"人才培养模式。生产过程与教学过程对接融合，学生身份与职工工人身份互相融合，教师身份与企业工程师身份互相融合。学校重点打造工学一体化教师队伍建设，坚持发挥教师"第一资源"核心作用，围绕"结构优化、能力提升""工匠助力，双轨共进"等方面，"有计划、分层次、成体系"地培养教师，激发企业工匠和学校教师成长内生动力，加强工学一体化教师培养。

# 第九章  专创融合：以"双创"教育激发民营经济活力的台州探索

创新是民族进步的阶梯，创业是时代发展的主题。台州是创新创业的沃土，在创新创业中取得过令世人瞩目的成就。近年来，台州以创新创业教育为重点，强化以赛促学、学赛结合，举办中高职"双创"论坛，连续 12 年在全省中职学生创新创业大赛上取得好成绩。实施职业院校发明专利倍增计划，全市职教师生在 2019—2023 年共获得国家实用技术专利 1216 项、发明专利 171 项，逐渐形成了以人才培养提质畅通资源要素聚富的"双创型"职业教育。

## 第一节  台州"双创"教育建设的时代背景与发展向度

"两创"工作是国家战略，是新时期党和国家对教育发展的新要求，是加快教育现代化的重要抓手。台州"双创"教育在硬件设施优化、办学条件改善等方面取得了显著的成绩。然而面对当前新的发展要求，台州"双创"教育仍需在师资、平台等方面形成新的发展动力。

## 一、台州"双创"教育建设的时代背景

### （一）适应发展形势

台州作为中国民营经济发祥地、股份合作经济发源地，具有民营经济特色鲜明、产业发展基础好、职教发展提升快的特色。凭借台州人"能吃苦、敢冒险、善创业"的精神，台州的创新创业工作起步非常早。2005 年，三门职业中专基于对"如何将台州人的精神引入职业院校创业教育"的思考，针对学生创新创业教育开展专门研究，确立了以教材奠基，创业一条街为载体的创业教育实施机制。2009 年，三门职业中专校长谢卫民提出在校内建设"创业一条街"的想法，学校就腾出了 18 间房子作为学生创业的孵化地，开辟了校内模拟创业基地，选派各班级班主任在内的多名专业教师全程指导，让学生在学校里也能感受创业所需要经历的每一个步骤。

### （二）借力借势发展

台州职业院校的创新工作充分利用区域优势，创新项目与当地小微企业无缝对接，逐步形成"企业出题、学校接题、教师析题、学生破题"的创新创业教育模式，连续多年在全省学生创新创业大赛上名列前茅。2021 年 1 月，台州和温州一起被教育部、浙江省政府列为国家职业教育创新高地建设城市试点，台州高规格召开了建设职教"窗口"城市动员大会，印发了行动方案，为台州"双创"工作指明了方向。台州市政府对"双创"教育高度重视并组织专题调研。

### （三）发挥政策优势

在部省共建、政策支持的国家试点背景下，台州积极发挥优势。在横向上，夯实温台合作基础。台州牵头成立了"活力温台"高职大学生"双创"联盟，与温州一起连续两年举办"活力温台"高职大学生（技师学院）创新创业大赛；温台联合举办中职创新创业大赛，开展创新创业联合教研。在纵向上，成立了市区（高职院校、椒江、黄岩、

路桥中职学校）"双创"教育共同体。中高职纵向联合开展了"双创"研讨活动，这为开展"双创"工作搭建了平台、夯实了基础，是台州抓好"双创"工作的重要优势。

## 二、台州"双创"教育建设的发展向度

随着职业教育类型地位越来越明确，职业院校教育的办学定位也由过去完全的就业导向教育转向职业基础教育，为学生在高等教育阶段的学习奠定基础。但在职教阶段实施创新创业教育仍存在争议，对于在职业教育领域开展"双创"教育的必要性、学生的需求层次以及可行性，需进一步展开思考。当前举办"双创"大赛的优质项目来源存在单一的特点，且对于奖项的功利心较重，并未从根本上思考如何开展"双创"教育。"双创"工作的本质还是育人，并不是一定要让学生发明创造某些产品，更不是要求每个学生都创业成功，而是旨在培养学生的创新精神、创业意识和创业能力。研究显示，职业院校中大部分学生的家庭并不富裕，且创业的风险较大，因此职业院校学生毕业后创业的人数很少。在新形势下，台州需要迅速转变观念，不仅要关注学生对知识和技能的掌握情况，更要注重学生的综合素质和未来发展。

### （一）转变教师理念

创新创业教育不是少数精英学生的创新创业教育，而是所有学生都应该接受的教育。不仅需要全体学生的参与，还需要全体教师共同参与，推动职业院校教师成为具备创新创业思维和能力的个体，如此才能培养出具有相应能力的学生。通过加强师资队伍建设、构建"双创"课程体系、开展多样化的"双创"活动以及建立完善的"双创"支持体系，我们可以有效推进"双创"教育的实施，为培养更多具有创新创业能力的优秀人才做出贡献。同时，我们也需要保持清醒的头脑，认识到"双创"教育的长期性和复杂性，不断探索和实践，以更好地适应时代发展的需要。

一是加强师资队伍建设。为了有效推进"双创"教育，必须加强

师资队伍建设，包括对教师进行"双创"教育的培训，提升他们的创新创业意识和能力。同时，积极引进具有"双创"实践经验的企业家、创新者等作为兼职教师，为学生提供更具有针对性的指导。

二是构建"双创"课程体系。在课程设置上，应增加与"双创"相关的课程，如创新思维训练、创业基础、商业计划书撰写等。同时，鼓励教师将"双创"元素融入专业教学中，让学生在学习专业知识的同时，培养创新创业能力。

三是开展多样化的"双创"活动。除了课堂教学，还应开展多样化的"双创"活动，如创业讲座、创业沙龙、创业比赛等。这些活动可以为学生提供更多的实践机会，让他们在实践中学习、成长。

四是建立完善的"双创"支持体系。为了保障"双创"教育的顺利实施，应建立完善的"双创"支持体系，包括提供"双创"资金支持、创业场地支持、创业政策咨询等，帮助学生在创业过程中解决各种困难和问题。

### （二）推动专创融合

省教科院正在全面深化中高职一体化（"3+2"）课程改革，启动中高职一体化（"3+3"）课程改革。将创新创业教育融入中高职一体化课程改革，实现专创融合，是一项具有深远意义的工作。通过改革，我们可以培养出更多具有创新精神、创业意识和创业能力的技术技能型人才，为我国的社会经济发展做出更大的贡献。

一是在专业课程中增加与创新创业相关的内容。学生在学习专业知识和技能的同时，了解创新创业的理念和方法。例如，在机械、电子、计算机等专业课程中，可以引入设计思维、创新方法、产品开发流程等内容，引导学生从创新的视角看待问题和解决问题。

二是通过实践环节强化学生的创新创业能力。例如，可以设立创新创业实践项目，让学生在实践中体验创新创业的过程，培养他们的团队协作、创新思维和解决问题的能力。同时，学校还可以与企业合作，共同开展实践项目，让学生在实际的工作环境中学习和成长。

三是强化创新创业师资。学校可以引进具有创新创业实践经验的企业家、创新者等作为兼职教师，为学生提供更丰富的实践经验和指导。同时，也可以对现有的教师进行培训，提升他们的创新创业意识和能力，使他们能够更好地指导学生进行创新创业实践。

四是推进政策支持。学校可以制定一系列的政策和措施，鼓励和支持学生进行创新创业实践。例如，可以提供资金支持、创业场地支持、创业政策咨询等，帮助学生在创业过程中解决各种困难和问题。同时，还可以与政府部门、行业协会等合作，共同推动职业院校"双创"教育的发展。

### （三）推进平台建设

以区域企业行业技术转型升级为背景，携手地方高新企业、高校研究机构等多方资源，共建科技创新实践中心。创新活动载体，开展企业董事长大讲堂、地摊节等，为学生创业实践提供了平台。"双创"教育的平台建设是一个系统工程，需要学校、企业、研究机构等多方资源的共同参与和支持。

一是引入先进的设备和技术。在共建科技创新实践中心方面，为学生提供更好的实践环境和条件。同时，还可以邀请企业、研究机构的专家和技术人员来中心进行交流和指导，为学生提供更多的实践经验和技能培养。

二是开展企业董事长大讲堂、地摊节等活动。让学生更好地了解企业的运营和管理经验，学习创新创业的理念和方法。同时，这些活动也可以为学生提供更多的社交机会，拓展他们的人际关系和资源网络，为将来的创业道路打下坚实的基础。

三是采取其他方式推进"双创"教育的平台建设。例如，与企业合作共建实训基地，为学生提供更多的实践机会和职业发展资源；引入社会资本，建立创业基金，为学生提供资金支持；与高校、研究机构等合作，共同开展科研项目和技术创新活动，推动产学研合作，促进技术创新和产业升级。

## （四）加强组织保障

推动学校加强对大赛的支持，强化对大赛培育项目的管理，组建由行业企业、创投风投机构、创客空间等组成的专家委员会，积极营造浓厚的大赛氛围，最大限度提高大赛的知晓度和参与率。加强"双创"教育的组织保障是推动"双创"教育发展的重要保障措施之一。通过加大对大赛的支持、建立大赛培育项目的管理机制、组建专家委员会、加强宣传推广以及建立评估和反馈机制等措施，可以为"双创"教育的发展提供有力的组织保障和支持。

首先，学校应加大对大赛的支持力度。提供必要的经费和场地保障，确保大赛的顺利进行。同时，建立大赛培育项目的管理机制，对参赛项目进行严格筛选和评估，确保项目的质量和水平。

其次，成立专家委员会。组建由行业企业、创投风投机构、创客空间等组成的专家委员会，可以为大赛提供专业的指导和支持。这些专家可以从各自的领域出发，为参赛项目提供宝贵的意见和建议，帮助他们更好地完善项目和提高竞争力。

再次，加大宣传力度。为了营造浓厚的大赛氛围，提高大赛的知晓度和参与率，采取多种方式进行宣传推广。例如，通过校园网站、微信公众号等渠道发布大赛信息，组织宣传讲座和宣讲会，邀请成功创业者分享经验等方式，吸引更多的学生和教师参加。

最后，健全评估机制。建立大赛的评估和反馈机制，对大赛的效果进行评估和总结，及时发现问题和不足，并采取相应措施进行改进和完善。这样可以确保大赛的持续发展和提高，为"双创"教育的发展注入新的动力和活力。

# 第二节 台州"六位一体"的"双创"教育生态策略

台州在教育生态理念的指导下，构建以课程体系、师资队伍、实践平台、评价体系、文化氛围、保障机制"六位一体"的"双创"教育生态策略，融入中高职学生人才培养全过程，促进"双创"教育在职业院校落地生根。

## 一、整合资源，设置地方特色的课程体系

台州把中高职创新创业教育作为深化教育教学改革的重要内容，纳入教育教学计划，构建多层次、立体化的创新创业教育课程体系。多数院校沿用省教科院原院长方展画主编的《创新教育教程》《创业教育教程》。部分院校采用国际劳工组织编写、国家人社部主推教材《创办你的企业》。由于学情和校情不同，各院校在校内开设创新创业课程形式和课程节数也不同，大多数院校面向高一年级学生每周开课两节。有的学校开设创新创业的选修课或者讲座形式，还有部分学校采用自编的关于创新创业的校本教材。例如，三门职业中专在国家示范建设过程中形成的校本教材《创业之路 就在脚下》等，逐渐形成具有台州职业学校特色的创新创业教材体系。

## 二、内培外引，建设专兼结合的师资队伍

坚持专职与兼职、内培与外引相结合的原则，建立完善"三创"教师队伍培养机制，构建一支多元化、高素质的"三创"师资团队。目前台州专职创新创业教师由多个专业和文化课教师组成，包括工商管理、电子商务、机械、商贸、数控、电工、机电一体化、汽车维修、酒店管理、信息技术、财会、工艺美术、电气、园林、计算机、语文、英语、思政等专业。跨界融合思维碰撞下的新思路将推动创新，同时将创新创业思维渗透到各个学科、专业。然而，师资队伍存在稳定性不足的弊端。由于教师本身工作量大，部分教师在获得项目荣誉后随

即退出，这就造成进出频繁的局面，在一定程度体现了从事创新创业教师团体的不稳定性。

教师团队中的兼职教师从校外选拔，如创业成功的校友、创业成功的企业家、创业公司管理者等，担任学校"三创"导师，负责活动、竞赛、孵化基地等指导工作，为学生传授先进的管理理念、信息咨询等。面向兼职教师，应加强"三创"教师的培训，如利用线上平台、慕课等进行"三创"知识培训，不断提高"三创"教师队伍素质。

## 三、校企协同，打造成果孵化的实践平台

台州各校基于区域产业优势，整合多方资源，形成了三类具有地方特色的"双创"人才实践平台，目前建有省级创新创业教育实验室11个，台州市级13个，实现县域全覆盖。

以专创融合为路径，打造一体化"双创"实践中心。依托各校优势专业群，从职业能力提升出发，以学生自主管理和经营为形式，以专业实训室为基础，创建"专业实践平台+市场经营项目"为一体的实践中心。如温岭市职业技术学校鸥领服装工坊、"糕手非凡"，以开设实体店的形式，为学生提供实习实训基地。学生将基于这些平台接触市场，在真实的工作环境中锻炼创新创业能力，继而提升技能，其中"糕手非凡"品牌已开设三家校外实体门店。此外，椒江的校播助农基站创新创业实验室也形成自己的创新助农机制。椒江职业中专的"农二代"（家里种植农副产品自产自销）有800余户，由于销售渠道有限，农产品的经济收益一直较低。教师采用直播方式助农，以线上售卖红糖、葡萄、橘子的形式，试图将此难题当作机遇，最终成果喜人。因此，椒江职业中专成立校播助农基站创新创业实验室，通过自主创新的直播带货方式，将校园实践活动融入社会创业实践，有效帮助农户拓宽销售渠道，提升小微"农二代"经济收入；帮助"农二代"创新创业，实现致富再"智"富的理念。

以产教融合为依托，打造校企双域实践基地。携手区域高新企业、创业园区和师生运行的创业项目，以校企一体化运作为思路，建成由企业或社会机构提供资金支持的校内实践平台，以及基于真实项目运

行为载体的企业实战平台，实现师资、硬件和项目共建共研共享，形成项目孵化和"双创"实践基地。例如三门的虚实一体创业体系、玉环中职校与浙江大学汽摩配研究所，合作建立协同创新中心，开展创新型人才培养等。

以社会服务为导向，打造研发型名大师工作室。打造研发型名大师工作室是台州"双创"教育的又一重要实践平台。这些工作室由知名专家、大师领衔，围绕区域产业发展需求，开展技术研发、产品创新和成果转化等工作。通过名师工作室的引领和示范，推动学校与企业、行业的深度融合，实现资源共享、优势互补，为学生的创新创业提供更为广阔的舞台。以技术技能过硬的名大师团队为依托，以"企业出题、学校选题、工作室破题"为项目实施路径，建成集"产品设计、样品制作、技术咨询和人才培养"于一体的企业技术服务平台，如黄岩的蔡卫兵技能大师工作室等。

## 四、多元考核，建立学分融合的评价体系

行政层面上，将中高职创新工作纳入市对县经济社会发展考核相关内容。这一举措的实施，旨在激发各县区对中高职教育创新工作的积极性和主动性，形成全市上下共同关注、支持中高职教育创新发展的良好氛围。通过将创新工作纳入考核，可以引导各县区根据本地经济社会发展的实际需求，有针对性地开展教育改革和创新，推动教育更好地服务于地方经济社会发展。具体而言，这一考核内容将涵盖教育的教学模式创新、课程体系改革、实践教学环节优化等方面。通过定期对各县区教育创新工作进行评估和考核，可以及时发现并解决职业教育发展存在的问题和不足，推动职业教育不断创新、不断进步。

学校层面上，建立课堂教学成绩评价机制，推行学分制。以课程设置为基础，重视平时课堂的教学效果，在期中、期末进行课程考核和考试，通过形成性评价及终结性评价检查课堂教学成果。参与创新创业活动、参加各级各类大赛的学生，可根据平时表现和参加大赛所获得的名次，兑换相应的学分；建立学生竞赛成绩档案。主要通过师生创新创业大赛检测学生的创新创业教育成果，将各班级的创新创业

竞赛进行打分，建立档案；建立创业团队考核办法。团队考核分为前、中、后三期。前期重点检查各团队人员组织是否到位，各项规章制度是否制定，制度是否切合创业项目本身。中期主要考核创业团队是否落实各项制度，执行的力度，各团队是否每月制作并上交财务报表，以备查看盈利情况。后期主要考核各职能部门对创业团队的指导情况，并根据各部门给出的数据评选优秀创业团队，在评选出优秀创业团队的基础上，筛选出经营状况良好，适合进行校外创业的团队。

## 五、开展活动，营造具有职教特色的"双创"文化

各职业院校营造校园创新创业氛围。通过举办各种创新创业活动，如创业讲座、创业计划大赛、创业实战培训等，激发学生的创业热情和创新精神，帮助他们提升创新创业能力。这些活动不仅能够让学生深入了解创业的过程和挑战，还能够让他们结识更多的创业伙伴和导师，为自己的创业之路打下坚实的基础。

各中高职学校要营造校园创新创业氛围，挖掘优秀毕业生创新创业典型。基于优秀毕业生"双创"案例，各院校将在校内进行大力宣传。例如，温岭市职业技术学校的李京翰，凭借自身的动手能力为师生贴膜、修手机。学校为其创造条件，成立了专门的创新创业实验室，他也不负厚望达成上千万元的年产值，曾作为全市职业教育宣传片中的典型案例被大家熟知。通过校企合作开展"双创"系列活动，例如创新创业文化节、跳蚤市场，在全民终身教育活动周展示，把先进企业文化引进校园，定期邀请优秀校友、企业家、优秀创新创业青年举办讲座，充分营造具有职教特色的"双创"文化。

以年度比赛为抓手，促进院校基于"双创"教育形成培养体系。每年举办市级选拔赛（分初赛和复赛），各院校参赛热情高涨，报名参赛作品数量逐年增加。各院校在"双创"教育上构建自己的培养体系，在学生入学时就进行团队选拔、项目培育工作，发挥传帮带作用，形成项目迭代。职业院校亦积极参与各部委办局组织的各类大赛，并取得优异成绩。椒江职业中专获第十七届"振兴杯"全国青年创新创效大赛双金（全国唯一荣获两项金奖的参赛学校），由共青团中央和人社

部联合授予参赛学生"全国青年岗位能手"称号。这正是以比赛促进"双创"教育质量提升的表现。

打通渠道，促进学生创新创业能力提升。院校积极与企业、行业协会等合作，共同打造具有职教特色的"双创"文化。通过校企合作，学校能够更好地了解行业发展趋势和市场需求，从而更加精准地设置课程和培养人才。企业则能够借助学校的资源和平台，更好地发掘和培养优秀人才，推动企业的创新和发展。通过开设创新课程、建立实践基地、开展实践活动等方式，让学生在实践中发现问题、解决问题，不断提升自己的创新能力和实践能力。注重营造具有职教特色的"双创"文化。通过加强师资建设、打造实践平台、建立评价体系、开展活动等多种方式，为学生提供更加全面、系统的创新创业教育服务，推动职业教育的创新和发展。

## 六、完善制度，构筑富有活力的保障机制

台州多数职业学校建立了创新创业工作归口部门，成立了创新创业指导中心、科创处，或者归在其他职能部门里，配备专职工作人员和办公场所，给予专项经费支持，形成了"学校加强领导、学部具体负责、部门协调支持、教师积极参与、学生踊跃参加"的创新创业工作机制。部分职校还争取更多的经费支持创新创业教育的研究与实践，在校园内开辟集中的创新训练场地和创业专用场地，配套必要的设施设备。

同时，学校在创新创业机制上不断探索。比如温岭实体化运行的创新创业项目，因为实体门店有指导老师，由学生参与经营，在有盈利的情况下就会产生廉洁风险。所以学校一直在思考如何规避实体店在经营过程中产生的廉洁风险，规范资金管理。从 2020 年开始，学校与国资委下的社发集团深度合作运行五个创业项目，由社发集团派驻管理人员入校主管创业门店的经营与财务，学校派出教师负责学生管理、技能实训与创业从业体验指导等。双方运作规范，职责明确，互帮互助，建立校企合作工程监督小组，制定了规范的资金支付流程，保障校企合作工作的清正廉洁。经营中产生的一切资金都由社发集团

负责，学校只根据需要向集团提出奖学金申请，用于优秀学生的奖励。

# 第三节 台州"双创"教育建设的地方实践

## 一、三门职业中专："三位一体"，专创融合

在大众创业、万众创新的时代背景下，三门职业中专持续深化创新创业教育改革，将创新创业教育纳入人才培养体系，以创新创业教育课程体系建设、文化体系建设、实践体系建设、师资队伍建设、创业教育基地建设以及评价体系建设这六大建设为载体，积极探索"三位一体"的工作机制，深化专创融合，构建"三点、一线、三面和四维度"创业教育体系，着力打造创新创业教育生态链。

一是加强顶层设计，完善体制机制，为创新创业教育工作提供有力保障。学校始终把加强创新创业人才培养作为服务国家战略需求的重要抓手和关键环节，坚持前瞻规划、科学布局、系统推进，以创新引领创业、以创业带动就业，着力实施创新创业教育与专业教育深度融合。面对国家实施创新驱动发展战略的新形势，学校成立了由党政一把手担任组长，分管校领导任执行组长，党政办、宣传、学工、保卫、人事、教务、科研、财务、团委、大创中心等部门负责人以及各分院院长为成员的创新创业教育工作领导小组。创新创业教育工作领导小组根据实际，每学期组织召开会议，研究部署创新创业相关工作。

二是深化专创融合，修订人才培养方案，探索创新创业人才培养模式。学校大力探索创新创业人才培养模式，深化专业教育与创新创业教育融合，全面修订人才培养方案，将创新精神、创业意识和创新创业能力作为评价人才培养质量的重要指标，开设跨学科专业交叉课程、设立创新创业学分，将创新创业教育纳入学校培养方案通识板块，

促进人才培养由学科专业单一型向多学科融合型转变。学校着力推进科研平台与教学平台相结合、科学研究与教学实践相结合、科学精神与人文情怀相结合的"三个结合"，把优势科研资源的势能转化为教学的动能，以高水平科学研究支撑高质量的创新创业人才常态化培养。

三是搭建创新创业实践平台，整合各方面资源，不断提升学生创新创业实践能力。学校注重营造创新创业氛围，将每年一届的集团创新创业大赛打造成融创意大赛、创新大赛、创业大赛于一体的系列活动。集团创新创业大赛创办于2006年，多年来逐渐形成了以"创新、求实、团队、公平"为核心的竞赛精神，持续推动"创意、创新、创业"三创体系，鼓励学生大胆创意、动手创造、勇于创业，形成了独特的从创意到创造再到创业的创新创业文化。至2022年，集团创新创业大赛共举办13届，累计超过1400名学生参赛，项目数量达3000余项。学校重点打造的学生创新创业的"三支队伍"——航模队、机器人队、无人机队，逐渐成长成熟，为学校人才培养做出了突出贡献，不仅在各类国内外大赛中取得佳绩，还有效促进了学科交叉融合和创客文化的培育。

四是完善创新创业指导服务体系，为学生创新创业提供精准服务。学校在学生创业孵化园设立学生创业服务区、创业企业培训室、创业企业办公区等，定期开展创业培训、创业沙龙等多项活动。学校还建立了内容丰富的大学生创新创业专门网站，及时发布创新创业相关信息，帮助学生理解最新创新创业政策，搭建交流平台，解疑释惑。

五是发挥创新创业教育辐射效应，不断提升人才培养质量。通过多年的努力，三门职业中专的创新创业教育风头正劲，风光无限，被誉为浙江省创新创业教育的领军学校，师生共获得全国挑战杯创新赛一等奖3项、二等奖2项，全国技能作品展洽会一等奖3项、二等奖8项，浙江省创新创业大赛一等奖11项、二等奖21项、三等奖19项，拥有专利112项，其中发明专利6项。

## 二、温岭市职业技术学校："校店一体"创新育人

温岭市职业技术学校烹饪专业始建于1989年，是学校最早设立的

专业之一，也是目前温岭三所职业学校中唯一的烹饪专业，是温岭餐饮业人才培养的重点专业。学校在继承传统中餐优势的基础上，着力向西点、西餐方向拓展，中西合璧，注重创新，逐渐成为专业的核心特色。在此基础上，学校开始聚焦于如何进一步提升学生的就业品质，并且通过不断探索，形成了一套独特的人才培养模式，中西式面点专业"学校＋实体店"教学模式应运而生。

"糕手非凡"是2012年学校烹饪专业学生依托莫建斌名师工作室打造的校烘焙品牌，经过几年筹备，于2015年8月面向社会创立"糕手非凡"烘焙旗舰店。该店引入流行烘焙理念，结合现代学徒制模式，从校内外挑选优秀的烘焙技师与专职教师负责生产指导与经营管理，并由校内工坊分批选送优秀的烹饪与面点专业学生顶岗实习，参与产品制作，并精选商贸类、财经类等专业优秀学生参与运营、销售与推广，是学校第一个面向社会开设实体店的学生创新创业项目，目前设有校内工坊和两家校外实体店。

一是"校店一体"协同育人平台教学实施过程。基于"校店一体"教学平台的功能，课堂教学和实训实习相互协同进行，实行工学平行交替的模式。通用素质模块内容以课堂教学为主，专业技能模块以技能训练和实训实习为主。具体教学实施过程如下。

第一阶段（第1—2学期）：让学生对中西式面点专业有初步的了解，主要学习包括通用素质课程的相关内容，重点培养学生的职业道德和职业素养。

第二阶段（第3—4学期）：带领学生学习和掌握专业技能，并且初步培养学生在岗位工作上的实操能力。课程内容安排制作中西式面点各类产品的知识和技能，在此基础之上，安排学生在"糕手非凡"校内工坊实训，制作简单的饼干、面包、蛋糕以及小甜品，提高学生的动手能力。

第三阶段（第5—6学期）：安排学生到"糕手非凡"校外实体店参加实习，通过岗位工作培养学生的专业技术能力。在这一阶段，学校要放手安排学生到实习门店，让学生在实际工作中更好地学习如何制作中西式面点，让学生在服务顾客的过程中学会沟通与营销，提高自身的综合素质。

二是建设"双师型"教学团队。教师是教学的灵魂，"双师型"教学团队是西式面点专业人才培养的核心。学校重视"双师型"教师队伍建设，重点打造西式面点专业"双师型"教学团队。团队的烹饪专业教师在国内和国际赛事上屡创佳绩，多名教师拥有国家级、省级荣誉称号。"糕手非凡"品牌是由学校莫建斌名师工作室倾力打造，工作室领衔人莫建斌老师从教12年，在面点领域里硕果累累，分别获得全国餐饮职业教育优秀教师、全国技术能手、浙江面点名师、注册中国烹饪名师、全国餐饮业高技能人才等诸多荣誉称号。在莫建斌的带领下，中西式面点专业教师在"校店一体"教学平台实践的基础上，到企业实践学习，与企业技术人员结对，进行一对一的指导学习，将最新的面点制作工艺、技术带入教学。同时，学校聘请企业专业技术人员作为客座授课教师，定期到学校讲课，传授新工艺、新技术。学校鼓励西式面点专业教师参加西式面点技能培养项目，强化对教师的职业技能培训，促进教师教学水平提高，建设高效课堂。

三是强化"校店一体"学生创新创业教育。职业院校毕业生是新时期的年轻力量，是具有活力和创造力的集体。因此，结合西式面点专业实际情况，鼓励学生进行自主创业和自主创新，也是"校店一体"协同育人的重要目标。推进工学交替、多岗轮换培养模式，让学生素质能得到全方位培养。将创新创业课程融入工作过程导向课程体系，强化学生创新创业意识和能力。同时，校企合作建立学生创新创业机制，帮助学生做好创新创业规划，校企协同为学生创新创业保驾护航。学生在烘焙坊的工作被计入实践学分，可以抵充部分选修课程的学分。"糕手非凡"烘焙坊在培养人才方面，除了烹饪，还对接会计、商贸等诸多专业。学生通过这个平台接触市场，在真实的工作环境中锻炼了创新创业能力，可以说，这是一个组合式的创新创业能力发酵机。

依托"校店一体"协同育人平台校内外的实训，烹饪专业的学生在全国各类烹饪技能大赛上屡获佳绩；"糕手少年团"时常受邀参加省市级各类大型活动的作品展演；烹饪专业的毕业生就业情况较好。职业教育更多注重学生的专业技能培养和技能应用，强调综合素质培养和能力提升，因此实践教学是学校训练学生专业技能和培养职业素养的重要环节。当前，我国餐饮行业迅猛发展，对行业所需人才提出了新的需求和期望。温岭市职业技术学校烹饪专业作为省级示范专业、首批国家级改革示范重点专业，近年来，学校积极探索构建烹饪专业的教学体系，尤其是中西式面点专业的"校店一体"协同育人平台，有助于实现教学理念和教学方法创新，推动实践性教学创新，更新人才培养理念与体系，获取人才培养新工艺和新技术。

## 三、椒江职业中专：整合区域产业资源，助力人才培养新实践

党的二十大报告指出：人才是第一资源，创新是第一动力。深入实施科教兴国战略、人才强国战略、创新驱动发展战略，不断塑造发展新功能新优势。椒江职业中专把创新创业教育贯穿人才培养方案，改革创新，开展专创融合，是适应当今教育教学形势的新举措，有益于培育具有创新创业思维意识和素养能力的综合性专业人才。在原有创新创业教育基础上，将专业教育与创新创业教育融合，取得了良好效果。这两种做法对教师知识体系和跨界融合能力提出较高的要求，因此，椒江职业中专开展深度资源整合，创造性开展行业创业家进校园分享活动。

项目建设目标是整合行业、协会、企业、专业等产业资源，完善人才培养体系；优化师资队伍，提升创新创业的综合能力；将专业教学与创新创业实践进行融合，将行业、专业、就业、职业生涯发展融为一体，最终将学生培养成具有创新创业思维意识、能力素养的综合型专业人才。

项目工作机制如图9-1所示。在策划方面，确定分享会主题、时间、地点等信息；在组织方面，组织策划团队进行活动方案的制定和执行，学校办公会议讨论确定，校办备案；在邀请创业家方面，通过协会、企业等方式，邀请成功创业家来学校分享职场经验、创业故事、企业运营和人才需求等信息；在活动宣传方面，利用校园媒体、社交平台、海报、班级群等渠道，宣传活动信息，营造氛围，吸引师生参

加，并记录活动过程，在活动后进行宣传报道，提升学校影响力；在现场管理方面，在现场安排签到、引导、监督、摄影摄像等工作人员，设置好信息化设备，如音响、投影等器材设备，确保活动有序进行；在效果管理方面，活动后，邀请参加者对活动进行反馈，开展抽样回访、总结活动，评估活动实施情况。

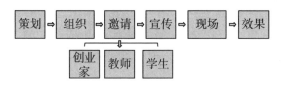

图 9-1 项目工作机制

同时，学校在制度、团队、经费三个方面提供了相应保障。制度上，学校组建专创融合领导小组和工作小组，行业创业家进校园分享活动由专人负责，各部门协同，共同协助开展工作；团队上，由创新创业教师、专业教师以及行业协会创业家、人力资源专家、高校教师等组成专创融合导师团队，根据项目情况，开展相应活动；经费上，学校重视专项融合项目开展，给予经费支持。

创业家分享项目旨在为学生带来专业领域市场和科技前沿资讯，拓宽学生专业视野，提升职业发展视角，提高学生学习专业积极性；引导学生认识专业成功人士，树立职业生涯榜样。创业家分享职场故事、创业经历、应对挑战的技巧等，展现奋发向上的人生观和价值观，成为学生榜样和职场标杆，激发学生学习内驱力。创业家从企业运营、产品市场需求及创新人才需求等维度，让学生知道就业机会是为有准备的人提供的。创业家分享项目激励学生努力学习，为职业生涯发展奠定基础；探索专创产教新融合，人才培养新试点。创业家分享项目对接行业协会企业等人才和项目资源，是学校专业人才培养新形式，对于寻找创新创业项目及孵化非常有利，是践行产教融合、专创融合的有效途径。

项目整合区域行业企业优势资源，有效弥补学校专业建设局限性，有效拓宽专业视野，激发学生内驱力，对接企业运营和人才需求、岗位需求与课程教学需求。职业院校可坚持以学生发展为中心，深入推进创新创业教育改革，健全课程体系，结合专业，从理论到实践，把专创进行深度跨界融合。对接区域行业协会、知名企业及企业家资源，整合企业家创业成功案例，是学校专业人才培养方式的重要补充，是践行产教融合、专创融合的有效途径。通过梳理行业协会以及企业家故事，专业行业发展前景以及人才需求信息，可研发专创融合与职业生涯方面的校本教材。学生通过与企业家互动，了解所学专业应用现状及发展方向，拓宽生涯思维，增强职业生涯规划意识。

## 四、台州职业技术学院：创新人才培养模式，成立"企领学院"

在当前社会发展的大背景下，台州职业技术学院紧跟国家政策导向，将创新创业教育纳入学校整体发展规划，致力于培养具备创新精神和创业能力的高素质技术技能人才。学院紧密结合地方经济发展需求，深化教育教学改革，优化专业设置，强化实践教学，为学生的创新创业能力的培养提供了有力保障。

台州职业技术学院依托丰富的学科专业优势，为学生提供了广阔的创新创业平台。学院紧密围绕地方支柱产业和特色行业，设立优势专业为学生的创新创业提供了丰富的实践资源和广阔的发展空间。台州职业技术学院致力于构建完善的创新创业教育体系，加强实践教学，培养学生具备实际操作能力和创新精神。学院还积极开展产学研合作，与企业合作共建实习实训基地，为学生提供更多实践机会，提高其创新创业能力。

一是组建"管委会＋院务会"的决策运营架构。"企领学院"的组织架构分决策与运行两层进行。设立"企领学院"管理委员会作为决策机构，并且设主任、常务副主任、委员等若干名，分别由学校校长、合作企业董事长、校方相关处室负责人和企方人力资源总监担任。"企领学院"院务会是运营机构，设常务副院长和副院长。管委会主要负责招生计划、人才培养方案审议、各班班主任与企业导师聘任考核等工作。院务会按照管委会确定的办学方向和人才培养方案，遴选学生、组织实施教学和管理。企业会以各种方式到学校进行宣传，学生也将根据自己专业和企业的综合情况，报名参观感兴趣的企业，实地参观后再考虑报名参加统一面试。

二是运行"2+1"+"多岗递进"的教学模式。此模式下，前两学年在台职院校内开展常规教学，学习内容以专业基础知识、基础理论和基本技能为主，同时引企入校，开展"企业大讲堂""企业文化周""企业技术骨干进课堂"等活动，植入企业文化。第三学年，校企协同制定人才培养方案，组织学生进驻企业学习，实施以"现代学徒制"理念为核心的"专业技术教育＋岗位技能训练＋创新创业实践＋核心素养融入"课程体系。多岗递进，在第三学年的驻企学习阶段，由企业选派工作经验丰富的技术骨干、车间主任、中层管理人员等担任导师，以一对一或一对多的师徒结对形式，对学生进行轮流多个岗位"递进式"实操技术技能教学训练，使学生熟练掌握一个班组的岗位技能要求。

三是"双班主任＋思想导师"的强大思政团队。"企领学院"的各个班级采用"虚拟班级"管理方式，学生在就读"企领学院"期间不用转专业，学籍档案留在原二级学院行政班级。在企业学习阶段，由合作企业参照企业员工管理制度进行日常管理。为确保学生实操学习与思政教育两手抓、两不误，"企领学院"各个班级都配备了双班主任，由企业和学校各派一名经验丰富的教师组成双班主任团队，同时各企业还配备了思想导师团队。学生从校园学习转向企业车间学习，有一个角色转换和从舒适到艰辛的转变适应过程，其间会有较大的思想波动，因此企业经常组织各种形式的班会活动，促进学生交流。企业导师对个别情绪波动大的学生，甚至会在下班后陪学生一起吃饭、打球，借机交流开导，加强对其的思想政治教育，努力将学生培养成德技双馨、具有工匠精神的技术技能人才。通过思政团队的协作，向学生传递积极向上的企业文化，促使他们热爱学校、热爱企业、热爱国家。

"企领学院"的成功之处在于其紧密的校企合作关系。始终以市场需求为导向，动态调整专业设置学院与当地企业共同制定人才培养方案，按照企业需求培养应用型人才；高度重视师资队伍建设，采取一系列措施提高教师素质；注重学生全面发展，强调培养德才兼备的人才。这种全面培养模式有利于为学生奠定良好的职业基础，提高其在未来职场中的竞争力。其他职业院校可借鉴此类经验，关注学生全面发展，为我国培养更多优秀的人才。

# 第十章　政策引领：高地建设过程中的有力保障

自被列为部省共建国家职业教育创新发展高地建设城市以来，台州抢抓部省共建契机，聚焦打造"创新高地先行市""职教助富先行市""产教融合先行市"三大市域范例。为高地建设谋篇布局，需要强大的政策托底，台州以高质量发展建设共同富裕先行市为引领，紧跟国家经济政策的大方向，从区域经济、人才等方面进行政策布局，以职业教育与民营经济深度融合发展为路径，以改革创新为动力，持续推动职业教育提质增效，形成了稳中有序的发展态势。

## 第一节　多样化举措推动政府有为行动

台州市以创建国家产教融合型试点城市为契机，充分发挥职业教育国家试点倍增效应，聚焦"职教高地、技能台州"，全力推进职普融通、产教融合、科教融汇，优化职业教育类型定位，做好职业教育"扩容、提质、培优"三篇文章。

## 一、多点发力，贯通"市、县、校"协作体系，助推职教高地建设

坚持市县两级联动、市区一体发展、温台两地深度协作，走深走实"统筹谋划、市域一体、温台协同"三大路径，打造职教命运共同体，加快形成多层次、多样化的区域合作新格局，助推建设国家职业教育创新高地。

一是坚持统筹谋划推进。建立市长担任组长、分管市领导担任副组长的职教改革发展工作专班，市委、市政府高规格召开职教高地建设动员大会，各级党委政府按照"不同类型、同等重要"的要求，像抓普通教育一样抓实职业教育，编制职业教育"窗口"城市建设"一县一策、一校一案"方案，市、县两级专班加强统筹协调，落实落细试点责任清单。构建具有台州特色的中职学校办学水平监测与评价体系，建立学校发展、学生发展、教师发展、专业发展、特色创新等五个方面 52 个主要监测点，以办学质量监测推进教学质量、办学水平、办学效益提高。同时，以数字化改革为引领，创新打造了台州市"匠才荟"数字职教管理云中心，探索"智评"模式，提升全市职业教育整体智治水平。

二是坚持市域一体推进。出台《关于加强职业教育市域统筹工作的意见》，创新打造台州市"匠才荟"数字职教管理云中心，以数字化改革为牵引推动地市级统筹职业教育发展责任落地落实。编制市区职业教育发展共同体建设行动方案，构建市区职业教育命运共同体，推进学校、专业、教师、学生、产教融合、"双创"教育等"六大共同体"建设，打造集产、教、研、创一体发展的职教发展新高地。

三是坚持温台一体推进。与温州市共同谋划、协同推进高地建设，并建立定期会商、资源共享、信息互通、齐抓共管等工作推进机制。联合开展两地职业院校师生技能竞赛，举办首届活力温台创新高地建设高峰论坛，跨区域建设温台职业教育发展共同体，打造学校发展共同体、专业发展共同体，联合组建产教联盟、实体化运行的产业学院，实现技术共研、师资共培、人才共育，共同推进职业教育与民营经济融合共赢发展。

## 二、多轮驱动，重塑"人、技、薪"分配体系，激活职教助富引擎

率先实施"职技融通、技能培训、股权激励"三大改革，变人力为人才、变农民为技师、变职工为股东，以技能链带动增收链，加快形成劳者多得、能者多得的薪酬新体系，激活职教助力共富先行引擎。

一是变人力为人才。全省率先实施职技融通改革，出台《台州市职技融通改革实施方案》，实施职业院校和技工院校同目标引领、同政策保障、同平台支持、同归口管理、同频率发展等"五同"改革行动，构建"双培养"育人体系。职技融通改革做法获国家发展改革委肯定，改革经验被中国教育报刊登报道。职业院校育训结合积极助力"扩中""提低"，加强职业培训体系建设，完善职业培训"两清单一指数"制度。

二是变农民为技师。成立乡村振兴研究院，校企共建现代农业产教联盟，为乡村振兴蓄势赋能。以品牌化、多主体为主要抓手，迭代升级开展劳动力就业技能培训、新型职业农民培养、高素质农民培育。建立健全职业培训"两清单一指数"制度。加大职业技能培训品牌建设，打造了乡村厨师、红色月嫂等一批"叫得响""立得住"的特色品牌，全力打造共同富裕现代化基本单元。

三是变职工为股东。重构"全周期贯通、全区域统一、全领域融合"的蓝领人才培养培训生态系统，出台全省首个技术工人薪酬分配指引，制定《行业性能级工资集体协商操作标准》，强化"技高者多得"导向，让技能等级与薪酬待遇"挂钩"。积极引导上市公司调整和优化股权激励对象结构，加大对高技能工人收入激励力度，让技术工人队伍能享受到制造业更多的发展红利。

## 三、多元发展，完善"校、行、企"培养体系，培植匠才成长沃土

倾力打造"学城共兴、协同育人、中高一体"三大样板，实现职教与产业深度融合、学校与企业深度协同、中职与高职紧密衔接，打造高能级技校，提升技能人才成才率，加快形成产教融通、科教协同

的职教新生态，进一步培植具有台州特色的匠才成长成才沃土。

一是服务五大产城，助推区域经济转型。编制《临港产业带职业教育发展规划（2022—2025年）》，着眼临港产业带新能源、新材料、新医药健康、汽车制造、精密制造五城产业，成立台州市职业教育与产业研究院、产教融合专家指导委员会，牵头成立长三角汽车、模具、智能制造产教融合联盟，建立台州市教师企业实践流动站、台州市技术技能传承创新工作室等产业学院和产学研合作平台，打造校企合作共同体。台州市职业院校每年承接技术服务项目达400多项，对接技术难题近100个，台州职业技术学院在"中国专利转让排行榜"连续三年位居全国高职院校前三，成为全省唯一获批省知识产权信息公共服务网点的高职院校。

二是校企协同育人，实现产城科教联动。在全国地市级层面率先出台《推进职业院校混合所有制办学的实施意见》，印发《关于深入推进职业教育集团实体化运行的实施意见》，开展混合所有制办学试点，组建实体化运行的职业教育集团，台州湾职教集团入选国家级职教集团培育单位。台州混合所有制办学经验被《中国教育报》专题报道，国内首家混合所有制汽车学院办学经验在教育部全国混合所有制办学研讨会上被作为典型。

三是中高企一体化，加快提升培养能级。《台州市职业教育校企合作促进条例》已立法并于2024年1月1日起施行，以地方立法的形式促进产教深度融合、校企紧密合作。深入实施产教融合"五个一批"项目工程，强力推进人力资本强市建设，遴选培育154个市级产教融合项目，入选省级项目85个，浙江华海药业股份有限公司入选国家产教融合型企业。开展长学制人才培养改革培育项目12个，4所学校入选省"区域中高职一体化"改革试点学校。深入推进台州特色学徒制，推进17所省"双高计划"职业院校和2所省一流技工院校建设，促进人才培养能级提升，构建"中高本硕纵向贯通、政校行企横向融通"现代职教体系。

## 四、多方增长，提升"校、师、社"教育质量，拓宽成长成才道路

台州市以获批国家职业教育高地建设试点为契机，加强经费保障、强化政策激励、推动产教融合，助力职业教育服务台州民营经济高质量发展，全力支持打造在全国有辨识度、有影响力的职业教育创新发展"窗口"城市。

一是"以财养学"，增强保障促发展。进一步强化财政资金的保障和引领作用，着力提高台州职业教育办学品位、提升教育教学环境、建设学校品牌专业、建设实训基地，助力构筑人民满意的幸福职业教育，确保职业教育生均财政拨款逐年递增。财力投入的不断加大，助推台州职业教育资源不断优化。

二是"以法为教"，落实政策促激励。立足产业行业合作，不断探索混合所有制办学模式，联合13家部门印发《关于推进职业院校混合所有制办学的实施意见》，激发社会力量参与职业教育办学积极性。混合所有制改革后仍为公办性质的办学机构享受公办院校的生均拨款；改革后登记为非营利性机构的高职院校和中职院校，可分别按公办院校的基准生均财政补助定额和生均财政公用经费标准的20%给予支持。

三是"产教共济"，突出协同促融合。台州市建设专项资金，通过共建共享产教融合平台、探索区域协同创新发展、创新技能人才培养模式、建强职教专业师资队伍、建设职教"数字大脑"、加强职教国际交流合作、优化职教发展环境等重点任务，推进职业教育高质量发展。持续改进实践教学，不断深化校企合作、工学结合、顶岗实习等多种形式的产教融合，显著提高行业企业对职业教育的参与度。

# 第二节 系统化设计推动政策有力布局

台州市的政策布局始终以职业教育与民营经济深度融合发展为路径，以改革创新为动力，提供政策保障，强化各组织之间的协调工作、加强资源配置、提高执行能力，真正推动职业教育高质量发展。

## 一、以不同类型政策扎实推进发展

高地建设过程中政策文件的制定把控着发展的大方向，但仍然粗中有细，从高地建设的协作体系，到分配体系及人才培养体系的每一个具体环节都有相应的政策支持，从而真正形成高地建设的重要保障，成为区域经济发展、人才培养、教育改革等进程中的重要"保护伞"。引领性政策具有全局性，能够大致对未来的发展方向进行规划，而推动性政策却能够在实际行为上进行规定，并且对实际的政策进行把控。在高地建设的重要进程中需要引领性政策发挥其重要的统帅、引领作用，明确政策布局的大方向，保障后续工作的正常运作。同时，也需要出台推动性政策，规划具体的工作细节，推动政府等其他部门的工作明确、有序进行。台州市联动不同类型的政策形成完善的政策网络，上至大方向的把控，下至具体细节的推动，形成一张完善的政策网络，保障政府及其他相关单位的工作能够有效开展。

### （一）以引领性政策绘好高地建设蓝图

为坚持在工作体系创新上打造职教创新高地样板，保障市县两级联动、市区一体发展、温台两地深度协作，走深走实"统筹谋划、市域一体、温台协同"三大路径，真正形成职教命运共同体，并形成多层次、多样化的区域合作新格局，最终助推建设国家职业教育创新高地，政策布局保障整体运行，成为合作新格局强有力的联结纽带，台州市始终坚持打造引领性政策，坚持引领性政策先行，把控政策布局的大方向。

在引领性政策中，始终坚持系统统筹谋划推进。台州市出台《关于建立职业教育"窗口"城市工作方案》等多个政策文件，先行打造具有台州特色的职业教育高质量发展政策框架，确立职业教育"窗口"城市建设定位与整体布局，落实职业教育与普通教育"不同类型、同等重要"的定位和"产教融合、学城共兴"的理念。坚持目标导向、问题导向、效果导向，注重拉高标杆、探索创新、体现成果，致力提质培优、增值赋能，服务台州民营经济高质量发展，将台州建设成全国职业教育创新发展"窗口"城市。

在引领性政策中，始终坚持以服务五大产城，助推区域经济转型为重点。台州市编制《临港产业带职业教育发展规划（2022—2025年）》，着眼临港产业带新能源、新材料、新医药健康、汽车制造、精密制造五城产业，进行引领性的布局与规划。随后在规划性、统领性政策文件的安排下，推动成立台州市职业教育与产业研究院、产教融合专家指导委员会，牵头成立长三角汽车、模具、智能制造产教融合联盟，建立台州市教师企业实践流动站、台州市技术技能传承创新工作室等多个产业学院和产学研合作平台，打造多个校企合作共同体，将规划落实到细节。

在引领性政策中，政策文件布局始终坚持市域一体推进，出台《关于加强职业教育市域统筹工作的意见》，市、县两级党委政府按照"不同类型、同等重要"的要求，编制职业教育"窗口"城市建设"一县一策、一校一案"方案，加强统筹协调，落实落细试点责任清单，创新打造台州市"匠才荟"数字职教管理云中心，编制职业教育发展共同体建设行动方案，构建市域职业教育命运共同体，推进学校、专业、教师、学生、产教融合、"双创"教育等"六大共同体"建设，打造集产、教、研、创一体发展的职教发展新高地。

### （二）以推动性政策描绘高地发展细节

台州市始终坚持落实推动性政策，在细微之处落实好推动性政策，稳步推行具体举措。在助推共富先行上打造职教创新高地样板，政策文件为推动实施"职技融通、技能培训、股权激励"三大改革，变人力为人才、变农民为技师、变职工为股东，以技能链带动增收链，加快形成劳者多得、能者多得的薪酬新体系，激活职教助力共富先行引擎。坚持以改革创新为人才培养的突破点，积极探索多元办学、中高一体培养模式，深化产教融合校企合作，促进教育链、人才链与产业链、创新链有机衔接。政策布局坚持以职业教育服务民营企业高质量发展为着力点，以政策护航，率先探索职技融通改革，全面助力乡村振兴，为台州市共同富裕先行市建设提供有力支撑，同时，倾力打造"学城共兴、协同育人、中高一体"三大样板，实现职教与产业深度融合、学校与企业深度协同，加快形成产教融通、科教协同的职教新生态，进一步培植具有台州特色的匠才成长成才沃土。

在推动性政策中，政策布局把握助力"扩中""提低"的方向，变人力为人才。台州市在全省范围内率先实施职技融通改革，这一举措需要推动性政策推进落实，于是出台《台州市职技融通改革实施方案》，统筹多方资源，优化职业院校与技工院校学校和专业布局，主动对接产业发展趋势和市场需求，完善职业教育和技能培训体系，深化办学体制和育人机制改革，扩大人才培养规模，提高培养质量。

在推动性政策中，引导职工变股东，助力提技增薪。进一步推出职教助富七大行动，助力构建"扩中""提低"分配格局，重构"全周期贯通、全区域统一、全领域融合"的蓝领人才培养培训生态系统，出台全省首个技术工人薪酬分配指引，制定《行业性能级工资集体协商操作标准》，强化技高者多得导向，让技能等级与薪酬待遇挂钩。

在推动性政策中，扶持多元办学模式，产教协同育人形成"台州样本"，实现产城科教联动。在全国地市级层面率先出台《推进职业院校混合所有制办学的实施意见》，印发《关于深入推进职业教育集团实体化运行的实施意见》，创新发展"政府＋企业"模式、"企业＋二级学院"模式、"中职＋高职＋企业"模式等多种跨界合作办学机制，开展混合所有制办学试点，组建实体化运行的职业教育集团。为加快提升培养能级，为技能人才培养提质增效，台州市施行《台州市职业教育校企合作促进条例》，从地方立法角度明确了校企责任、权益，护航产教协同育人，促进产教深度融合、校企紧密合作。根据高技能岗位、复杂工种需求，探索"中高企""校校企"等中高职一体人才培养模式，印发《台州市中高职人才一体化培养实施方案》的通知。

## 二、以政策文件中的台州亮点勾画发展蓝图

政策文件的布局与制定都是为形成一个良好的政策体系，以保障后续的政策落实与未来发展的规划方向。高地建设过程中不同的政策有其不同的政策内涵，在引领发展方向、保障政策推行等不同方面发挥其独特作用。台州市牢牢把握高地建设这一重要主题，围绕这一核心话题开展落实一系列的政策布局，其中尽显"台州特色"，在多个政策文件中彰显"台州智慧"，形成一套极具影响力、示范性的政策文件体系。

为健全技术工人培养、使用、评价、激励制度，推动企业建立健全技术工人薪酬分配体系，促进技术工人队伍建设，助推台州"扩中""提低"改革工作，更好地服务台州产业经济健康发展，为台州高质量发展建设共同富裕先行市提供坚实的技能人才保障，台州发布全省首个技术工人薪酬分配指引——《台州市技术工人薪酬分配指引》，提出从健全技术工人薪酬结构体系，完善技术工人薪酬激励机制，深化工资集体协商制度以及落实薪酬分配权益保障机制四大方面对薪酬机制进行合理的优化升级。

《台州市技术工人薪酬分配指引》，强化技能价值激励导向，鼓励企业在工资结构中设置体现技术技能价值的工资单元，建立高技能人才技能津贴制度，引导企业健全向一线技术工人倾斜的分配制度，是一项完善薪酬机制的典型范例。完善薪酬机制，可以促进形成产业工人的成就感，是产业工人人才评价的重要环节。薪酬机制在深入实施人才强市战略，助推技术工人"扩中"改革，引导企业建立健全技术工人薪酬分配体系，形成技高者多得、多劳多得的激励导向，助力台州高质量发展建设共同富裕先行市等方面发挥了积极作用。这一政策充分体现了台州市从薪酬分配的小切口入手，创新政策，进一步考虑到人才、经济等大方向上的关键要素，以小细节推动落实大方向的政策。

职业技能培训是全面提升劳动者就业创业能力、缓解技能人才短

缺结构性矛盾、提高就业质量的根本举措，台州市人力资源和社会保障局与台州市教育局发布的《关于建立职业技能培训"两清单一指数"的通知》，要求建立职业培训"两清单一指数"制度。该文件指出要定期发布培训需求清单、培训能力清单和培训机构信用及质量星级指数，建立培训需求以及能力清单制度，建立培训机构信用及质量星级指数评价管理制度，健全培训质量监控闭环机制，并加强组织保障，需要强化上下联动，并加强宣传引导。

《关于建立职业技能培训"两清单一指数"的通知》为全面建设特色鲜明的"窗口"城市提供了坚实有力的高素质技术技能人才保障，积极推进职业技能培训市场化、社会化、多元化改革，不断拓宽人才数量。在当前建设"国家重视技能、社会崇尚技能、人人学习技能、人人拥有技能"的技能型社会的倡议下，技能增长是当前产业变革、经济发展的重要增长点，而技能培训是促进技能增长的重要手段，这一政策文件充分体现了台州市能够牢牢把握技能增长这一关键要素，为技能培训提供了正确的政策引导与保障。这一政策充分体现了台州市注重职业培训对建设整个技能社会的重要性，在政策制定方面，能够以小见大。

建设临港产业带，是着眼台州高质量发展全局做出的重要部署，也是台州奋进"三高三新"，实现制造业转型升级、高质量发展的重大举措。顺应全球临港产业发展新趋势，承接全国所需，围绕浙江所想，发挥台州所能，台州印发了《台州市临港产业带发展规划》和五城发展规划，谋划了台州临港产业建设的目标和路径，明晰了台州现代产业体系发展的方向和布局，并围绕这一重大方向，颁布与实施了一系列相关政策。

台州市先后出台了临港产业带发展规划、五城专项规划，以及空间、港口、湾区、职业教育等规划和县市区实施方案。其中《临港产业带职业教育发展规划（2022—2025年）》制定了扩大优质高教资源、新建五城配属院校、技工教育提质增量等行动计划，以高品质职业教育聚人、育人、留人，全力打造国家技能型城市先行区、区域产教融合发展样板区，培养符合台州产业发展需要的高素质技术技能人才，助推台州临港产业集群提档升级。建设临港产业带创新是驱动力，科技要素保障十分关键，台州市随后出台《台州湾科创走廊发展规划》，构筑"一核聚能、三片协同、多点支撑"的总体空间格局，强化中央创新核聚能作用。

　　台州市级层面各项规划出台后，各县市也相应出台了实施规划和方案，目前全台州市已形成以临港产业带发展规划为总纲，五城规划为主干，相关配套规划为补充，县（市、区）实施方案为落点的规划体系。发展规划是指导台州临港产业带建设的总纲，规划明确了建设世界知名现代海洋城市、打造全球一流临港产业带的奋斗目标和分"三步走"的发展路径。通过规划实施，重点推进五大产业城建设，重塑临港发展新优势，推动综合实力再上新台阶。这一系列政策的颁布实施，体现的是台州市能够以大格局规划，层层落实推进其他政策的布局与落实，体现的是台州市政府对整体规划的把握有度。无论是从细微之处入手推动政策的布局，还是从宏观政策上规划布局，不同政策具有其独特的功能与意义，台州市政府发挥其独特的智慧，由此建构形成一张极具台州特色的政策网络，为高地建设提供强有力的保障，成为未来发展的坚实后盾与先导指引。

# 第三节　共同体建设推动政策有效落实

　　政策布局统一发展的大方向，政策落实确保每一步的有效运行，政策布局与政策落实一起成为高地建设中的有力保障，为高地建设提供了源源不断的助力，为政策行为以及后续未来发展形成了良好的保障体系。

## 一、建设六大市域共同体的区域诉求

　　台州地区拥有丰富的产业资源和经济基础，但各市之间资源分布不均，职业教育也存在发展不平衡的情况。通过构建"六大市域共同体"实现资源的优化配置和协同发展，避免重复建设，提高资源利用效率；通过共同体建设，可以整合各地区的教育资源，提高职业教育的整体品质和服务水平。这种集中力量办大事的模式有助于整体提升教育水平，满足当地经济发展对高素质人才的需求；通过共同体的建设促进人才的流动与交流，让优质的职业教育资源得以更好地向各地辐射。同时，可以根据不同地区的产业结构和市场需求，调整教育培训的内容和方向，实现教育供给与市场需求的有效对接。职业教育是提升一个地区整体竞争力的重要手段之一；通过共同体建设加强台州地区职业教育的整体实力，提高产业技术水平和人才素质，从而增强地区的吸引力和竞争力，推动经济持续健康发展。

## 二、六大市域共同体助推政策落实

台州以习近平新时代中国特色社会主义思想为指导，深入贯彻落实全国和全省、全市职业教育大会精神，以部省共建温台职业教育创新发展高地建设为契机，以"三立三进三突围"新时代发展路径为指引，坚持目标导向、问题导向、效果导向，注重拉高标杆、探索创新、体现成果，实现资源共享、优势互补、整体提高，推进市区职业教育高质量发展。以坚持类型属性、强化协同发展、加强制度创新、深化学城共兴以及加强中高职学制贯通和长学制人才培养为总体思路建设六大市域共同体，为推动政策布局落实保驾护航，具体内容如下。

一是建设市区中职学校发展共同体。发挥省"双高"中职学校示范作用，通过校际交流与融合，实现共同体内部的教育理念、教育资源、管理制度、特色办学和发展成果共享，实现共同发展。做强市区每一所中职学校，市区中职学校增挂特色化学校校牌，推进学校间特色发展、错位发展。推进共同体对外合作办学项目共建共享，提升各中职学校国际化办学水平。每年至少开展六次相关活动。

二是建设市区中职教师发展共同体。实施市区职业教育师资提升行动，创新职业教育"双师型"培训机制，形成资源共建、一体发展、成果共享的良好机制。依托省市级名师（名技师名班主任）工作室、产业教授工作室、工匠之师工作室等开展教师学科专业技能培养。建立教研联盟，鼓励协同开展科技研发，开展常规化的协同教研和科研。建立师资互派交流制度，通过统一的师资培训、校本教研、师徒结对、同伴互助、师资交流等方式，推进骨干教师的专业化发展、整体提升。每年至少开展三次相关活动。

三是建设市区中职学生发展共同体。全面落实立德树人根本任务，建立垦荒精神"三全育人"研究中心，设立德育研究分中心、身心健康研究分中心、艺术教育研究分中心、劳动教育研究分中心、技能教育研究分中心，协同推进学生的全面发展，全面实施"五育并举、三全育人"。加强课程思政建设，构建学生德智体美劳全面发展的多元评价标准。建立共同体成员学校学生交流学习机制，探索课程互选、学分互认、资源互通。联合举办市区中职学校学生技能比赛和文体比赛等活动。联合推进学生技能实训中心、中小学生职业体验中心、职业教育培训中心建设。

四是建设市区职教专业发展共同体。建立市区职业教育专业建设委员会，对接"456"先进产业集群，强化市区职业院校专业结构调整，实现错位发展和特色发展。加强市区职业院校的中高职学制贯通和长学制人才培养，推进市区中高职一体化发展。充分发挥省职业院校高水平专业（群）示范辐射作用，遴选市区职业院校专业，构建市区职业院校中高职一体专业协同发展机制，实现优质教学资源共建共享。

五是建设市区产教融合共同体。建立市区校企合作推进委员会，深化校企双主体协同育人机制。发挥台州民营经济发达的优势，建设一批校企共同体，强化校企协同开展专业教学建设、教学研究与教学改革，打造品牌特色专业；强化社会服务功能，成立若干技术服务小分队，协同开展高品质的社会培训和技术服务。对接市区企业个性化人才需求，完善专业随产业发展的动态调整机制，实现专业建设与产业发展同频共振，协同探索"校企协同、中高一体、育用贯通"高技能人才培养模式。每年完成社会培训 3 万人次以上，职业技能考核评价 3000 人次以上。

六是建设市区"双创"教育共同体。弘扬"敢为人先、特别能创新创业"的台州企业家精神，充分发挥高职院校大学生创新创业方面的优势和辐射带动作用，带动提升市区中职学校的创新创业能力，精准服务中小微科创企业的需求，共建共享"产、学、研、转、创"一体化的协同创新创业平台。市区职业院校协同组建"双创"教育联盟，联合开展创新创业大赛等。

## 三、区域统筹温台一体共同推进

政策落实始终保障温台一体推进，坚持与温州市共同谋划、协同推进高地建设，并建立定期会商、资源共享、信息互通、齐抓共管等工作推进机制，联合开展两地职业院校师生技能竞赛，跨区域建设温台职业教育发展共同体，打造 9 个学校发展共同体、9 个专业发展共同体，联合组建长三角汽车、模具等 6 个产教联盟，建成 5 个实体化运行的产业学院，实现技术共研、师资共培、人才共育，共同推进职业教育与民营经济融合共赢发展。

第一，跨区域建设温台职业教育发展共同体。一是建设"学校发展共同体"。充分发挥两地省中职"双高"学校辐射引领作用，以"1+1"形式（1 所省中职"双高"学校 +1 所薄弱学校结对）组建 9 个学校发展共同体。成立温台技工院校（产业）联盟，16 所温台地区技工院校和 18 家紧密合作企业成为联盟成员单位。加强温台两地中高职一体化合作办学。二是建设"专业发展共同体"。两地合作开展机械、汽修等 9 个专业的温台中职专业教学研讨活动，共同推进专业建设和人才培养模式改革。三是建设"教师发展共同体"。联合举办温台职业院校高职教师教学能力比赛。四是建设"学生发展共同体"。成立"活力温台"高职大学生"双创"联盟，联合开展温台高职院校（技工院校）学生技能竞赛、大学生双创大赛、中职学校创新创业比赛、学生技能竞赛，举办网络安全、数控铣床、塑料模具设计、CAD 机械设计、英语口语等 11 个项目的竞赛。

第二，联合推动职业教育与民营经济融合发展。温台联合组建长三角汽车、模具、温台学前教育产教联盟等 6 个产教联盟（长三角模具产教联盟获省产教融合"五个一批"项目），已建成 5 个实体化运行的产业学院，推动两地企业加入产教联盟、产业学院，实现技术共研、师资共培、人才共育，共同推进职业教育与民营经济融合共赢发展。

第三，联合举办职业教育高峰论坛。共同举办首届"活力温台"职教创新发展高峰论坛，交流展示职教改革经验和成果，得到了省教育厅领导的高度肯定。

# 第十一章
# 回望三年：台州职业教育高地建设的
# 成效与展望

  针对台州打造"创新高地先行市、职教助富先行市、产教融合先行市"三大市域范例的目标，2021—2023 年，台州奋力完成了职教高地建设、深化产教融合以及职教赋能高水平共富的三大任务。在这份答卷之上，台州对市域职业教育的未来发展提出了更加精准、更加适切、更加美好的展望。

## 第一节  以十大标志性成果交职业高地建设答卷

  作为与经济社会发展关系非常紧密的类型教育，职业教育是推动经济高质量发展的引擎，促进社会共同富裕的动力。2021 年 1 月，台州被列为部省共建国家职业教育创新发展高地建设城市。台州以抢抓部省共建契机，把职业教育发展摆到"再创民营经济新辉煌"的历史使命中思考，摆到推进"扩中""提低"、建设共同富裕的大场景中定位，聚焦打造"创新高地先行市""职教助富先行市""产教融合先行市"

三大市域范例，进一步深化教育链、人才链与产业链、创新链有机衔接，努力培养更多高素质技术技能人才、能工巧匠，奋力打造职业教育高质量发展市域范例。

台州充分发挥职业教育国家试点倍增效应，聚焦"职教高地、技能台州"，以职业教育与民营经济深度融合发展为路径，以改革创新为动力，有关做法得到省委、省政府领导的批示肯定，国务院发展研究中心专题调研并形成报告，全力打造职业教育创新发展市域高地十大标志性成果。

一是职教发展政策系统集成。制定出台《关于建立职业教育"窗口"城市工作方案》等政策文件20多个，系统构建具有台州特色的职业教育高质量发展政策框架。台州教育历史上首部地方立法《台州市职业教育校企合作促进条例》颁布并实施。

二是产学城一体发展布局成型。坚持"产教融合、学城共兴"的理念，印发《台州市临港产业带职业教育发展规划》，成立职业教育与产业研究院、产教融合专家指导委员会，7所中职学校增挂市级特色化校名。建立"六业"联动机制，30所职业院校共开设专业339个，全市职业院校专业对接支柱产业率达90%以上。

三是院校办学质量提升有力。全市共有省"双高"职业院校建设单位17所（职业院校）、省职业教育信息化标杆学校8所（中职学校），其中1所为全国职业教育信息化标杆校。中职学校办学条件重点监测指标达标率提升幅度全省第一。

四是产教融合发展走深走实。建立完善企业、行业、产业、专业、就业、职业"六业"联动机制，出台产教融合"五个一批"工作方案，研制职业教育产教对接谱系图，打造校企合作共同体70余个，系统布局设置模具加工与装配、汽车技术等职业院校高水平专业群35个。遴选培育市级产教融合项目154个，获批省级产教融合项目85个，数量居全省前列。建立50余个教师企业实践流动站、技术技能传承创新工作室和产学研合作平台，全市1500多家企业与职业院校签订长期合作协议。

五是混合办学改革破局成势。推出全国首个地级市混合所有制办学政策《关于推进职业院校混合所有制办学的实施意见》，创新发展"政府＋企业"模式、"企业＋二级学院"模式、"中职＋高职＋企业"模式等多种跨界合作办学机制，开展32个混合所有制办学项目试点，国内首家混合所有制汽车学院办学经验在教育部全国混合所有制办学研讨会上被作为典型。

六是技能人才培养提质增效。创新实施"中高企""校校企"等培养模式，4所学校被确定为省区域中高职一体化人才培养改革试点单位。2021—2023年，职业院校学生比赛获国家级奖项77个、省级奖项168个；在首届世界职业院校技能大赛中荣获铜奖，中职学生创新创业大赛的获奖等次及数量连续12年居全省前列。

七是师资队伍建设成果丰硕。建立30支教育教学创新团队、28支中高职一体化教科研训团队，重点开展专业带头人、校长等6类师资培养。台职院首获国家职业教育教学成果一等奖，台科院两支教师团队在全国职业院校技能大赛教学能力比赛分获一等奖、二等奖，4本教材入选"十四五"职业教育国家规划教材，实现历史性突破。

八是服务发展能力持续增强。建立职业培训"两清单一指数"制度，每年开展各类职业技能培训20万人次以上，组建长三角汽车、模具等19个产教联盟，每年向企业输送技能人才3.3万人。全市职业院校每年接到技术服务项目400多项、科技成果转化项目450项以上、科技服务实际到款额6000万元以上，2023年高职院校毕业生留台率达50.6%。

九是职教提技助推共富发展。在全省率先实施职技融通改革，在全市21所学校72个专业开展学分、证书互认试点机制，央视《东方时空》栏目报道台州"职技融通"做法。开展职教助富七大行动，助力构建"扩中""提低"分配格局，出台全省首个技术工人薪酬分配指引，制定《行业性能级工资集体协商操作标准》，让技能等级与薪酬待遇挂钩。推进社区教育系统服务农村文化礼堂，覆盖率达97.68%，每年开展社区教育进礼堂活动1万场次以上。

十是全民终身教育丰富多彩。出台《关于推进社区教育高质量发展的实施意见》，台州开放大学成为全省首个完成更名挂牌开放大学的地市级电大，创成全国首家乡村振兴学院、全国首家垃圾分类公众教育学院、全省首个市级社区家庭教育指导中心。打造国家优秀成人继续教育院校 3 所、国家级终身学习品牌 5 个、国家级品牌项目 45 个，入选教育部"智慧助老"项目 11 个和"能者为师"实践创新项目 3 个，建成省级现代化社区学校 17 所。

三年来，台州市职业教育以习近平新时代中国特色社会主义思想为指导，对标浙江"重要窗口"建设，走深走实台州"三立三进三突围"新时代发展路径，服务台州完成"推动高质量发展、打造高能级城市、促进高水平共富"三大历史任务，以十大标志性成果交出职业高地建设答卷。

# 第二节　以发展"七型"职业教育赋能共富先行

台州以建设职业教育国家试点为契机，大力发展以"开放、共生、双创、均衡、终身、反哺、浸润"为特色的高质量职业教育，赋能高水平共同富裕建设，强化造富能力、完善创富机制、创新聚富要素、协调增富模式、优化享富供给、拓展奔富路径、提升润富水平，为台州高质量发展建设共同富裕先行市提供有力支撑。

## 一、大力发展"开放型"职业教育，以优化专业结构做强现代产业造富

一是坚持专业对接产业。聚焦台州"456"先进产业集群培育，积极发展智能制造、物联网技术、工业机器人、新能源汽车等新兴专业和学前、护理、康养、家政等人才紧缺专业，不断完善专业随产业发展动态调整机制。

二是深化专业纵横发展。健全企业、行业、产业、专业、就业、职业"六业"联动机制，系统布局建设模具加工与装配、小微金融等

职业院校高水平专业（群）35 个，全市职业院校专业对接支柱产业率超过 90%。

三是强化专业人才供给。紧扣台州"建设具有国际影响力的制造之都"目标，大力培养专业技术技能人才，全市职业院校每年向社会输送毕业生超 3.3 万人。

四是拓展对外合作交流。加强与国际高水平职业教育机构和组织合作，推进中外合作办学项目建设，台州职业技术学院新能源汽车技术专业被列为教育部首批中德先进职业教育合作项目。到 2025 年，力争培育国家"双高"高职院校 1 所、国家"双优"中职学校 6 所以上，高标准建成市级高水平专业（群）35 个，学生在"双高"（"双优"）学校就读率达 80%。

## 二、大力发展"共生型"职业教育，以产教深度融合推动民营经济创富

一方面，创新民资办学改革。充分发挥台州民营经济优势，在全国地市级层面率先出台《关于推进职业院校混合所有制办学的实施意见》，鼓励民营企业以独资、合资、合作等方式依法参与举办中高等职业教育并给予相应财政支持。已开展混合所有制办学项目试点 20 余个，台州职业技术学院国内首家混合所有制汽车学院办学经验在教育部主题研讨会上被作为典型。

另一方面，健全校企合作机制。全市 1500 多家企业与职业院校签订长期合作协议，打造校企合作共同体 70 余个，遴选培育长三角汽车、长三角模具产教融合联盟等产教融合项目 84 个，入选省产教融合项目 50 个，其中台州湾职教集团入选国家级职教集团培育单位，浙江华海药业股份有限公司入选国家产教融合型企业。到 2025 年，力争培育有影响力的产教融合联盟 10 个，建成高水平产教融合示范基地或高水平公共实训基地（仿真实习实训基地）12 个，培育产教融合型企业 100 家、产学合作协同育人项目 30 个、产教融合工程项目 50 个。

### 三、大力发展"双创型"职业教育，以人才培养提质畅通资源要素聚富

一是完善以赛促学机制。通过每年举办全市中职学校学生创新创业比赛，全面加强职业院校学生创新创业教育与实践，台州已连续12年在全省中职学生创新创业大赛上斩获佳绩。

二是强化试点交流合作。成立温台高职大学生"双创"联盟，举办温台高职大学生"双创"论坛。

三是拓展新型创业路径。延伸职业学校办学空间，强化校地合作、育训结合，台州科技职业学院成立全国首家大学生专业合作社"一冉花果合作社"，产值近千万元，培养新型职业农民数百名。

四是深化技术攻坚合作。推动行业龙头企业和职业院校联合组建技术研究平台与技术创新联盟，共同申报科技重大项目和研发计划，2021年全市职业院校承接技术服务项目400多项、对接技术难题近100个。其中，台州职业技术学院在"中国专利转让排行榜"连续两年居全国高职院校前二。到2025年，全面提升职业院校立地式研发服务能力，力争实现科技服务年到款额2500万元以上。

### 四、大力发展"均衡型"职业教育，以职技融通改革协调收入分配增富

一是建章立制促改革。在全省率先出台《台州市职技融通改革实施方案》，推动学历教育与技能教育双轨合并，夯实职技融通赋能"扩中""提低"改革基础。

二是"五同"发展畅融通。秉持职业教育"使无业者有业，使有业者乐业"使命，推进职业院校和技工院校"同目标引领、同政策保障、同平台支持、同归口管理、同频率发展"，系统重塑技术工人全周期培养路径。

三是创新模式强育人。将技工院校纳入中高职一体化五年制招生计划，开展学分互认试点，构建职技融通"双培养"育人体系，突破技工学历天花板，打通技工成长链，实现学历能力双提升。2021年全市新增技能人才9.3万人，台州科技职业学院等3所学校入选典型案

例优秀组织单位，浙江汽车职业技术学院《"校企一体 以岗育人"工学交替实践与探索》等 13 个案例入选浙江省学徒制典型案例。

### 五、大力发展"终身型"职业教育，以全龄友好包容优化公共服务享富

一是扩大社会培训供给。坚持职业院校学历教育与培训并举法定职责，印发职业技能培训"两清单一指数"方案，2021 年全市职业院校面向社会人员培训达 23.23 万人次。

二是强化市场需求导向，按照台州地方经济发展对技能人才的需求实际，因材施教开展企业职工岗位培训、渔农民转产转业培训、农民工能力素质培训、退役士兵技能培训、家政服务培训、就业困难人员培训等面向不同主体的教育培训，推动更多的劳动者通过自身努力实现技能致富。

三是积极拓展办学功能。在做大做实职业院校非学历教育的同时，实施社会人员学历提升行动，力争让有意愿学习的低学历社会人员尤其是主要劳动年龄人口在学历上提升一到两个层次。到 2025 年，实现每年开展各类职业技能培训 15 万人次以上，力争每年新增成人初高中学历提升 10 万人、新增大专及以上学历层次教育学员 30 万人。

### 六、大力发展"反哺型"职业教育，以振兴乡村教育促进城乡统筹奔富

一方面，做好区域均衡文章。支持天台县、仙居县、三门县新（改、扩）建职教中心，逐年增加中职学校中高职一体化五年制职业教育招生数量，扩大办学规模，提升教学质量。推动优质高职资源向山区职业院校延伸，发挥台州科技职业学院与仙居县职业中等专业学校成立的中高职一体化人才培养基地试点作用。

另一方面，做好内生动力文章。立足服务乡村振兴国家战略，实施系列"输血造血"帮扶举措，成立台州乡村振兴研究院、台州数字农业研究院、中国杨梅科创中心等科研机构，开展农村实用人才、新型职业农民、乡村基层干部等乡村振兴人才特色业务培训项目。玉环

市坎门成人文化技术学校东沙渔村"海之韵"文化大讲堂等3个项目获评国家级成教品牌项目,《"培训+"助鸡山乡垦荒共富》等36个项目获评省终身学习品牌项目。

## 七、大力发展"浸润型"职业教育,以打造文化品牌构建文化高地润富

一是坚持以文铸魂。强化党对职业教育的全面领导,将社会主义核心价值观、大陈岛垦荒精神等融入思想道德教育、文化知识教育、社会实践教育各环节,不断构建职业院校学科体系、教学体系、教材体系、管理体系互融互通的育人大格局。

二是坚持以文化人。广泛开展"大国工匠(劳模)进校园"、工匠大道建设等活动,让工匠精神培育与学生的成长成才有效贯通,鼓励学生立志成为能工巧匠、大国工匠。

三是坚持以文兴校。开展职业院校校园文化"一校一品"建设,着力打造"垦荒牛文化""长城文化""海鸥文化"等一批职校文化品牌,已建成省中职德育品牌8个。到2025年,力争培育"三全育人"典型学校5所,建设有规划、有品牌、有活动、有成果的"一校一品"职业院校校园文化20个。

台州发挥职业教育产业升级"助推器"、技能人才"蓄水池"、社会培训"充电站"、智志双扶"新引擎"作用,奋力打造职教"窗口"城市,以推动职业教育从"大有可为"的殷切期盼转化为"大有作为"的生动实践为己任,为高质量发展建设共同富裕先行市贡献更多教育力量。

# 第三节  扎根民营经济土壤  展望职教发展新征程

回顾是为了前行,前行还需登高望远。台州职业教育正处在爬坡

过坎的攻坚期、干事创业的窗口期、大有作为的机遇期，新时代一流职业教育建设面临着一系列新形势、新要求和新挑战。实现职业教育特色化、高质量、跨越式发展，是我们这代人要走的新长征路。

要顺应时代发展大势，正确认识市域职业教育面临的形势、任务。从国际竞争大格局的新态势看，以互联网、大数据、人工智能等为代表的科技革命引领着社会产业新变革，不断改变着传统职业形态；"互联网＋教育"不断重塑教育形态，其将成为世界各国争夺下一轮职业教育发展主导权的重要阵地和焦点领域。中国职业教育日益走向世界第一方阵，必须以更高水平的教育坐标引领建设世界一流职业教育。从职业教育发展的新形势看，职业教育正处在提质升级的攻坚阶段。产教融合、校企合作已成为办好职业教育的关键所在。《国家职业教育改革实施方案》是职业教育改革发展的重要依据，也为台州职业教育改革发展指明了方向。从台州经济社会发展的新指向看，台州已进入高质量发展的关键阶段。走好科技新长征、再创民营经济新辉煌、建设新时代美丽台州，迫切需要高水平的职业教育和高素质的技术技能人才提供支撑。职业教育应当立足台州、扎根台州、融入台州，全面提升服务能力，积极主动作为，使职业教育成为台州高质量发展的人才库和智力源。

要增强追赶超越信心，充分释放职业教育具有的独特优势。特色鲜明的产业背景是职业教育发展的优势。台州民营经济发达，经济综合实力稳居全省第二方阵，以制造业为主体的块状经济特色明显，汽车及零部件、模具与塑料、医药医化等七大千亿产业集群正在形成和完善之中，为职业教育的人才培养、专业建设、社会服务等提供了深厚土壤。干事创业的内外环境是职业教育发展的氛围优势。台州市委、市政府高度重视职业教育发展，联合温州共同打造温台职业教育一体化国家创新高地，各职业院校要党政同心、上下同心，广大师生要心齐气顺、风正劲足，逐渐形成谋发展的浓厚氛围，紧紧把握住此历史时机，奋勇争创中国特色、世界水平的新时代一流职业教育。

要解放思想、转变观念，不断激发职业教育发展的内生动力。一是强化追赶超越意识，这是实现职业教育跨越式高质量发展的思想保障。要在日趋激烈的竞争中实现追赶超越，就必须增强危机感和紧迫感，各项工作都拉高标杆，每个指标都对标对表，以时不我待的精神推动职业教育追赶超越。二是强化主动担当意识。要实现职业教育的追赶超越，就必须要有大担当、大作为。在不进则退、慢进也退的严峻挑战面前，要敢于担当责任，勇于直面矛盾，善于解决问题，进一步提振精气神，发扬钉钉子精神，保持定力、保持力度、保持韧劲，以舍我其谁的决心推动职业教育追赶超越。三是强化团队合作意识。合作是担当的重要条件，没有合作就无法更好的担当。面对职业教育改革发展的重大任务，要扬长避短，充分调动各职业院校的积极性，整合全市职业教育资源和力量，实行团队合作、集体攻关，实现重点突破、以点带面，以合作共赢的姿态推动职业教育追赶超越。

台州职业教育立足当下，展望未来，发展目标愈加明晰。职业教育发展基础进一步夯实，职业教育资源供给进一步增加，现代职业教育体系进一步完善，普通应用型高校与中高职协调发展的总体格局基本形成，产教融合发展长效机制形成，专业设置和人才供给结构不断优化，需求导向的人才培养模式趋于完善，职业教育的吸引力和社会认可度大幅提高，职业教育对经济发展和产业升级的贡献显著增强。

基于台州职业教育的发展目标，要重点做好三方面工作。

## 一、谋划"产教融合、学城共兴"发展战略，以"教育链"拉动"产业链"，打造服务民企"台州样本"

以服务五大产城转型为指向，打造"区域统筹、校企一体、数字变革"三大样板，实现市级与县级深度协同、职教与产业深度融合、线上与线下深度结合，打通技能赋能制造的增值链，加快形成产教融通、科教协同的职教新生态。

一是强化区域统筹，打造市级与县级深度协同闭环体系。积极探索产教协同育人机制，建立市长担任组长、分管市领导担任副组长的职教改革发展工作专班，各级党委政府积极联动，编制职业教育"窗口"城市建设"一县一策、一校一案"方案，落实落细试点责任清单。推进学校、专业、教师、学生、产教融合、"双创"教育等"六大共同体"建设，打造产、教、研、创一体发展的职教发展新高地，推动《台州市职业教育校企合作促进条例》立法，将产教融合好做法、好经验上升到法律规范层面。

二是服务五大产城，重构职教与产业深度融合的生态圈。着眼临港产业带新能源、新材料、新医药健康、汽车制造、精密制造五城产业，优化产教融合空间专业新布局，健全企业、行业、产业、专业、就业、职业"六业"联动机制。成立台州市职业教育与产业研究院、产教融合专家指导委员会，牵头成立长三角汽车、模具、智能制造产教融合联盟，建立台州市教师企业实践流动站、台州市技术技能传承创新工作室等产业学院和产学研合作平台，打造校企合作共同体。全市职业院校每年致力承接技术服务项目、对接技术难题，台州职业技术学院在"中国专利转让排行榜"连续三年居全国高职院校前三，成为全省唯一获批省知识产权信息公共服务网点的高职院校。

三是强化数字变革，建设线上与线下深度结合的新场景。积极探索产教融合助推产业数字化转型新路径，开展职业教育信息化标杆学校建设，遴选一批市级以上精品在线开放课程、搭建一批专业教学资源库等数字化资源建设。建设台州市"匠才荟"数字职教管理云中心，研制产教对接谱系图，构建招生、教学、培训、就业等全过程智慧化多跨场景应用系统，为校企联通提供数字化支撑，打造职教纵向贯通、横向融通数字化生态体系。

## 二、锚定"产教融合、校企协同"发展思路，以"创新链"牵引"人才链"，打造人才培养"台州模式"

以构建技能社会体系为总成，实施"匠苗培育、中高企一体化、多元办学"三大行动，推动技能进校园夯实技能人才蓄水池、深化企业人力技改加大技能人才应用度、打造高能级技校提升技能人才成才率，打通技能工匠培养的成长链，加快形成全员成才、全民重技的社会新氛围。

一是实施匠苗培育工程，以推动技能进校园夯实技能人才蓄水池。产教融合助力培育"现代工匠"，坚持大陈岛"垦荒精神"立心，建立

"工匠精神"培育体系。实施职业院校匠苗成长行动，全面推进"匠心浸润、匠技锤炼、匠苗扎根、匠星引领、匠师提升"五大工程，组织开展劳模、工匠进校园宣讲活动，促进学生职业技能和职业精神高度融合，每年培养职业院校"工匠之星"100 名。推进职教师资专业发展能力长效机制建设，组织遴选"产业教授""工匠之师"60 名。

二是实施苗圃提能工程，以打造高能级技校提升技能人才成才率。高品质推进职业教育整体跃升，产教融合助推职业学校关键办学能力提升，实施中职学校办学条件达标创优工程，推进省"双高计划"职业院校和省一流技工院校建设。推进中高企一体化人才培养改革，组建中高企一体化教科研训团队，开展长学制人才培养改革培育项目。深入推进台州特色学徒制，促进人才培养能级提升，构建"中高本硕纵向贯通、政校行企横向融通"现代职教体系。

三是实施匠才倍增工程，以深化企业人力技改加大技能人才应用力度。深化职业教育体系改革，全国地级市层面率先开展混合所有制办学探索，激发民营企业参与举办职业教育积极性，开展混合所有制办学试点 32 个，台州混合所有制办学经验被《中国教育报》专题报道，在教育部主题研讨会上作典型发言。紧盯行业变革、对标产业变量，健全专业随产业发展动态调整机制，打造科技创新团队、产业技术联盟、重点实验室、技术孵化中心等科技服务平台。优化中高级技能人才留台政策，全国首创随迁子女就读职业学校生活补助激励政策，持续提升职教吸引力。

## 三、坚持"产教融合、育训结合"发展理念，以"技能链"带动"增收链"，打造职教助富"台州经验"

以深化"扩中""提低"为牵引，率先探索实施"职技融通、技能培训、股权激励"三大改革，变人力为人才、变农民为技师、变职工为股东，打通技能带动共富的增收链，加快形成多劳多得、能者多得的分配新体系。

一是变人力为人才，打破技术工人成长天花板。台州市要实施职业院校和技工院校同目标引领、同政策保障、同平台支持、同归口管理、同频率发展"五同"职技融通改革，构建"双培养"育人体系，推动职业院校和技工院校学分互认、一体培养，学历教育与技能教育双轨合并，打破技术工人成长天花板。

二是变农民为技师，打造百万技能新农人大军。成立乡村振兴研究院，校企共建现代农业产教联盟，为乡村振兴蓄势赋能。以品牌化、多主体为主要抓手，迭代升级开展劳动力就业技能培训、新型职业农民培养、高素质农民培育。建立健全职业培训"两清单一指数"制度，每年开展各类职业技能培训20万人次以上。加大职业技能培训品牌建设，打造了乡村厨师、红色月嫂等一批在浙江"叫得响""立得住"的特色品牌，全力打造共同富裕现代化基本单元。

三是变职工为股东，重塑企业共富型劳资关系。重构"全周期贯通、全区域统一、全领域融合"的蓝领人才培养培训生态系统，出台全省首个技术工人薪酬分配指引，制定《行业性能级工资集体协商操作标准》，强化"技高者多得"导向，让技能等级与薪酬待遇挂钩。此外，积极引导上市公司调整和优化股权激励对象结构，加大对高技能工人收入激励力度，让技术工人队伍享受制造业更多的发展红利。

下一步，台州将进一步推动政、校、企三方协同发力，争创国家产教融合型城市，系统谋划、重点突破、改革创新、试点示范，推进台州特色民营经济和教育全方位深度融合，共创经济新模式、新业态，全力打造产教名城，为台州经济高质量发展和产业转型升级提供强力支撑。

一是夯实基础，打造更加融通的职业教育链条。推动《台州职业教育校企合作条例》立法，推进职业教育资源整合与扩展。力争各县市区技师学院全覆盖。积极争取各方支持，率先在全省构建专业学位研究生为拓展，本科职教、专科职教为核心，中等职教为基础的一体化技术技能人才培养体系，加快推动台州学院建设台州大学，台州职业技术学院等骨干专业开展本科层次职业教育试点，探索推动"3+2""3+4"等现代职教体系贯通培养项目，实现中高本硕融通。

二是用好民资，架构更加灵活的多元办学模式。发挥台州民营企业办学主体作用，鼓励民营企业以独资、合资、合作等方式，参与举办中高等职业教育，规上企业参与度达70%。完善混合所有制办学机制，健全国有资产评估、产权流转、权益分配、人事管理等制度，支持行业龙头企业、产业园区与职业院校合作举办产业学院、产学研协同创新公司，举办中高企一体化新型混合所有制职业院校，推动产业学院、职业教育集团、产教融合联盟实体化运行，为全国职业院校探索混合所有制办学提供"台州经验"。

三是做好示范，形成更加良性的产教融合机制。强化规划引领、政策激励、经费保障和项目化推进，着力聚焦产业链和创新链，重构人才链和教育链，重点支持政府、学校和企业在校企合作、产教融合认证和评价、高技能人才培养、多元办学体制等各领域试点，重点实施产教融合企业、产教融合联盟实体、产教融合基地、产教融合示范专业等标志性项目建设，为全国产教融合改革发展提供"台州路径"。

总之，三年的职业教育高地建设，台州交出了一份圆满的答卷。在当前职业教育发展态势下，台州作为民营经济发展高地，需以更主动的姿态推动职业教育在经济建设方面的作用，进一步为地方产业经济发展提供人才支撑。

# 后 记

职业教育作为与经济社会发展紧密相连的教育类型，不仅关乎经济发展，也涉及民生福祉。大力推动职业教育的发展，对构建以国内大循环为主体、国内国际双循环相互促进的新发展格局具有基础性的人力资源支撑作用，同时，它也是满足人民群众对多层次、多样化教育需求的关键途径。党的十八大以来，习近平总书记针对职业教育的改革与发展问题做出了一系列重要判断，并提出了一系列指导性论述，为职业教育的发展指明了方向。近年来，国务院连续发布了一系列职业教育相关政策，显示出国家及省级政府对职业教育的重视程度达历史新高，改革力度空前，职业教育面临前所未有的重大发展机遇。职业教育的发展对经济社会进步具有深远影响。随着经济的持续增长和产业结构的升级转型，我国对技术技能型人才的需求日益增长。职业教育能够为经济发展提供坚实的人才支撑，促进产业向高端化、智能化、绿色化方向发展。因此，在我国迈入社会主义现代化建设新征程的关键时期，亟须发挥地方实践的积极作用，探索一条具有中国特色的职业教育发展路径。

在浙江省委十五届五次全会上，确立了"三个再"和"五个更"的现代化省域先行目标。本书基于浙江省的实际情况，专注于现代化省域先行的奋斗目标，致力于加速推进浙江省域职业教育的现代化进程，以促进浙江省经济与社会的更充分、更全面、更先进、更高质量、更可持续的发展。本书以台州作为省域现代职业教育体系建设的审视窗口，以温台地区职业教育发展高地建设为研究主线，通过系统梳理台州在发展过程中所面临的机遇与挑战，以及新时代国家对职业教育提出的新要求和新使命，深入分析了台州职业教育发展高地在新环境、新需求、新方向下的挑战与应对策略。本书从职业教育区域布局、产教融合、人才培养以及政策保障四个维度，对台州职业教育发展高地的建设经验与模式进行了全面总结，并结合台州地方实践案例，对各个模式进行了深入剖析，旨在为我国各地区职业教育的高质量发展提供台州经验。

本书的撰稿集合产学研多方力量，由台州市教育局局长阮聪颖和台州职业技术学院院长潘玉驹担任主编，浙江工业大学、台州学院、台州职业技术学院、台州科技职业技术学院等单位的专家学者组成本书编委会。全书各章之间既保持了整体的逻辑性，又各自具备独立性。本书的顺利完成，亦需感谢台州地区各职业学校领导及教师的贡献，他们或参与了书稿的研讨，或提供了现场资料，或协助了调研，或进行了文献的搜集与资料的整理，均付出了辛勤的劳动。同时，在本书的撰写过程中，浙江省教育厅、台州市各行政职能部门的多位领导以及台州地区多家企业的管理人员，均对本书提供了热情的指导和帮助，并提供了研讨机会和案例素材，对此表示衷心的感谢！最后，本书在撰写过程中，参考和引用了国内外专家、研究者的相关著作、论文和研究成果，鉴于篇幅限制，未能在书中详细注明，特此表示诚挚的谢意！

鉴于研究的局限性，本书难免存在疏漏和不当之处，恳请专家、研究者、同仁及广大读者提出批评和指正。